Peter Baumann

Amazonien darf nicht sterben

Geleitwort von Prof. Dr. Harald Sioli

Em. Direktor am Max-Planck-Institut
für Limnologie, Abteilung Tropenökologie

Ueberreuter

CIP-Titelaufnahme der Deutschen Bibliothek

Baumann, Peter:
Amazonien darf nicht sterben / Peter Baumann.
Geleitw. von Harald Sioli. – Überarb. Neuaufl. –
Wien : Ueberreuter, 1990
frühere Ausg. im Ullstein Verl., Frankfurt/M., Berlin
u. d. T.: Baumann, Peter: Amazonas-Dschungelbuch
ISBN 3-8000-3342-9

Vom Autor überarbeitete Neuauflage des
1980 im Verlag Ullstein erschienenen
Bandes »Amazonas-Dschungelbuch«

AU 139/1

Umschlag von Beate Dorfinger

Printed in Austria

Inhalt

Zum Geleit

Vor über 20 Jahren rückte das Amazonasgebiet, das nach dem Ende seiner »Goldenen Gummizeit« in einen erholsamen Dornröschenschlaf gefallen war, erneut in das Blickfeld einer größeren Öffentlichkeit. Zuerst waren es die brasilianischen Politiker, die mit Hilfe der spektakulären Transamazônica-Straße das Gebiet öffnen wollten, um den Bevölkerungsüberschuß anderer Landesteile dorthin abzuleiten. Nach dem Fehlschlag dieses Unternehmens traten finanzielle Interessen in den Vordergrund, zunächst in Form der Anlage z. T. riesiger Viehfarmen, für die der Urwald großflächig geschlagen und abgebrannt wurde, und für damit verbundene Bodenspekulation. Als auch für diese Projekte sich kein dauerhafter Erfolg abzeichnete, begann die Jagd nach wertvollen Rohstoffen – Hölzer, Gold, Erze, Bauxit usw. –, für deren Ausbeutung dann auch gewaltige Stauseen angelegt wurden. Zur Realisierung dieser gewinnversprechenden Pläne verbanden sich die Interessen einer gewissen brasilianischen Schicht mit den Wirtschaftsinteressen der »hochentwickelten«, d. h. Industrieländer, die auf diese Weise den Zugang zu billigen Rohstoffen bekommen wollten; fast alle solche Projekte zielten und zielen auf den Export ab. In den anderen südamerikanischen Ländern, die am Amazonasgebiet teilhaben, erfolgte die »Entwicklung« im Prinzip ähnlich, wenn auch nicht so dramatisch wie in Brasilien.

Bald jedoch zeigten sich bei den oft geradezu grotesken menschlichen Eingriffen in das einzigartige, von reichstem Leben erfüllte Ökosystem des amazonischen Waldes irreparable Umweltschäden, die z. T. weltweite Auswirkungen haben können und vor denen Wissenschafter, die die ökologischen Bedingungen Amazoniens kannten, von Anfang an gewarnt hatten.

So kam die heutige Situation Amazoniens, die Bedrohung des letzten großen zusammenhängenden Tropenwaldes mit seiner einmaligen Flora und Fauna in das Blickfeld von Naturschützern und Journalisten, die mit Hilfe der Medien die Öffentlichkeit alarmierten. Oft aber entbehren solche Berichte der Kenntnis der naturwissenschaftlich gesicherten Gegebenheiten des amazonischen Lebensraumes, die als Grundlage der Beurteilung der Bedeutung der menschlichen Eingriffe unerläßlich sind. Desto leichter kann dann auf solche Weise die Meinung des Laienpublikums zu den gepriesenen oder verurteilten »Entwicklungs«unternehmen in Amazonien gesteuert werden.

Das vorliegende Buch ist ein ernstes und leidenschaftliches Bemühen, hier aufklärend zu wirken und schildert ehrlich und gründlich und eindringlich die amazonischen Dinge, wie sie sich einem objektiven Beobachter darstellen.

Das Buch ist eine veränderte und erweiterte Neuausgabe des 1980 im Ullstein Verlag erschienenen »Amazonas-Dschungelbuch«, zu dem Peter Baumann den Text geschrieben, Erwin Patzelt die hervorragenden Bilder geliefert hatte, die den

Band besonders bestechend eindrucksvoll gemacht hatten. In der Neuauflage sind die vielen Fotos der ersten Ausgabe weggelassen, und der Text ist das zentrale Anliegen des nunmehr alleinigen Autors Peter Baumann, der das Buch damit preislich einem breiteren Leserkreis zugänglich machen will. Es soll die Eigenart, das Wesen Amazoniens, seiner Landschaft, seiner Pflanzen und Tierwelt und seiner Menschen, der Indianer mit ihrer in den Urwald eingepaßten Kultur, nun weniger visuell als vielmehr verstandesmäßig dem Leser nahebringen. Dazu sind dem Text eine Reihe von Graphiken beigegeben sowie etliche neue Fotos, die einzelne Akzente setzen sollen.

Das Buch beginnt mit einer knappen Beschreibung der für Amazonien wichtigsten Ereignisse seit der Entdeckung. Es folgt die gut und verständlich wiedergegebene geologische Entwicklung jenes Teiles der Erdkruste und seines großen Stromes, des Amazonas selbst, bis zum heutigen Zustand.

Dem amazonischen Wald, seinen Typen und Landschaften als Grundlage seiner Existenz, den Lebensformen, die ihn bewohnen, und seinem Ökosystem – dem artenreichsten und komplexesten der Erde, das wir kennen – ist ein besonderes Kapitel gewidmet, dessen letzter Abschnitt eine Auswahl von amazonischen Tieren schildert, unter denen sich manche altertümlichen Gruppen erhalten haben.

Die besondere Liebe des Verfassers gilt den Eingeborenen des großen Waldes, den Indianern, ihrer Vorgeschichte – von der nur eine von zwei verschiedenen Vorstellungen vorgetragen, ihr hypothetischer Charakter aber betont wird – und ihren Kulturen. Die Schilderungen des indianischen Lebens beziehen sich vor allem auf Stämme des östlichen andinen Randgebietes in Ecuador und Peru, die der Verfasser persönlich am besten kennt. Man spürt beim Lesen die Achtung vor der Andersartigkeit der indianischen Welt, eine Achtung, die auch noch heute längst nicht selbstverständlich geworden ist, obwohl die »hochentwickelten« Völker unserer Zeit endlich gelernt haben sollten, daß es nicht nur einen einzigen, einen absolut optimalen menschlichen Lebensstil – den jeweils unsrigen natürlich – gibt. All die verschiedenen Lebensstile und Kulturen auf der Erde sind, von einem höheren Bezugspunkt aus gesehen – ein Christ würde sagen: vor Gott – gleich viel wert. Daß gerade der Teil der Menschheit, der auf seine Zivilisation – die sich inzwischen mit dem Recht des Stärkeren praktisch den gesamten Erdball unterworfen hat – und auf seinen »Fortschritt« so stolz ist, das noch immer nicht begriffen hat, zeigt sich an den »Entwicklungs«unternehmungen und -hilfen, von denen im letzten Kapitel die Integration des Amazonasgebietes als ein Beispiel vorgeführt wird, das aber im Prinzip für alle »Entwicklungs«gebiete der Erde gilt.

Dem Verfasser ist es gelungen, in dem vorliegenden Buch die Grundlagen der Eigenart des Amazonasgebietes in journalistisch interessanter und damit leicht verständlicher Weise einer breiteren Öffentlichkeit zugänglich zu machen, damit diese die verheerenden Folgen der rücksichtslosen Eingriffe in die Natur und das Leben Amazoniens und seiner Menschen besser begreifen und ihrer Bedeutung für die Zukunft abschätzen können. Diese Eingriffe geschehen angeblich im Namen von

»Entwicklung« und »Fortschritt«, sind aber in Wirklichkeit nur eine zweite Welle der Conquista der Amerikas, die nun auch die geringen Reste des Landes, die von der ersten Welle und der folgenden »Zivilisierung« des Kontinents nicht erfaßt werden konnten, verheert. Mit dem Buch tut der Verfasser ein gutes Werk, indem er eine wertvolle Unterstützung gibt bei den Bemühungen, in Amazonien zu retten, was noch zu retten ist.

Ich wünsche dem Buch eine weite Verbreitung zwecks Information der interessierten Kreise über die Wirklichkeit jener »wunderbaren Wildnis« – nicht Grüne Hölle – Amazonien und der Reste der eingeborenen Menschen. Möge es dazu beitragen, den Zugriff der heute herrschenden technisch-kommerziellen Zivilisation abzuwehren!

Plön, im Januar 1990
Harald Sioli

Über Amazonien

Nachtflug von Miami nach Rio. Aus den Decken, unter denen die Passagiere geräucherten Lachs und »Hühnerbrust à la Kiew« verdauen, steigt der Geruch des Schlafes. Ich habe den Kapitän gebeten, mich zu benachrichtigen, sobald die Maschine den großen Strom überquert. Der Moment kommt, als Sammy Davis in meinem Kopfhörer die Vorzüge des »Girls von Ipanema« rühmt. Den schwarzen, dampfenden Wald unter mir kann ich nur ahnen. Vereinzelt schimmern Lichter auf. Rodungsfeuer? Ein paar Minuten später dann – in der Mitte von nirgendwo – trifft das Mondlicht eine Wasserfläche, und in der Tiefe blinkt es auf – das Flußmeer!

Während in dieser Februarnacht des Jahres 1988 die Fluggäste über Fluß und Wald ihren Familien, Freundschaften, Geschäften, Erlebnissen in der Metropole Brasiliens zustreben, ruhen an einer der letzten Pioniergrenzen dieser Welt, in den Camps und Siedlungen entlang der Transamazônica, die Kolonisatoren. Sie ruhen aus von der gewaltigen Anstrengung, »die letzte Seite im Buch der Genesis aufzuschlagen«, wie ich in einem Text über Amazonien lese.

Auf diesem Flug eilen die Gedanken der eigentlichen Begegnung mit Amazonien voraus. Höhe inspiriert. Dort unten, im Urwald, müßte jeder Gedanke auf den nächsten Schritt gerichtet sein. Wer sich jeden Meter freikämpfen und ohne weiten Horizont leben muß, ist der Verzweiflung sicher näher als der Begeisterung. Die Kluft von einigen 1 000 Metern aber erlaubt mir den Zahlenrausch.

Amazonien ist der Name einer Urlandschaft aus Wald und Wasser. Fünf südamerikanische Staaten haben ihn gemeinsam für die Niederungen, die vom großen Strom und von seinen Zuflüssen geprägt sind. Ein sechster Staat nennt sein Amazonasgebiet einfach den Osten, Oriente. Das Wipfelmeer des Amazonasdschungels bedeckte vor ein paar Jahren noch fünf Millionen Quadratkilometer. Aber das Gefieder der Flüsse, die zum großen Strom fließen, erstreckt sich noch über weitere zwei Millionen Quadratkilometer.

Reisende, die sich von See her dem Mündungsgebiet des Amazonas nähern, könnten 300 Kilometer vor der Küste den Fluß im Meer schmecken. So weit draußen vermag der Strom den Ozean noch auszusüßen und bis zu 200 Kilometer von seinem Delta entfernt den Atlantik noch zu trüben. Die Spanier haben ihn zu Recht ein Süßwassermeer genannt. Wo nun endet der Strom? Wo die Ufer der Ilha de Marajó hinter uns zurückbleiben? Oder draußen im Ozean, wo er seine Wirkung verliert?

Quelle und Mündung dieses Flusses sind so wenig erfaßbar wie der Nebel über dem Tal. Wie will man in einem Wasserkreislauf den Anfang finden? Soll man dem Wolkenschaum über dem Cotopaxi die Ehre geben? Oder dem Schnee, der auf die Gipfel der Cordillera Huayhuash in Peru fällt? Die Geographen meinten lange Zeit, dort, wo die Quelladern des Rio Marañón ihren Weg suchten, wäre der Anfang des Amazonas. Seit dem Jahr 1971 erst wissen sie es besser.

Und wo verdient der Fluß seinen Namen Amazonas? Auf manchen Karten schon dort, wo sich der Rio Ucayali bei Nauto mit dem Marañón vereinigt, auf anderen erst nach dem Zusammenfluß des Solimões mit dem Rio Negro in der Nähe der Stadt Manaus. Das Nachdenken über diesen Strom gerät oftmals in die Sackgasse der Widersprüche. Wir wissen über ihn noch so wenig – und auch nicht genug über den Regenwald.

Weite Gebiete der Wildnis liegen noch im Dämmerlicht der Vorgeschichte. Die Indianerstämme Amazoniens haben zwar ihre Lebensläufe, aber keine Geschichte. Ihre Schicksale und Taten sind nirgendwo aufgezeichnet worden. Nur Mythos und Legende erhellen diesen Bewohnern des Regenwaldes spärlich die zurückliegende Zeit. Die Archäologie hat aus dem wohl schwierigsten Grabungsfeld der Welt wenige Zeugnisse der Frühzeit ans Licht gebracht und aus den Befunden erst in groben Umrissen Erkenntnisse vermitteln können.

Seit dem 16. Jahrhundert befahren die geschichtsbewußten Weißen die Ströme Amazoniens. Die Männer an Bord der Schiffe kamen aber selten genug als Forscher, sondern meist als Schatzsucher, die im Nebenberuf Entdecker und Bekehrer waren. Auch die Taten der Kolonisatoren des 20. Jahrhunderts sehen eher nach Ausbeutung als nach sinnvoller Erforschung des Regenwaldes aus. Und so stehen sich Weiße und Indianer verständnislos gegenüber. Die Indianer fühlen sich im Wald geborgen. Den brasilianischen Siedler in seiner Hütte an den neuen Urwaldstraßen aber beruhigt eher die Tatsache, daß jährlich über 100 000 Quadratkilometer Wald fallen, wenn das Feuer, die Bulldozer und Motorsägen Breschen für das Licht der Zivilisation in das Dunkel treiben. Die Sorgen, die sich die Wissenschaftler in Verbindung mit dem Waldverlust über das Klima und den Wasserhaushalt der Welt machen, würde er kaum verstehen.

Als die Brasilianer Anfang der siebziger Jahre aufbrachen, um Amazonien zu kolonisieren, warnte alle Welt vor den Folgen der Waldzerstörung für das Land und die Erde. Eine solche Warnung ging auch von der »UN-Conference on the Human Environment 1972« in Stockholm aus. Aber die Militärdiktatur ließ die Tagungsteilnehmer wissen, wenn der Staat es wünsche, sein Land zu mißbrauchen und seine Gewässer zu verseuchen, habe er ein Recht, dies zu tun, und der Rest der Welt solle zum Teufel gehen.

Damals, als dieses arrogante Wort die Runde machte, verbanden sich in Amazonien mit dem millionenfachen Tod der Bäume noch die millionenfachen Hoffnungen der Brasilianer. Inzwischen liegen alle Hoffnungen im Dschungel begraben, und es sieht so aus, als sei es zuerst dieser Teil Brasiliens, der zum Teufel geht. Fast überall, wo die alte Pflanzendecke verbrannt ist, haben ungehemmte Regenfälle und die sengende Äquatorsonne die dünne Humusschicht vernichtet. Längst ist eingetreten, wovor Harald Sioli, der Vater der modernen Amazonasforschung, vor Jahrzehnten schon gewarnt hat: Krankheiten und Plagen haben gigantische Plantagen zerstört. Für immer vernichtet ist ein großer Teil des Genvorrats des Waldökosystems. Unterbrochen ist auf gewaltigen Flächen der Nährstoffkreislauf. Die Herrschaft der Flüsse ist unberechenbar geworden. Die brennenden Wälder haben den Wasserhaushalt und das Klima Amazoniens verändert und das Ansteigen des Kohlendioxidgehaltes und damit die Erwärmung der Erdatmosphäre mitverursacht.

Im Jahre 1980 sagte der angesehene brasilianische Botaniker João Murça Pires: »Wir wissen nicht, was wir da vernichten. Wir haben bisher weniger als die Hälfte aller Arten im Regenwald bestimmt ... Vielleicht stecken in dem unbekannten Gen-Pool Lösungen für die Medizin und die Ernährung, die die Menschheit zum Überleben dringend braucht und die jetzt Stück für Stück verlorengehen.«

Während der Riesenvogel der Stadt Rio de Janeiro zustrebt, packe ich die Lektüre über Amazonien zusammen. Ich muß an die Tragödie für das Leben denken, die sich dort ereignet. Seit Jahrzehntausenden hat der große Wald das Leben vom Mikroorganismus bis zu den Baumkathedralen, von der Geißelspinne bis zum Brüllaffen geborgen und erhalten. Die Umwälzungen der letzten Jahrzehnte haben schon den größten Teil dieses Lebensraumes zerstört. 20 Jahre menschlicher Eingriffe wirkten radikaler als alle Prozesse in der Erdgeschichte, denen der Amazonas seinen Namen verdankt.

Ein paar Wochen später stehe ich in Misahualli am Ufer des Rio Napo. Die Lichter der kleinen ecuadorianischen Pioniersiedlung sind erloschen. Der Fluß liegt im Dunkeln. In der Nähe höre ich den Mãe-dahua, die »Mutter des Mondes«, ein melancholisches Glissando flöten. Mir scheint, als beklage der Vogel den Untergang des Waldes. Es war hier, am Rio Napo, wo das Drama begann, das Flußabenteuer des Francisco de Orellana und die Suche nach dem Gold der Amazonen.

Berlin, im Januar 1990
Peter Baumann

AMAZONIEN

ERSTE FARBEN, ERSTE LINIEN AUF EINEM WEISSEN FLECK

Jenseits des Äquators begeht man keine Sünden.

Portugiesischer Spruch

Abenteurer, Schatzsucher, Forscher

Der Baum trägt seine Krone höher als alle anderen. Das Samenkorn, aus dem er einst herauskeimte, lag durch Zufall günstig und entging dem Angriff von Pilzen und Insekten. Mit Glück setzte der Sproß sich gegen den übrigen Unterwuchs durch. Eine bescheidene Lichtquelle konnte er besser nutzen als tausend andere Keimlinge. Der Kampf im Dickicht härtete ihn – und über schwächere Konkurrenten hinweg gelang ihm der Durchbruch zur Sonne.

Dem Spanier Andrés Durante, der jetzt, im Oktober 1541, sachkundig die Axt an den mächtigen Stamm legt, schwindelt vielleicht einen Augenblick, als sein Blick den Wipfel sucht. Er denkt aber wohl keine Sekunde daran, daß dieser vielleicht 400 Jahre alte Riese tausendfältigem Leben gastlich ist – dem Cricrío, der in sicherer Höhe seinen frechen Pfiff ausstößt, den Wollaffen, den Papageien, den Schlangen und Baumsteigerfröschen, den Insekten, den Lianen, den Orchideen und Bromelien. Vielleicht, als der Zimmermann nach ein paar Hieben das Holz rot wie verletztes Fleisch leuchten sieht, hat er einen Augenblick innegehalten – erstaunt oder gar verstört den Schutzheiligen aller Konquistadoren, Santiago de Compostela, angerufen. Vielleicht hat er auch mit Entschlossenheit und ohne Zögern den scharfen Stahl geführt.

An einem Oktobertag des Jahres 1541 fällt jedenfalls am Ufer des Rio Napo der erste Baum für eine Reise von weißen Männern nach Amazonien, nach Curicuri, wie die Indianer es nennen. Der Baum muß sterben, damit auf Befehl von Gonzalo Pizarro eine Brigantine gebaut werden kann für eine Flußfahrt des Francisco de Orellana, die der halbverhungerten Mannschaft eigentlich Proviant verschaffen soll und schließlich der fernen Stadt Manoa gilt. Dort, erzählen die Indianer, würde sich ein Herrscher täglich mit Öl salben und mit feinstem Goldstaub überdecken lassen. Eldorado heißt er bei den Spaniern, der Vergoldete. Den Ort, wo das Urwaldschiff gebaut wird, nennt der Befehlshaber zur Erinnerung an das Ereignis Barco. Später wird er Orellana heißen nach dem Vizegeneral, der die Expedition führt. Der Baum, aus dessen Holz die Barke mit entsteht, gehört zur Art *Caesalpinia echinata.* Die Portugiesen nennen sein rotes Holz Pão-brasil, das »Holz der glühenden Kohle«.

Nicht Gold, sondern Holz wird später zu den eigentlichen Schätzen Amazoniens gehören – und auch jener Gummisaft des Baumes *Hevea brasiliensis,* mit dem die Spanier ihr Boot abdichten. Seinen Gebrauch haben sie den Omagua abgeschaut. Sie können nicht ahnen, daß es ausgerechnet dieser milchige Saft ist, mit dem in einem fernen Industriezeitalter märchenhafte Reichtümer erzielt werden. Das Märchen von den Goldschätzen Curicuris, das Orellana in das Abenteuer einer Expedition vom Rand der Kordilleren bis zur Mündung des Amazonasstroms führt, aber wird niemals Wirklichkeit.

Die treibende Kraft des Unternehmens ist wieder einmal Francisco Pizarro, der Eroberer des Inkareiches. Es heißt, der Inka Atahualpa habe ihm während der Gefangenschaft in Cajamarca eines Tages einen Zimtstrauch überreicht. Jedenfalls hat der jederzeit auf Mehrung seines Reichtums bedachte Marqués immer ein offenes Ohr für Geschichten über ein geheimnisvolles Land Canelo gehabt, das Zimtland, das man irgendwo hinter den östlichen Bergen vermutet. Goldland oder Zimtland, das kommt auf das gleiche heraus. Das Gewürz ist ebenso kostbar wie das gelbe Metall.

Gonzalo, der jüngste der Pizarro-Brüder, ist 34 Jahre alt, als ihn der Vizekönig zum »Gouverneur der Provinzen von Quito und Popayan und Cali und deren Umgebung sowie Puerto Viejo« macht, und zwar mit dem Auftrag, von dort aus zur Eroberung des Goldlandes aufzubrechen. Quito, die heutige Hauptstadt Ecuadors, an deren Befestigungen schon der Gottkaiser Atahualpa gebaut hatte, war 1534 von Sebastián de Benalcázar »neu« gegründet worden. In den sechs Jahren bis zum Eintreffen Pizarros entwickelte es sich aber im Gegensatz zu Lima, der »Stadt der Könige«, nur sehr langsam. Nur wenig mehr als 100 Spanier wohnten in der 2 875 Meter hoch gelegenen Siedlung. Hinter dem Kranz der Berge, der sie umgab, lebten noch indianische Völker von ungebrochener Kraft.

Die Plaza von Quito und die Häuserzeilen füllen sich schnell, als sich die Kunde von der beabsichtigten Expedition verbreitet hat. Gonzalo Pizarro besitzt einen großen Ruf unter den Haudegen Perus. Er gilt als furchtlos, als geradlinig, als ein Mann, der Kameradschaft schätzt und eine unübertroffene Klinge fechten kann. Daß er für die Indianer kein Herz hat, ist leicht verziehen. Welcher Spanier hat das schon? Bis zum März 1541 wächst die Schar, die sich dem neuen Gouverneur anschließen will, auf 350 Mann. Unter ihnen ist sogar der Vikar von Lima, der Dominikanerpater Fray Gaspar de Carvajal, dessen schriftkundiger Hand die Welt später erste Kunde vom »Amazonenstrom« verdanken wird.

Jetzt ist es Zeit, über jenen Konquistador zu berichten, mit dessen Namen das eigentliche Amazonasabenteuer verbunden ist und an den heute ein überlebensgroßes Mosaikbild im Präsidentenpalast der Hauptstadt Ecuadors erinnert. Francisco de Orellana ist in mancherlei Hinsicht das Gegenteil von Gonzalo Pizarro. Nicht polternd, nicht jovial, sondern höflich und zurückhaltend. Nicht vertrauensselig und spontan, sondern immer auf der Hut und umsichtig. Mit dem General hatte er den Mut, den Ehrgeiz, die Tatkraft, die Kampfeserfahrung und die Gier gemeinsam. Von Anfang an ist er bei der Eroberung Perus dabeigewesen, auf dem Marsch von der Küste nach Cajamarca, bei der Gefangennahme Atahualpas, bei der Eroberung Cuzcos und so fort. Die Expedition ins Zimtland betrachtet er als eine neue Herausforderung. Und als eine Chance, entschieden mehr zu gewinnen als die Hazienda bei Guayaquil, mit der ihn der Marqués in Lima für all die Entbehrungen wohl doch zu gering entlohnt hat. Er stellt Gonzalo Pizarro nun 30 Berittene an die Seite und setzt sich als Vizegeneral mit an die Spitze des Unternehmens.

Unter dem Geläut der kleinen Kirche, die heute noch steht, nehmen die 350 Spanier im März 1541 Abschied vom ungeliebten Quito. Zu ihrem Troß gehören über 4 000 indianische Lastenträger, Treiber und notfalls auch Kämpfer, 4 000 Schweine als lebende Konserven und rund 1 000 Hunde – Bluthunde. Die phantastische Szene beeindruckt die zurückbleibenden Hochlandindianer um Quito wenig, denn sie ist bescheiden angesichts der Dimensionen früherer inkaischer Heerzüge. Gespenstisch erschien sie nur einem Wissenden, der das Scheitern des gewaltigen Zuges im amazonischen Regenwald voraussähe. Aber da ist niemand, der das Tiefland kennt.

Auch der Cañari-Indianer Felipillo kennt es nicht. Er beherrscht aber das Spanische leidlich und mehrere indianische Dialekte. Zusammen mit einigen anderen eingeborenen Dolmetschern soll er für die Verständigung mit den Stämmen am Weg und am Ziel sorgen. In dieser Hinsicht sind die Konquistadoren freilich schwach gerüstet angesichts der vielen Zungen, mit denen die Indianer Amazoniens reden. Doch vertraut man darauf, Mißverständnisse oder Zweifel an den Absichten des Pizarro-Heeres mit dem Schwert ausräumen zu können.

Für viele Tage bleibt der immer reicher und kraftvoller fließende Rio Pastaza der Begleiter der Expedition. Und er nimmt wohl auch die ersten Toten aus dem Troß der Indianer auf. Der gefahrvolle Weg über eisige Pässe und durch die klamme Welt des ewigen Nebels in das feuchtheiße Tiefland fordert Opfer. Die Tiere, die die Indianer hüten müssen, sind nur für die Bäuche der Spanier bestimmt. Die Eingeborenen haben keinen Proviant für den kräftezehrenden Marsch und müssen in der Umgebung plündern oder jagen. Aber auch die Spanier werden bald hungern, leiden und sterben.

Vermutlich erreichen nur 150 der Eroberer das Tiefland: Dort müssen sie »jeden Schritt ihres Weges . . . mit Äxten bahnen. Dabei wurde ihre vom Regen aufgeweichte Kleidung zu Lumpen zerrissen, da sie an den Bäumen und Sträuchern hängenblieben«, bezeugt Pater Celso de Gàrgia, der später mit Gonzalo Pizarro und einem ausgezehrten Haufen von 80 Mann auf Irrwegen nach Quito zurückkehren wird. Aber zunächst treibt sie noch die Hoffnung vorwärts; denn am Rand des heutigen Oriente von Ecuador entdecken sie die ersehnten Zimtbäume. Den breiten Fluß, an dessen Ufer sie nach einem ersten, peinigenden Marsch durch den Regenwald treten, nennen sie daher den Rio Canelo. Hier können sie auch die leeren Mägen füllen, indem sie ein Indianerdorf seiner ganzen Fischbeute berauben.

Mit der Entdeckung des »Zimtwaldes« wäre der wichtigste Auftrag von Gonzalo Pizarro eigentlich erfüllt. Und hätte er sich strikt daran gehalten, wären noch viele Spanier ohne Schaden davongekommen. Das Abenteuer der Entdeckung des Amazonasstroms aber wäre späteren Expeditionen zugefallen. Pizarro treibt seine vor der Meuterei stehende Truppe weiter, weil die Indianer – gewiß, um ihre unliebsamen Gäste loszuwerden – genau das sagen, was Pizarro hören will. Ja, es gäbe große Dörfer weiter flußabwärts. Ja, die Menschen dort seien reich. Nur noch etwa zehn Tage müsse man marschieren.

Zehn Tage? Man macht die Rechnung ohne den Wald! Mit Sprossen, Luftwur-

Das Baumgrab eines Kaziken im Land der Muisca, Kolumbien. Die Eroberung ihres Reiches durch Benalcázar nährte neue Hoffnungen unter den Konquistadoren um Pizarro und Orellana *(Foto: Peter Baumann)*

zeln, Ranken, Ästen und Dornen greift er nach den Eroberern, hält ihren stumpf gewordenen Klingen nach jedem abgeschlagenen Arm 1 000 neue Arme abwehrend entgegen. Die Spanier sind am Rand der Kapitulation. Sie erreichen zwar noch eine große Siedlung der Omagua am Rio Napo, die Orellana auf einem Jagdzug entdeckt hat, aber an ein weiteres Vordringen zu Fuß ist nicht zu denken.

Das ist nun der Zeitpunkt um den 10. Oktober 1541, an dem die Entscheidung für die Flußreise fällt: »Wir werden ein Schiff bauen. Mit diesem Schiff wird ein Teil der Mannschaft bis zu der Stelle fahren, wo sich die beiden Flüsse miteinander vereinigen, und dort Lebensmittel aufbringen. Dann wird das Schiff hierher zurückkehren, und wir werden einen Weg durch den Urwald suchen, der landeinwärts verläuft. Es muß ein solcher Weg gefunden werden.« Der Befehl Gonzalo Pizarros ist uns wieder durch das Tagebuch Fray Gaspar de Carvajals überliefert.

Der Befehl wäre kaum auszuführen, hätten die Omagua-Indianer den Spaniern nicht gezeigt, wie man die Bäume vor dem Fällen entastet, damit sie im Stürzen nicht in anderen Bäumen hängenbleiben. Die Indianer versorgen die Abenteurer, so lange diese bleiben, großzügig und helfen ihnen nach Kräften. Vermutlich ist es das erste und einzige Mal, daß sich die Weißen unter der Aufsicht Orellanas mäßigen – nicht brennen, nicht morden, nicht plündern, nicht vergewaltigen.

Zwei Monate lang zimmern sie an ihrem Flußschiff. Es sind die Hufnägel geschlachteter Pferde, die die Spanten und die Planken zusammenhalten, es sind Kautschuk und Kleiderreste als Kalfatmasse, die sie abdichten, und es sind von Indianerhand geflochtene und zusammengenähte Matten, die als Segel gesetzt werden. Pizarro gibt der Brigantine den Namen »Victoria« und läßt sie reich mit Feldschlangen und Arkebusen bestücken. Es ist beschlossene Sache, daß mit Orellana, der sie führen soll, 51 Mann auf die Flußreise gehen.

Der Konquistador und seine schmale Gefolgschaft erreichen nach achtmonatiger Fahrt fiebergeschüttelt und vom Hunger geschwächt die Mündung des Amazonas. Als erste Weiße haben diese Spanier damit den Subkontinent in West-Ost-Richtung auf dem großen Strom durchquert. Nach ihrem Anführer und »Entdecker« hätten sie den Strom Rio Orellana nennen können. Aber für sie ist er angesichts der unfaßbar gewaltigen Wassermassen das Flußmeer: »Que río mar!«, rufen sie wieder und wieder, als sie die Stelle erreichen, wo der Rio Napo in den Marañón fließt, in das »Meer wie kein anderes«. Erst später wird man vom Rio de las Amazonas sprechen.

Wir wissen nicht, ob die Konquistadorenschar, wie Carvajal berichtet, wirklich gegen Frauen gekämpft hat, kriegerisch gleich den Amazonen der griechischen Sage, oder vielleicht »nur« gegen Männer mit üppigen Grasröcken und Grashauben. In dieser Tracht lassen sich noch heute die Yagua-Indianer nahe der Stadt Iquitos von Touristen fotografieren. Man erzählt sich noch eine andere Geschichte darüber, wie der Strom zu seinem Namen gekommen sei. Amaçú ist ein indianisches Wort für »Wasserwolkenlärm« und bezeichnet eine Gezeitenbrandungswelle des Meeres, die bei Neu- und Vollmond unter Tosen und Krachen gegen die Fluten des Amazonas anrennt. Wie dem auch sei – wir werden immer Streiter für eine der Versionen finden, die über die anderen lächeln.

Auch über die Motive, die den Vizegeneral leiten, das Abenteuer der Flußfahrt und nicht die Rückkehr zu Pizarro zu wählen, herrscht Unsicherheit. Er selbst sagt nach Gaspar de Carvajal: »Ich habe mich entschlossen, nicht zu Gonzalo Pizarro zurückzukehren. Zu Wasser ist eine solche Rückkehr unmöglich, und zu Lande würde sie wohl mit dem Tode von uns allen enden. Außerdem muß ich an den Vorteil der spanischen Krone denken. Der beste Dienst, den wir ihr erweisen können, ist, die Länder am großen Strom zu erkunden und in Besitz zu nehmen. Es scheint mir wichtiger zu sein, der spanischen Krone unermeßliche Schätze zuzuführen, als eine Rückkehr zu wagen, deren Ausgang allzu ungewiß ist.«

Zu den schärfsten Kritikern Orellanas gehört der Caballero Sánchez de Vargas, der ihn ins Angesicht hinein und lauthals des Hochverrats beschuldigt. Er ignoriert dabei, daß die Männer während ihrer Reise zum Marañón auf dem Napo so schwer in die Stromschnellen geraten sind, daß die »Victoria« dabei schwer beschädigt wurde. Die Rückkehr mit dem Schiff wäre ihnen also auf jeden Fall unmöglich. Und zu Fuß durch den Urwald? Ebenso unmöglich. Alle fünf Unterführer bestätigen das zusammen mit dem Vikar durch ihren Namenszug unter der von einem Schreiber notierten Rede. Vargas, der Orellana sogar zum Duell herausfordert, wird zunächst in Ketten gelegt und später allein zurückgelassen. Und – unwahrscheinliches Glück! – er wird eines Tages nach langen Irrwegen Pizarros abgerissenen Haufen treffen, der sich tatsächlich zu Fuß am Rio Napo entlang zum Marañón durchschlägt. Vargas' Bericht veranlaßt Pizarro endgültig zur Umkehr. Der Rückmarsch dauert über ein Jahr. Im Juni 1542 erreicht Pizarro mit dem Rest seiner Männer Quito.

Die Flußfahrer indes bauen mit Hilfe der Tukano-Indianer ein zweites Boot, »San Pedro«, und setzen am 6. Februar 1542, begleitet von einer Anzahl der freundlichen Indianer, die Reise fort. Wieder sind sie von neuen Hoffnungen beflügelt, die der Tukano-Häuptling Aparía geschürt hat. Als sie am 12. Februar die letzte Nacht am Ufer des Rio Napo verbringen, notiert Carvajal: »Vielleicht werden wir morgen schon die in der Sonne blinkenden Goldtempel am großen Strom erblicken und Schatzkammern öffnen, die voll Gold, Silber und Edelsteinen sind, vielleicht wiederholt sich Mexiko, vielleicht Cuzco.« Seltsame Anwandlungen für einen Gottesmann.

Sie entdecken nichts davon, statt dessen am nächsten Tag den Rio Marañón. Der Lotse, Alcántara, muß seine ganze Erfahrung aufbieten, um die Schiffe auf Kurs zu halten, so weit weichen die Ufer zurück, so ungewiß ist der Lauf des Stromes angesichts der zahllosen Inseln, der mächtigen Irrläufe und des im Wasser stehenden Waldes. Als sie acht Monate später den Ozean erreichen werden, muß Alcántara schwören, daß es auch der Ozean sei – so wenig ist man sich seiner Sache sicher.

In den Indianerdörfern, die man sieht oder besucht, halten sich Gastfreundschaft und Feindseligkeit die Waage. Sie alle aber erscheinen den Spaniern armselig im Vergleich zu Cuzco und Tenochtitlan und zu den Phantasiebildern von einem fernen, reichen Manoa, auf das sie immer noch hoffen.

Ostern 1542 erhellt wieder einmal ein Hoffnungsstrahl die von den Gefühlswechselbädern ausgelaugten Gemüter: »Große Boote«, berichtet Carvajal, »kamen auf dem Strom auf uns zu. Viele der Ruderer sprangen ins Wasser und schwammen dicht an unseren beiden Schiffen vorbei. Es war ein herrlicher Anblick. Denn der Kopfschmuck der Indianer, bunte Federkronen, blitzte wie Geschmeide in der Sonne. Wir warfen ihnen Lianentaue zu, und sie kletterten sofort an Bord. Sie waren groß und stark und nackt bis auf einen Lendenschurz. Auf dem Kopf trugen sie außer dem Federschmuck kunstvoll bearbeitete Muscheln. Ihre schwarzen Haare hingen bis auf die Schultern herab. Die Gesichter waren rot bemalt, die Runzeln um die Augen waren nachgezogen, dadurch wirkten ihre Augen wie Masken. Es waren Ticúñas.«

Diese Ticúña trugen auch bescheidene Schmuckstücke aus Gold. Es sind wohl solche Schmuckstücke und ein »Götzenbild« aus Gold, die später Kronprinz Philipp bewegen werden, Francisco de Orellana zum Generalkapitän zu ernennen und auf eine neue Expedition in das sagenhafte Goldland am Amazonas zu schicken. Die neue Expedition wird 1544 im Mündungsdelta des Amazonas verlorengehen. Aber zurück zum Strom im Sommer 1542!

Bei einem anderen Stamm, den Culino, die an der Einmündung des Putumayoflusses leben, hört Orellana erneut vom »Goldland an einem großen See mit Namen Parime«, auf dessen Grund so viel Gold läge, daß die beiden Schiffe »nicht ausreichen würden, um es zu fassen«. So wie hier werden sie immer und immer wieder von den Indianern flußabwärts gewiesen, ohne je ans Ziel zu gelangen: »Das Gold schien vor uns zurückzuweichen«, klagt Carvajal. Aus seinem Tagebuch wird deutlich, worum es ihm, dem Gottesmann, und seinen Gefährten ausschließlich geht. Zwar nimmt der Vikar auch hin und wieder ein paar Taufen vor und Orellana das Land der Getauften auch gleich für die spanische Krone in Besitz, aber das befriedigt sie nicht. Sie wissen auch nicht, daß die Landmasse Amazoniens, die sie da vereinnahmen, größer ist als alles Land, das Pizarro den Inka geraubt hat.

Die Kette der Enttäuschungen macht die Spanier auch immer unduldsamer gegen die Indianer. Am Rio Yapura greifen sie eine Siedlung der Machiparo an, morden, foltern, vergewaltigen und brandschatzen, nur weil die Indianer Distanz wahren wollen: »Das Dorf wurde in ein riesiges Lagerfeuer verwandelt«, erfahren wir von Carvajal. Vorbei ist es von nun an für lange Zeit mit der indianischen Gastfreundschaft. Sobald die Schiffe sich nähern, verlassen die Indianer ihre Häuser, und lauern im Buschdickicht oder im Kriegskanu mit gespanntem Bogen. Überlegene Waffen, Unerschrockenheit und Glück lassen die Flußfahrer aber immer ohne Verlust Sieger bleiben, bis sie zum Rio Guainia kommen.

Carvajal nennt ihn einen »schwarzen Fluß«. Vielleicht ist es eines jener Schwarzwasser, wie sie dem Amazonas vom Norden her zufließen? Der Rio Negro ist es jedenfalls noch nicht. Die Spanier zählen einige Rundhütten an einem seiner Ufer und sind überzeugt, nun am Eingang des Goldlandes zu sein. Das hat ihnen auch tags zuvor ein Kazike verheißen, der selber große Goldscheiben in den Ohren trug. Der Kazike hat aber auch von anderen Weißen berichtet, die schon dort seien. Tatsächlich hüten die Indianer ein paar Perlhühner in ihrem Dorf, die nur von Weißen stammen können: »Wenn wir zu spät kämen, es wäre nicht auszudenken«, bangt Carvajal. Am Rio Guainia nun verwehren die Indianer den Spaniern den Landgang. Die Eingeborenen, die an Bord der beiden Brigantinen mitgefahren sind, verschwinden über Nacht, auch Felipillo, der Dolmetscher. Sie verstehen die Sprache der Trommeln, die während der Nacht alle verfügbaren Krieger zusammenrufen.

Am nächsten Morgen sehen die Konquistadoren den Rückweg in den Hauptstrom durch eine Flotte von Kriegskanus blockiert. Und dann beginnt der Tanz: »Tausende von Rohrpfeilen gingen wie Hagelkörner auf uns nieder«, berichtet Carvajal. Mit aller Macht greifen die Indianer an. Es bringt wenig, daß die »San Pedro« mit einer gut gezielten Salve die Kanukette zerreißt. Die fehlenden Glieder werden schnell ersetzt. Und plötzlich sind die Angreifer an den Schiffen: »Wir hatten uns mit Äxten bewaffnet und spalteten jedem, der heraufkam, den Schädel. Doch was half das? Diese Indianer waren wie Stechmücken. Schlug man zehn tot, waren 20 neue da.« Da ist es ein Glück, daß der Lotse die beiden Schiffe, die mit dem Bug stromaufwärts liegen, endlich wenden und in die Strömung bringen kann. Langsam nehmen sie Fahrt auf, brechen durch die Barriere der Kanus und gewinnen schließlich die Weite des Amazonasstroms. Aber auch dort lassen die Krieger erst von den Spaniern ab, nachdem ein Tropenregen wie ein dichter Vorhang zwischen ihnen und den Verfolgten gefallen ist: »Von der Pforte des Goldlandes verjagt, gehetzt wie die Hasen, mit knapper Not dem Tod entronnen, fuhren wir wieder dem Unbekannten und der Nacht entgegen«, kommentiert Carvajal die spanische Niederlage. Nach diesem Abenteuer aber sind sie erstmals wirklich überzeugt, das Goldland gefunden zu haben.

Als sie nach der Einmündung des Rio Madeira, des Holzflusses, in den Amazonas dann weiter stromab fahren, werden die Brigantinen von gewaltigen Baumleichen gefährdet, die in wahren Teppichen dahintreiben. Besonders bei Nacht ist das Treibholz eine Gefahr: »Wir atmeten auf, als wir eine große Waldbucht erreichten, in der sich eine große Siedlung befand.«

Die Siedlung, die Carvajal erwähnt, gehört dem Volk der Tupinambá. Und hier, wo sie gastlich aufgenommen werden, schreibt Fray Carvajal die Geschichte von jenen Amazonen auf, der der Strom seinen Namen verdankt. Die Gastgeber berichten von einem Stamm kriegerischer Frauen, der weiter flußabwärts, oberhalb der Stromschnellen lebt: »Es gibt dort viele Dörfer, in denen Frauen für sich allein leben. Sie werden von der Kazikin Conori angeführt und haben weit und breit alle Waldstämme unterworfen. Viele Frauen, welche der Männerherrschaft überdrüssig sind, wandern zu ihnen aus. Sie sind die besten Bogenschützen in diesem Teil des Stromes. Wollte ein Mann ihre Dörfer betreten, er würde auf der Stelle umgebracht. Nur einem Stamm ist es gestattet, sie einmal im Jahr aufzusuchen und an einem ihrer Feste teilzunehmen, es sind die Guaraia, die am Fluß Cunurís leben.«

Was für eine phantastische Geschichte: Frauen, die der Männerherrschaft überdrüssig sind und allein leben, wehrhaft und schön wie die Amazonen der griechischen Sage. Und dann einmal im Jahr dieses Fest! Dieses Liebesfest? Die Phantasie Orellanas und seiner Männer ist entzündet. Um den Preis eines Spiegels überwindet der Tupinambáhäuptling, von dem sie all das hören, seine Angst und führt die Spanier sowie eine Anzahl seiner Krieger den immer breiter werdenden Fluß hinab.

Wo war nur diese Siedlung der Amazonen? Lag sie unterhalb der Einmündung des Rio Negro? Carvajal ist da leider ungenau. Er berichtet, daß sie am 24. Juni 1542 ein durch Palisaden eingefriedetes Dorf mit einem nahebei gelegenen See erreichen, in dem ein Teil der Amazonen offenbar gerade fröhlich badet. Orellana, der einige Frauen in Spanien zur Schau stellen und daher lebend gefangennehmen will, braucht den Befehl zum Angriff gar nicht erst zu geben. Seine Männer sind nicht zu halten: »Fast alle vergaßen nun jegliche Umsicht. Viele sprangen in voller Rüstung in die Kanus, einige sogar ins Wasser ... Heulend wie wilde Tiere, den blanken Degen umklammernd, stürmten sie vorwärts, um den Frauen den Weg zum Dorf abzuschneiden und sie als ungewöhnliche Jagdbeute lebend zu fangen«, erzählt Carvajal. Der erste Vorstoß gilt dem Dorf. Mit leichtem Spiel rechnet man nicht. Doch die Gegenwehr ist so erbittert, daß Orellana am liebsten umkehren möchte.

Die im Dorf verbliebenen Kriegerinnen zielen und treffen genau. Holztrommeln signalisieren Verstärkung herbei. Sie sind schon dabei, die Spanier zu werfen, da befiehlt eine kraftvolle Stimme den Rückzug. Plötzlich sind die Angreifer allein im Dorf. In den Hütten finden sie weder eine tote noch eine lebende Amazone, die sie gefangennehmen könnten.

Am nächsten Morgen sind die Amazonen zurück. Während der Nacht schon haben sie die Bäume über den Brigantinen erklommen und eröffnen nach einem scharfen Schrei den Kampf. Der erste Pfeilhagel verwundet 20 Mann, darunter einige Spanier, tödlich. Aber nicht genug damit. Eine Flotte von Kriegskanus mit den befreundeten Guaraia an Bord umzingelt die Schiffe und die Kanus der Tupinambá. Es geht auf Leben und Tod. Orellana wird am Hals getroffen und stürzt bewußtlos zu Boden. Den Hauptmann Enríquez trifft ein Pfeil ins Auge. Wieder ist es nur die magische Überlegenheit der Feuerwaffen, die die Konquistadoren rettet. Damit schießen sich die Brigantinen den Weg in den Amazonas frei. Von den Tupinambá überlebt den Angriff keiner.

Während der Nacht muß weiter stromabwärts eine Landung gewagt werden, denn es fehlt an Nahrung. Die Feuer einer Siedlung locken am Ufer. Doch auf den Wellen davor tanzen die Kanus, voll mit abwehrbereiten Kriegern: »Mit schweren Rammstößen brachen wir in die Boote ein. Viele zermalmten wir. Mit Arkebusenfeuer gaben wir den tollkühnen Degenfechtern Deckung, die an Land sprangen und in die Siedlung eindrangen. In aller Eile wurden Lebensmittel zusammengerafft. Die pausenlos feuernden Kanonen hinderten die Indianer daran, die Degenfechter anzugreifen. Dennoch fielen der Trompeter Gonzales und der Soldat Empudia«, berichtet Carvajal.

Die Schiffe mit den schon zum dritten Mal gedemütigten Spaniern fahren wieder hinaus auf den Strom. Bis der Morgen graut, sterben weitere zwei Verwundete an Bord. Orellana dagegen erwacht aus seiner Ohnmacht. Er hat Schmerzen und Fieber, und die schrecklichen Ereignisse wirken noch in ihm nach, als er über den Strom blickt: »Ich werde ihn Rio de las Amazonas nennen«, soll er gesagt haben, wenn wir Carvajal glauben dürfen.

Die Geschichte von den Amazonen aber will nachher kaum jemand so recht glauben. Tatsächlich wird in all den Jahrhunderten danach keine einzige Expedition je irgendwelchen Amazonen begegnen. Vielleicht haben sie eingesehen, daß sie mit den Männern doch ganz gut fahren und sich unter die Guaraia gemischt?

Orellanas Schiffe überwinden Strömung und Wellengang, kämpfen gegen die »krachenden Wasser« an und erreichen endlich das Meer: »Wir waren insgesamt 260 Tage unterwegs, acht Monate hatten wir gebraucht, um auf dem Amazonenstrom vom Napo bis zur Mündung zu fahren. Elf von uns haben ihr Leben gelassen. Gott dem Allmächtigen sei Dank, daß er mich auf dieser gefährlichen Reise nicht sterben ließ und daß ich diesen Reisebericht schreiben durfte.« So beendet Vikar Gaspar de Carvajal sein Tagebuch.

Die Schiffe segeln von der Amazonasmündung aus nach Norden und erreichen Trinidad. Der rastlose Francisco de Orellana ist schon ein paar Monate später in Spanien und berichtet Kronprinz Philipp von den Entdeckungen, die er gemacht hat, und solchen, die er gern gemacht hätte (s. nebenstehende Karte).

So wie für Orellana wurde auch für alle anderen die Mär vom »Vergoldeten« zur Schimäre. Der Navareser Pedro de Ursua, der im Jahre 1560 das Goldland bei den Omagua suchen wollte, führte eine Expedition über den Rio Huallaga und den Marañón zum Amazonas. Er wurde umgebracht, ehe er das ersehnte Ziel erreichte,

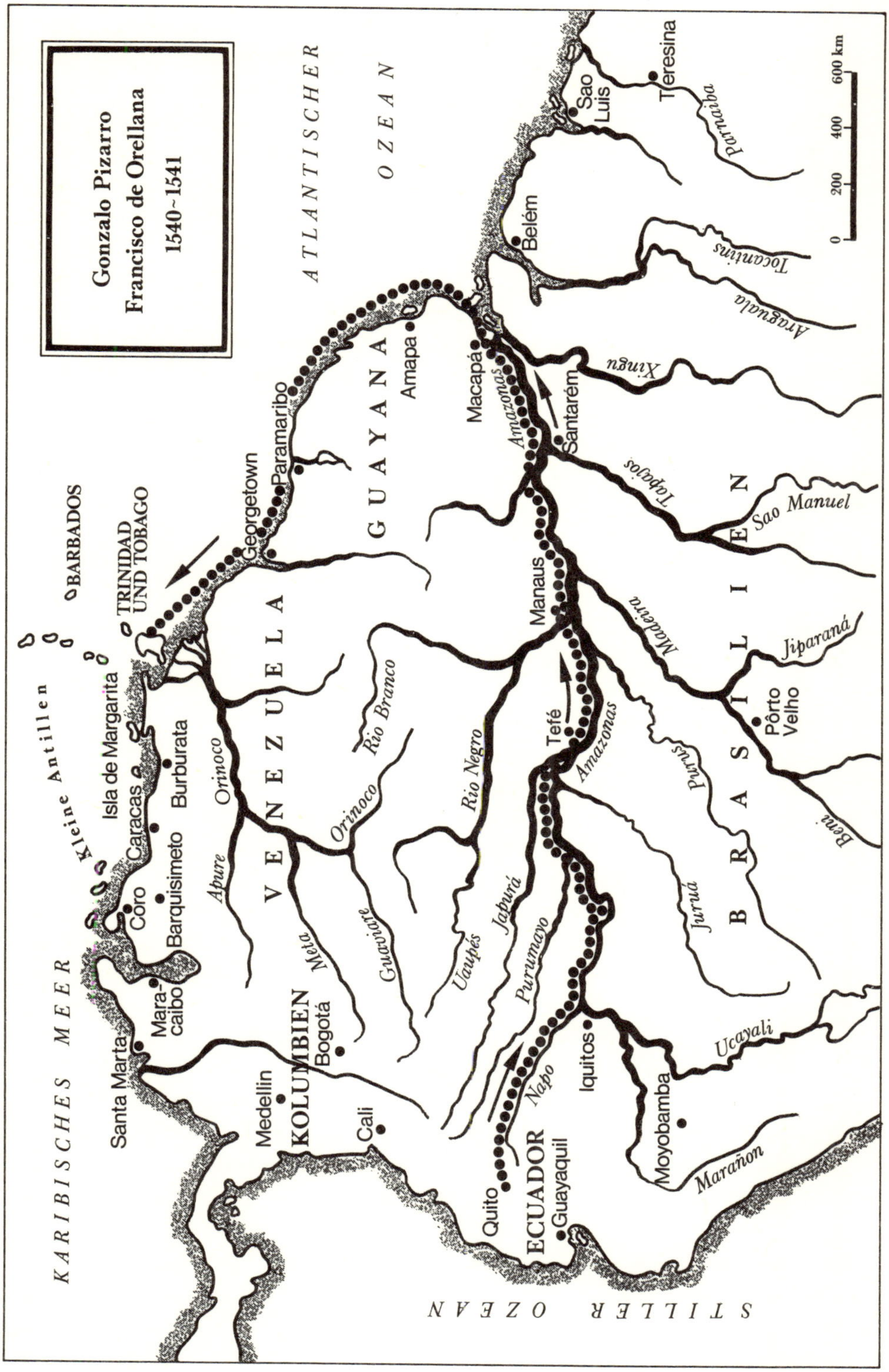

Gonzalo Pizarro
Francisco de Orellana
1540~1541
ATLANTISCHER OZEAN
KARIBISCHES MEER
STILLER OZEAN
Kleine Antillen
BARBADOS
TRINIDAD UND TOBAGO
Isla de Margarita
Caracas
Burburata
Coro
Barquisimeto
Mara-caibo
Santa Marta
Medellin
KOLUMBIEN
Bogotá
Cali
Quito
ECUADOR
Guayaquil
VENEZUELA
Orinoco
Apure
Orinoco
Meta
Guaviare
Rio Branco
Rio Negro
Uaupés
Japurá
Purumayo
Napo
Iquitos
Moyobamba
Marañon
Ucayali
Juruá
Purus
Amazonas
Tefé
Manaus
Madeira
Jiparaná
Pôrto Velho
Beni
BRASILIEN
Sao Manuel
Tapajós
Santarém
Amazonas
Macapá
Amapa
GUAYANA
Georgetown
Paramaribo
Xingu
Araguaia
Tocantins
Belém
Sao Luis
Teresina
Parnaíba
0 200 400 600 km

seine Geliebte, Inés die Atienza, wechselte in die Arme des Mörders Salduendo. Ursuas Nachfolger, der Fahnenträger Fernando de Guzmán, erklärte Peru gar den Krieg und Philipp II. für abgesetzt. Er wiederum fand seinen Mörder in der Clique des häßlichen, zwergenhaften Feldzeugmeisters Lope de Aguirre, der ohnehin der böse Geist hinter den Revolten gegen Ursua und gegen Spanien gewesen war. Das »schwimmende Königreich« der »Marañónes« glitt unter der Führung Aguirres den Amazonasstrom hinab, dann – einigen spanischen Historikern zufolge – den Rio Negro hinauf, um über den Casiquiare in den Orinoco zu gelangen. In Venezuela wurde der Tyrann von einer königstreuen Streitmacht in Barquisimeto gestellt. Im Anblick der Niederlage erdrosselt er seine eigene Tochter mit den Worten: »Empfiehl Gott deine Seele. Ich will nicht, daß man dich die Tochter eines Verräters nennt.« Kurz darauf, am 27. Oktober 1561, wurde er von den eigenen Leuten erschossen. Sein Kopf wurde auf dem Marktplatz von Tocuyo ausgestellt, sein Leib gevierteilt und auf den Schindanger geworfen. Aguirre hatte wohl nie an das Goldland geglaubt, sondern die Träume anderer ausgenutzt, um Macht auszuüben.

Es waren also nicht – wie im Afrika des 19. Jahrhunderts – die leidenschaftlichen Entdecker und großen Geographen, die erste Kunde von den großen Flüssen gaben, sondern die rücksichtslosen Abenteurer. Immerhin waren einige davon geschichtsbewußt genug, einem Schreiber in ihren Reihen zu diktieren oder ihn zu eigenen Aufzeichnungen anzuhalten.

Die Mündung des Amazonasstroms hatte schon zu den ersten Entdeckungen gehört, die Europäer in Amerika machten. Neun Jahre nach der ersten Landung von Kolumbus hatte der Italiener Amerigo Vespucci, der als Navigator unter spanischer Flagge segelte, in den Januartagen des Jahres 1500 ein Stück gegen die Strömung angekreuzt, gefolgt von Pinzón, der in Vespuccis Kielwasser 100 Kilometer stromauf fuhr. Beide Entdecker hatten zuvor ein gutes Stück der Küste des heutigen Brasilien erkundet. Doch nicht sie, die Entdecker, nahmen das Land für Spanien in Besitz. Es war der Portugiese Pedro Alvarez Cabral, der am 24. April 1500 auf der Höhe des heutigen Porto Seguro im brasilianischen Bundesstaat Bahía landete und die neu entdeckte Ilha de Vera Cruz für Portugal beanspruchte. Daß er damit seiner Krone einen halben Kontinent gewann oder wenigstens die Voraussetzungen dafür schuf, sprengte die Vorstellungen des Kapitäns. Zu seiner Zeit hatten die beiden iberischen Mächte die noch zu entdeckende Welt vorsorglich unter sich aufgeteilt. Nach einem Schiedsspruch von Papst Alexander VI. aus dem Jahr 1494, der die Grenzen der portugiesischen Welt auf den Meridian festlegte, der 370 Leguas westlich der westlichsten kapverdischen Insel verläuft, handelt Cabral also rechtens, als er die »Insel vom wahren Kreuz« für Portugal in Besitz nahm. Der Küstenverlauf des späteren Brasilien war bis zum Jahre 1527 durch die Reisen Vespuccis, der nun in portugiesischen Diensten stand, in groben Umrissen bekannt geworden – und damit hatte man eine Ahnung vom Ausmaß dieses Teils der Neuen Welt. Doch nur eine ganz dünne Kette von Häfen, wie Bahía und São Vicente, von denen aus die Schiffe ihre Fahrt nach Indien fortsetzen oder Brasilholz als Fracht laden konnten, wurden an der Küste zwischen Amazonas- und La-Plata-Mündung angelegt.

Erst als der portugiesische König zur Festigung seiner Macht in der neuen Kolonie durch Landschenkungen an der Küste zwölf Capitanias einrichten ließ, deren Grenzen zum Hinterland offen waren, begann – noch zögernd – die Kolonisierung des Landes – zögernd nur in der Ausdehnung, nicht jedoch in der Methode. Die vom König belehnten Donatarios befestigten São Vicente, Pernambuco und Bahía, um die wichtigsten Bastionen zu nennen, und sie brachten Zuckerrohr von Madeira herüber. In Santos, einer Gründung von Alfonso de Sousa, errichteten die Portugiesen 1533 die erste Zuckermühle Brasiliens, die mit Wasserkraft betrieben wurde. Etwa 20 Jahre später arbeiteten bereits einige 100 Mühlen im Lande und machten es zu einem wichtigen Wirtschaftsfaktor für das Mutterland. Im Jahre 1554 dann begründeten die Jesuiten das Collegium São Paulo, das für die weitere Landnahme so bedeutend werden sollte.

Die Plantagen dehnten sich aus, und mit ihnen wuchs der Bedarf an Arbeitskräften. Zwar konnten die Donatarios die Indianer nach Belieben berauben und versklaven, indessen bevorzugten die Portugiesen bald – wie die Plantagen in Spanisch-Amerika – schwarze Sklaven. Der Aufschwung des Tabakanbaus mit dem Beginn des 17. Jahrhunderts, der Baumwoll- und Kaffeeplantagen, die seit 1750 beziehungsweise 1775 zu den wichtigsten Säulen der brasilianischen Wirtschaft gehörten, wäre ohne die Verschleppung von gewiß mehr als vier Millionen Menschen aus Afrika nicht denkbar gewesen. Die Rasse, die fern ihrer afrikanischen Heimat das Land entwickeln und bebauen mußte, ist heute biologisch und kulturell ein bestimmendes Element in der brasilianischen Völkermischung. Ihre Leiden aber endeten in diesem Land noch später als in den Vereinigten Staaten. Erst im Jahre 1891 wurde die Sklavenhaltung verboten. Die wenigen Schwarzen, denen die Flucht in die Regenwälder gelungen war, hatten im Schutz des Dickichts lange ihre althergebrachte Kultur behaupten können. Sogar einen Staat der Schwarzen gab es zeitweilig auf brasilianischem Boden. Das war die Republik Palmares am Rio Mandaú. Bandeirantes fegten ihn aber 1694 hinweg. Glücklichere Gruppen überlebten als »Buschneger« in den Urwäldern Surinams.

Mit den Bandeirantes ist die Rede auf ein besonders unrühmliches Kapitel der brasilianischen Geschichte gekommen. Obwohl in ihren Adern ein gut Teil indianischen Blutes floß, hatten diese Fähnleinführer für das Lebensrecht der Indianer wenig übrig – weniger als die ferne Krone in Lissabon. Auf den Protest der Kolonie mußte der König eine Verordnung um 1609 wieder zurücknehmen, nach der die Indianer frei sein sollten. Unmündig nennt sie das brasilianische Recht noch heute, so lange sie nicht durch die Schule der Zivilisation gegangen sind.

Die Caboclos und Mamelucos – eine Rassenmischung aus Portugiesen und Indianern – also waren es zum Teil, die unter der Führung von Portugiesen aus dem Hochland um São Paulo aufbrachen und auf ihren ausgedehnten Sklavenjagden die Grenzen Brasiliens erweiterten. Je tiefer sie den Indianern in die Rückzugsgebiete folgten, je weiter sie sich vom Zentrum der Operationen entfernten, desto mehr Depots und Anpflanzungen mußten sie anlegen. Aus den ersten Hausansammlungen entstanden Brasiliens älteste Städte im Inneren. Während Lissabon offiziell zu den Vereinbarungen mit Spanien stand, »verlegten« die Bandeirantes »den Meridian« allmählich bis zum Fuß der Anden im Westen. Dann richtete sich ihre Begehrlichkeit auf die Jesuitenstaaten am Rio Paraguay und am mittleren Paraná. Den Padres war es gelungen, Zehntausende von Guaraní-Indianern um Missionsniederlassungen anzusiedeln, die sie Reduktionen nannten. Die straff organisierten Gebilde, in denen große Reichtümer erwirtschaftet wurden, verfügten über ein unerschöpfliches Reservoir geschulter Indianer. Sie wurden von den feudalen Landherren Brasiliens als Gefahr gesehen. Nicolau Bareto brach im Jahr 1602 von São Paulo aus zur ersten großen Bandeira gegen La Guaira und Vila Rica am Paraná auf. Er erbeutete 3 000 Indianer, von denen die meisten unterwegs starben. 27 Jahre später führten Antonio Raposo Taveres und Manuel Preto dann jene Bandeiras an, die fast das gesamte jesuitische Werk in Brasilien vernichteten. Im Gebiet der heutigen Bundesstaaten Paraná, Santa Catarina, Rio Grande do Sul und im Süden Mato Grossos eroberten sie die Reduktionen und führten Zehntausende von Indianern als Sklaven fort. Zwar organisierten die Padres den Widerstand und rüsteten »ihre« Indianer sogar mit Kanonen aus, mußten sich aber trotz einiger militärischer Erfolge aus Brasilien zurückziehen. Im südlichen Paraguay behaupteten sie sich noch bis zum Jahre 1759, in Argentinien bis 1767.

In das Innere des heutigen Amazonien reichte der portugiesische Einfluß um die Mitte des 17. Jahrhunderts noch nicht sehr weit. Sie hatten nur, gegen die vordringenden Franzosen, im Jahr 1616 an der Amazonasmündung ein Fort errichtet, die heutige Großstadt Belém. Portugiesen hatten bis 1654 damit zu tun, die Niederländisch-Westindische Kompanie aus dem Land zu werfen. Von der Mündung des Rio São Francisco bis zum Kap São Roque hatten sich die Holländer an der Küste festgesetzt. Als sie endlich ihre Häfen nach schweren Kämpfen aufgegeben hatten, rückte wieder das Landesinnere in den Mittelpunkt des Interesses der Bandeirantes. Ihr Aufbruch galt diesmal den verborgenen Schätzen des Landes. Beutezüge führten sie bis an die Grenzen der heutigen Staaten Peru und Bolivien. Doch sie brachten aus dem Raum der jetzigen Bundesstaaten Minas Gerais und Goias immer nur Sklaven mit, wenig Gold, kein Silber. Das änderte sich. In den Jahren 1693 und 1725 durchliefen die Nachrichten von märchenhaften Gold- und Diamantenfunden das Land und brachten Tausende von Menschen auf den Weg nach Minas Gerais und Goias. Gründungen von Ortschaften wie Cucabú und Ouro Prêto gehen auf diese Zeit zurück. Als die im oberflächlichsten Tagebau ausgebeuteten Lager erschöpft waren, blieb dem Bergland im Innern nur die Viehhaltung. Die systematische Erforschung des Landes war der Politik Portugals fremd. So zeichnete sich das Gesicht Brasiliens damals nur in groben Umrissen ab.

Das galt auch für den großen Strom. Im Jahre 1637 befuhr ihn im Auftrag des portugiesischen Gouverneurs von Pará, dem heutigen Belém, zum erstenmal eine

Expedition unter Pedro Teixeira von der Mündung aus. Ehe Teixeira auf demselben Weg nach Pará heimkehrte, besuchte er Peru und gar Quito in Ecuador. Das war nichts Ungewöhnliches damals: denn Spanien und Portugal wurden von 1580 bis 1640 durch Philipp II. regiert.

Das wichtige Werk »Nuevo descubrimiento del gran Rio de las Amazonas« aus der Feder des Paters Cristoval de Acuña, Chronist der Expedition Pedro Teixeiras, wurde im Jahre 1641 fertig. Es konnte der Allgemeinheit jedoch nicht dienen: denn die Spanier vernichteten die Auflage bis auf wenige Archivexemplare, die in Madrid aufbewahrt wurden. Sie wollten den zur Unabhängigkeit zurückgekehrten Portugiesen keine Informationen über die Wasserwege überlassen, die von Peru aus zum Amazonas führten. Dennoch erlangten die Portugiesen allmählich Kenntnisse über den Lauf des großen Wassers. Wesentlich dazu beigetragen hatte der Jesuitenpater Samuel Fritz. In den vier Jahrzehnten seines Wirkens vor allem im oberen Amazonasgebiet hatte er mehrere Missionen gegründet, Wissen um Indianerstämme am Napo und am Marañón zusammengetragen und auch Entdeckungsfahrten unternommen. Im Jahre 1689 wagte er dann die große Erkundung, die ihn bis hinab nach Pará führte, wo ihn der portugiesische Gouverneur so lange festhielt, bis er genug über den Hauptverlauf des Flusses wußte. Pater Samuel durfte dann 1691 auf dem Amazonas zurück nach Peru fahren. Es hielt ihn nur wenige Monate in Lima. Schon 1693 brach er wieder in sein Missionsgebiet auf. Ihm verdanken wir die ersten wissenschaftlichen Arbeiten und vor allem die Karten des Amazonas und seiner oberen Zuflüsse. Vor Ende des Jahrhunderts reiste dann – von Amts wegen – der portugiesische Generalgouverneur Antonio de Albuquerque Coelho als Entdecker auf dem Amazonas.

Den tatsächlichen Wissensfortschritt über Amazonien aber brachte das 18. Jahrhundert. Charles-Maria de La Condamine gehörte einem Unternehmen der Pariser Akademie der Wissenschaften an, das zunächst im Hochtal bei Quito durch die Vermessung eines Meridianbogens von mehr als drei Grad die Kenntnisse über Größe und Gestalt der Erde vertiefte. Das geschah in den Jahren 1736 bis 1742. La Condamine brach dann im Juli 1743 zu jener Amazonasexpedition auf, von der der Forscher Carl Friedrich Philipp von Martius sagte: »Von allen Reisen, welche auf dem Amazonas ausgeführt wurden, die kürzeste, hat sie der Wissenschaft die meisten Resultate geliefert.« Zuverlässige Resultate waren es vor allem, denn La Condamines Karte vom Amazonas – um nur ein wichtiges Ergebnis dieser Reise zu nennen – lagen astronomische Berechnungen zugrunde.

Die spanische Krone sah nichtspanische Forscher nur ungern in den Kolonien. La Condamines Expedition war eine Ausnahme gewesen. Man vertrat die Auffassung, daß das Wissen über die Neue Welt nur dem Mutterland zu nützen habe. Dies galt auch für die Wälder Amazoniens. Doch im Jahre 1799 bahnte sich im Schloß von Aránjuez etwas an, was man angesichts der spanischen Einigelungspolitik gegenüber dem Rest der Welt immer für eine Utopie gehalten hatte – die große Forschungsreise des Preußen Alexander von Humboldt nach Südamerika. König

Karl IV. setzte nach großen diplomatischen Bemühungen sein Siegel unter Reisedokumente, die dem Forscher aus Preußen und seinem – wie es hieß – »Sekretär« Aimé Bonpland Bewegungsfreiheit in den Kolonien garantierte. Bonpland war in Wirklichkeit ein ausgezeichneter Botaniker.

Die Reise ins Ungewisse, die der universale Gelehrte Humboldt jahrelang vorbereitet und aus eigenen Mitteln finanziert hatte, begann am 5. Juni 1799 in dem spanischen Atlantikhafen La Coruña. Nach 41tägiger Seereise landeten die Forscher in Venezuela. Beide waren zunächst fassungslos angesichts der Lebensfülle, die sich ihnen schon an der Küste präsentierte: »Wie die Narren laufen wir bis jetzt umher. In den ersten Tagen können wir nichts bestimmen, da man immer wieder einen Gegenstand wegwirft, um einen anderen zu ergreifen . . . Aber schöner noch als diese Wunder ist der Eindruck, den das Ganze dieser kraftvollen, üppigen und dabei so erheiternden Pflanzennatur macht«, schrieb Humboldt an einen Freund.

Bald aber begnügten sich Humboldt und Bonpland nicht mehr mit solchen Betrachtungen, sondern begannen systematisch zu arbeiten. Und Humboldts Forschungsansatz war nicht nur ungewöhnlich, er war zukunftsweisend: »Mein eigentlicher einziger Zweck ist, das Zusammen- und Ineinanderwirken aller Naturkräfte zu untersuchen, den Einfluß der toten Natur auf die belebte Tier- und Pflanzenwelt«, schrieb er. Wir würden das heute ein ökologisches Forschungsanliegen nennen.

Über ein Vierteljahr blieben Humboldt und Bonpland in Venezuela. Dann, am 7. Februar 1800, begann ihre gefahrvolle Reise in das Innere Amazoniens. Auf seinem Weg wurde Humboldt noch von einem anderen Gedanken getrieben. Er wollte nicht nur die Natur erforschen, sondern einen legendären Wasserlauf im Gradnetz der Erde fixieren, der angeblich das Stromsystem des Amazonas und das des Orinoco miteinander verband – oder auch nicht. Waren nicht die Marañónes unter Aguirre über diesen Fluß gefahren? Noch kurz vor Beginn der Expedition in Europa aber war dort das neue Kartenwerk eines besonders einflußreichen Geographen erschienen, auf dem diese Verbindung fehlte. Ihr Schöpfer betrachtete sie als einen »monströsen Fehler der Geographie«.

Humboldt überzeugte sich an Ort und Stelle. Vom Orinoco aus fand seine Expedition den geheimnisvollen Wasserweg, den die Eingeborenen tatsächlich Casiquiare nannten. In elf Tagen erreichten sie mit ihrem Boot den Rio Negro, der dem Amazonas zufließt. Humboldt stellte fest: Der Orinoco gabelte sich wegen einer Stromschnelle bei der Urwaldsiedlung Esmeralda und bildete mit einem Arm den Casiquiare. Durch diese Gabelung, eine Bifurkation, wird ein Teil des Orinocowassers in das Amazonassystem abgeleitet. Eine andere aufregende Botschaft, die Humboldt von seiner Reise durch Amazonien nach Hause sandte, handelte von der Welt unter Wasser. Es war die Nachricht von der Begegnung mit einem Fisch, der elektrische Schläge austeilen konnte, vom Zitteraal. Der Forscher ließ Pferde in einen flachen See voller Zitteraale treiben, um die Wirkung auf die Tiere beobachten zu können. In unseren Augen war das eine Tierquälerei, die wir um so weniger gern verziehen, hätte sich Humboldt dabei nicht selbst ein paar schwere Schläge eingehandelt. Humboldt entdeckte die »Batterien« des Fisches, fand aber auf zwei wesentliche Fragen keine Antwort: Wie lädt sich der Fisch mit Elektrizität auf? Und wie schützt sich der Fisch selbst davor? Heute wissen wir, daß bis zu 500 000 gut isolierter, winziger elektrischer Blättchen Entladungen zwischen 200 und 550 Volt ermöglichen. Mit Hilfe der Entladungen verteidigt sich der Zitteraal nicht nur. Er macht auch Beute.

Alexander von Humboldt schilderte noch ein weiteres Ungeheuer der Flüsse, die gefräßige Piranha von der Art *Serrasalmus nattereri*. Ein anderer Fisch, der seiner Form nach Messerfisch heißt, wurde erstmals von ihm beschrieben.

Viele Wochen zog die Expedition durch die Regenwälder und die Wasserwildnis, deren Pflanzenreichtum den Forscher zu dem verhängnisvollen Gedanken verführte, dieses Gebiet werde eines Tages viele Menschen ernähren können. Da ihm noch höchst unzulängliche Mittel der mineralischen Bodenuntersuchung bekannt

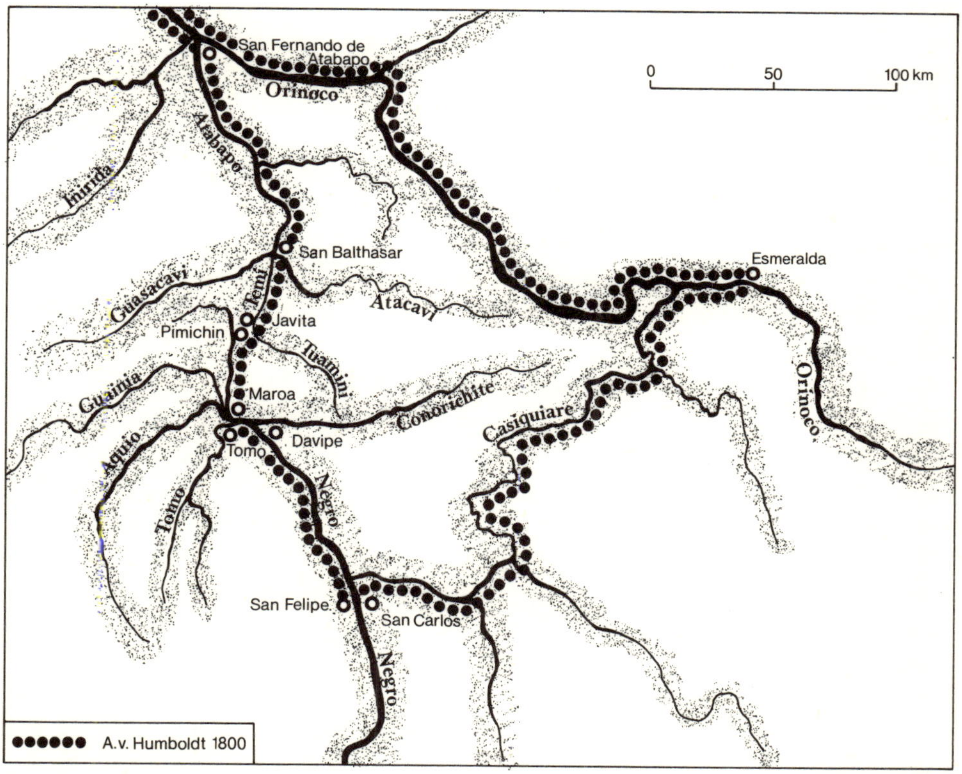

Für das Ende eines Streits der Geographen sorgte Alexander von Humboldts Karte vom Casiquiare-Kanal. Der Forscher reiste zwischen dem 10. und 21. Mai 1800 von San Carlos am Rio Negro nach Esmeralda am Rio Orinoco. Damit war für die Wissenschaft gesichert, was die Einheimischen wohl schon lange wußten: Der Casiquiare verbindet die beiden großen Stromsysteme waren – es sollte noch Jahrzehnte dauern, bis Justus von Liebig seine Agrikulturchemie entwickelt hatte –, hielt er Amazonien für besonders fruchtbar. Und dieser verhängnisvolle Irrtum sollte Schule machen. Der Schein trog. Viele landwirtschaftliche Projekte im Urwald sollten später zum Mißerfolg verurteilt sein, weil der in Wirklichkeit äußerst karge Boden nach kurzer Zeit erschöpft war.

Daß wir heute einen Stand des Naturwissens haben, der Humboldts damalige Beurteilung widerlegt, ist aber auch mit Humboldts Verdienst; denn er gehörte zu den Wissenschaftlern, die den Weg zur exakten Forschung gewiesen haben. Er förderte unter anderem den jungen Justus von Liebig, dessen Untersuchungen zum Stoffwechsel der Pflanzen schließlich auch das erste künstliche Düngemittel zeitigten. Mehr als bei jedem anderen Zeitgenossen – Goethe vielleicht ausgenommen – aber stand bei Humboldt die ganzheitliche Naturbetrachtung im Mittelpunkt seines Forschens: »Die Natur ist Einheit in der Vielheit, Verbindung des Mannigfaltigen in Form und Mischung ... Inbegriff der Naturdinge und Naturkräfte als ein lebendiges Ganzes. Das wichtigste Resultat des Forschens ist daher dies: in der Mannigfaltigkeit die Einheit zu erkennen, von dem Individuellen alles zu umfassen ..., die Einzelheiten prüfend zu sondern und doch nicht ihrer Masse zu unterliegen, der Bestimmung des Menschen eingedenk, den Geist der Natur zu ergreifen, welcher unter der Decke der Erscheinungen verhüllt liegt. Auf diesem Wege reicht unser Bestreben über die enge Grenze der Sinnenwelt hinaus, und es kann uns gelingen, die Natur begreifend, den rohen Stoff gleichsam durch Ideen zu beherrschen.«

Was für ein Ansatz, was für ein Programm! Ganz in diesem Sinne entstand das berühmte »Physikalische Gemälde der Äquinoktialländer«, ein Anden-Amazonas-Profil, das vom Eisdom des Chimborasso bis hinab zum Rio Marañón auf der einen und zum Pazifik auf der anderen Seite reicht. Vor allem in Ecuador haben Humboldt und Bonpland erstmals auf verschiedenen Höhenstufen die Abhängigkeit der Vegetation vom Klima und vom Boden untersucht. Am Ende fügen sich viele Details zu einem Bild, daß »alle Erscheinungen« erfaßt, »welche die Oberfläche der Erde und des Luftkreises darbietet«. Dieses »Naturgemälde der Tropen« verzeichnet die Standorte und Namen von zahlreichen, den Höhenstufen angepaßten Pflanzen. Die Höhenstufen belegt Humboldt mit den Begriffen Tierra fría, Tierra templada und Tierra caliente.

Nicht viele Forscher, die nach Humboldt Amazonien bereisten, sahen sich einer solchen Gesamtschau verpflichtet, aber sie haben mit ihren Forschungen doch dazu beigetragen. Noch im 19. Jahrhundert waren dies Carl Friedrich Philipp von Martius und Johann Baptist von Spix, die im Jahre 1819 von Belém do Pará aus ihre Expedition auf dem unteren Amazonas begannen. Ergebnis dieses Unternehmens war unter anderem die fünfzehnbändige »Flora Brasiliensis«, die damals als »größtes wissenschaftliches Werk der Weltliteratur« gefeiert wurde. Georg Heinrich von Langsdorff-Becher machte sich um die Erforschung des Gebietes von Mato Grosso bis zum unteren Amazonas verdient (1825 bis 1829), und Eduard Pöppig, der von Peru aus in das Stromgebiet des oberen Amazonas aufbrach, nannte das Ziel seiner

Wipfel von Horizont zu Horizont. Die Urlandschaft Amazoniens *(Foto: Alexander Hirtz)*
Erst vor 25 Millionen Jahren schloß sich die Andenkette und bestimmte die Richtung der Flüsse Amazoniens neu *(Foto: Klaus Noack)*

Am Fuß der Anden. Der Pastaza zeichnet ein Zopfmuster in die Landschaft und nimmt gewaltige Sand- und Geröllmassen mit auf seinen Weg ins Tiefland *(Foto: Klaus Noack)*

In Altwassern, abgeschnittenen Flußschleifen und Lagunen hat die Natur Muße, prachtvolle Wasserhyazinthenteppiche zu weben. Das Wasser ist bis zu 40 Grad Celsius warm *(Foto: Peter Baumann)*

Links: Der Nebelwald verhindert die Erosion der Andenhänge. Er kanalisiert das Wasser in die Flüsse *(Foto: Ursula Bredigkeit)*

Vereinigung zweier Flüsse, von denen nur einer reich an Schwebgut ist *(Foto: Alexander Hirtz)*

Flußfischer in Amazonien bevorzugen ihre traditionelle Fangweise und sind zur Fischzucht kaum zu bewegen *(Foto: Peter Baumann)*

Reise »die Einsammlung von naturhistorischen Gegenständen in möglichster Menge«. Er erreichte es mit einem Herbarium von über 4 000 Arten und der wissenschaftlichen Beschreibung von gut 3 000 Pflanzen.

Viele Namen mehr wären noch zu nennen, denen wir Grundlagen unseres Wissens über Amazonien verdanken. Doch können wir Geschichte und Entwicklung in diesem Panorama der Urlandschaft nur umrißhaft nachzeichnen, da die neuen Erkenntnisse über ökologische Zusammenhänge das eigentliche Anliegen unserer Darstellung sind. Erste Gefahren für dieses ökologische System zeichneten sich bereits im letzten Drittel des 19. Jahrhunderts ab.

Mit Gott gegen die Waldgeister

Der Franzose La Condamine hatte bereits über die Nutzungsmöglichkeiten des Naturstoffes nachgedacht, der in der Tupisprache Ka-utschu hieß. Er hatte den milchigen, klebrigen Saft aus dem Stamm des Heveabaumes fließen sehen und beobachtet, wie ihn die Indianer zur Abdichtung ihrer Kanus benutzten. Der Einsatz dieses Materials aber blieb so lange unbedeutend, bis die Herren Mackintosh und Goodyear seine wahre Verwertbarkeit entdeckten. Der eine fertigte damit den ersten wasserdichten Regenmantel, der andere um 1839 die ersten Gummischuhe. Mit dem Aufkommen völlig neuer Industriezweige stieg dann der Bedarf an Gummi für Dichtungen, als Füllstoff, für gummierte Gewebe, elastische Bänder, Lagerungen und Bereifungen. Im Jahre 1892 – das Kaiserreich Brasilien gab es seit drei Jahren nicht mehr – erreichte die Ausfuhr des Parákautschuks bereits 19 000 Tonnen. Das war die Hälfte der Weltproduktion.

Amazonien, das nach den Enttäuschungen, die es den spanischen Schatzsuchern bereitet hatte, lange Zeit wirtschaftlich unbedeutend gewesen war, stand Ende des 19. Jahrhundert plötzlich im Mittelpunkt als Quelle eines unentbehrlichen Rohstoffes. Manaus, früher ein Dorf nahe der Mündung des Rio Negro, blühte auf, und der Boom bescherte den Gummibaronen märchenhafte Gewinne.

In Amazonien wurden nun kühnere Träume war, als Orellana sie je geträumt hatte – Träume von einer Kathedrale und einem Opernhaus in Gold, Marmor und Mosaik. Träume von Seide, Diamanten, Parfüm und Champagner, Träume von unvorstellbarem Luxus in den Villen, Boulevards und Cafés. Selbst die Dienstboten hatten ihren bescheidenen Anteil am Reichtum, kassierten – so wird bezeugt – für geringste Leistungen bis zu umgerechnet 25 Mark. In die ersten Jahre nach der Jahrhundertwende fiel auch der Bau der schwimmenden Docks im Hafen von Manaus, deren Material, ebenso wie die Steine des Zollamtgebäudes, von England importiert wurden. Die Urwaldmetropole war nun durch Schiffahrtslinien mit der Welt verbunden.

Der Boom endete, als die Heveasaat aufging, die der Engländer Henry A. Wickham aus Brasilien, in Krokodilhäute eingenäht, herausgeschmuggelt hatte.

Es dauerte seine Zeit, bis die Botaniker im Londoner Kew Garden die aus den gekeimten Samen gezogenen Gummibäume soweit vermehrt hatten, daß damit Plantagen in den britischen Kolonien Malaya und Ceylon angelegt werden konnten die dann das brasilianische Kautschukmonopol brachen. Den Seringalistas, den Gummibaronen, gefror das verächtliche Lächeln über die Versuche der Briten.

Während der Kautschukjahre hatte die Wildnis zum ersten Male für technischen Fortschritt außerhalb ihrer Grenzen reichlich gespendet – aber sie hatte sich auch mit »Klauen und Zähnen« gegen den technischen Fortschritt innerhalb ihrer Grenzen gewehrt. Da war im Jahre 1872 der Versuch gescheitert, den Bolivianern durch eine Bahnlinie eine Passage zum Atlantik zu öffnen. »Nur« jene 350 Kilometer entlang den Flüssen Marmoré und Madeira hätten bezwungen werden müssen, auf denen der Fluß mit 19 Stromschnellen unbefahrbar ist. Die Amazonasnatur hatte dem geballten Einsatz der Arbeiterkolonnen ein Millionenheer stechender und blutsaugender Insekten entgegengesetzt. Fünf Jahre nach dem Scheitern des ersten amerikanischen Unternehmers waren auch dessen Nachfolger an der Bahnlinie pleite gegangen: »Mister Ward«, heißt es in dem Brief eines Eisenbahnbauers vom Rio Marmoré, »versuchte in einem Bach zu baden, aber er hatte kaum seine Kleider abgelegt, als auch schon Blutfäden seinen Körper herunterzurinnen begannen, die Hunderte von kleinen Mückenstichen verursacht hatten. Man hätte ihn für einen gerade ausgepeitschten Verbrecher halten können . . .« Nur acht Kilometer Schienenstrang waren unter den schrecklichen Arbeitsbedingungen das Ergebnis des zweiten Bauversuchs gewesen, und am Ende aller Mühe hatte der Wald eine stillgelegte Lokomotive mit einem Baum dekoriert, der geradewegs durch ihren Schornstein gewachsen war.

Als dann 25 Jahre später dennoch der erste Zug durch den Urwald rollte, war – Ironie des Schicksals – der Kautschukboom vorbei. Zehntausende von Menschen hatten ihre Gesundheit aufs Spiel gesetzt, und viele waren dafür gestorben, daß man bis zum Jahre 1972 auf unbedeutender Strecke zu unbedeutenden Zielen 36 Stunden mit der Eisenbahn fahren konnte.

Ein weiteres Scheitern in Amazonien ist mit dem Namen Henry Ford verbunden. Angeregt durch die Erfolge der englischen und holländischen Plantagen in Süd- und Südostasien, die den Weltgummipreis diktierten, begannen in den zwanziger Jahren dieses Jahrhunderts drei amerikanische Firmen, anderswo, eigene Gummipflanzungen anzulegen. Die Ford Motor Company erwarb im Heimatland der *Hevea brasiliensis* eine Konzession für eine Plantage von einer Million Hektar Größe. Die Vorläuferin moderner Großraumplanung ließ am rechten Ufer des Rio Tapajós den Wald im großen Stil roden und begann damit, 400 000 Heveabäume anzupflanzen. Das war im Jahre 1929.

Man verrechnete sich aber in »Fordlandia« in der Biologie der Gummibäume. Im Urwald stehen die natürlichen Gummibäume in großen Abständen und sind durch die vielen Arten anderer Urwaldbäume von einander isoliert und dadurch vor der Übertragung von Krankheitserregern geschützt. In den Pflanzungen hingegen berühren sich die gepflanzten Bäume der Monokulturen. Ein parasitischer Pilz, *Microcystis ulei*, der im Amazonas heimisch ist, konnte sich in wenigen Jahren über die ganze Pflanzung verbreiten und sie so schädigen, daß sie unproduktiv wurde, die Bäume vor sich hin kümmerten und allmählich abstarben.

Sechs Jahre später unternahm Ford einen zweiten Versuch. Diesmal schien alles zu stimmen. In Belterra, 100 km unterhalb von Fordlandia am gleichen Rio Tapajós, nicht weit von der Stadt Santarém an dessen Mündung in den Amazonas wurde ein verkehrstechnisch günstig gelegenes Gelände von einem Viertel der

Größe Fordlandias gegen eine entsprechende Fläche der dortigen Konzession eingetauscht und im Laufe der folgenden Jahre zwei Millionen Bäume der *Hevea brasiliensis* gepflanzt.

Doch auch hier trat alsbald die alte Pilzkrankheit, von den Amerikanern »Southamerican Leaf blight« genannt, auf und bedrohte die gesamte Pflanzung. Durch großangelegte Forschungs- und Versuchsarbeit, die Entwicklung einer doppelten Propfung der Bäume mit einer anderen *Hevea*-Art, die gegen den Pilz resistent ist, konnte die Pflanzung zwar gerettet werden, aber sie wurde dadurch unökonomisch. Hinzu kam, daß wegen der extrem nährstoffarmen Böden in Belterra die Gummiproduktion auch der gepfropften Bäume sehr gering war und bei nur etwa $^1/_2$ bis $^1/_3$ der Produktion wilder Gummibäume oder der Pflanzungen in Asien lag. Ford war enttäuscht, und als mit dem Ende des Zweiten Weltkrieges die Amerikaner nicht mehr auf jedes Gramm amazonischen Gummis angewiesen waren, veräußerte er seine Pflanzungen am Rio Tapajós, in die er 28 Millionen Dollar investiert hatte, für 250 000 Dollar an den brasilianischen Staat.

Nach dem Zweiten Weltkrieg blieb der brasilianische Kautschuk, der aus Amazonien kam, auch im Welthandel ohne Bedeutung. Die Plantage »Belterra«, auf der durchschnittlich nur noch ein Stamm von 1 700 Arbeitern wirtschaftete, produzierte nur noch einige hundert Tonnen im Jahr und damit den zehnten Teil des Ergebnisses, das man einst zu erreichen hoffte. Die Konkurrenz der Plantagen in Malaysia und Indonesien beherrschte weiterhin den Markt mit einer Produktion von jährlich etwa zwei Millionen Tonnen, zu denen inzwischen etwa die gleiche Menge synthetischen Gummis kam.

Wäre Fords Versuchen Erfolg beschieden gewesen, so hätte es vielleicht ein böses Beispiel menschenverachtender Politik in Amazonien nicht gegeben! Einmal noch – im Zweiten Weltkrieg – stand der Wildkautschuk im Mittelpunkt des diesmal vom Krieg bestimmten Interesses. Nach den Siegen der Japaner auf dem südostasiatischen Kriegsschauplatz floß die Kautschukmilch der malayischen Plantagen für die Alliierten nicht mehr, und man besann sich auf Brasilien. Die Regierung in Rio de Janeiro unterschrieb einen fünfjährigen Liefervertrag, die Nordamerikaner organisierten die Kampagne – und 18 000 »Gummisoldaten« (Soldados da Borracha) wurden fürs erste vor allem aus Nordostbrasilien in die amazonischen Wälder geschickt. Flugzeuge, die überall auf den Flüssen wasserten, stiegen mit jeder neuen Ladung Latex, welche die Sammelstellen erreichte, sofort auf. Aber so rasant der Transport zu den Verarbeitungsstätten auch lief, die Heveamilch floß viel zu langsam. Es dauerte seine Zeit, ehe der Gummisucher eine hinreichende Anzahl der zerstreut stehenden Bäume in der Wildnis gefunden hatte, die er kerben und mit Büchsen behängen konnte. Latex kann nur nach althergebrachter Weise geerntet werden. Am Feuer aus Urucurí-Palmnüssen mußte der Seringueiro Stunde um Stunde den Stock über Creosote-Rauch drehen, ehe das allmählich gerinnende Latex die Form eines Balls hatte. Zentnerschwer erst lohnte der Ball den Transport zur Sammelstelle. So kostete jedes marktfähige Pfund Latex 500 Dollar. Der Hunger der kriegführenden Industriestaaten konnte mit einer Jahresproduktion von weniger als einer Million solcher Kautschukbälle nicht gestillt werden. Bis endlich das synthetische Buna marktfähig war, sollen dem letzten Boom auf diesem Nebenschauplatz des Krieges einige 1 000 Gummisucher zum Opfer gefallen sein. Doch genaue Zahlen kennt niemand, denn die meisten Gräber deckt der Busch, und die Männer, die überlebten, blieben lebendig begraben im Dschungel.

Nach dem Krieg ist die Produktion des Wildkautschuks ständig zurückgegangen. Im Jahr 1965 entsprach die Produktionsmenge von 29 300 Tonnen nur noch drei Vierteln der 1912 produzierten Menge. Im Welthandel machte das weniger als eineinhalb Prozent aus.

Der Kautschukzapfer blieb seiner alten Wirtschaftsweise treu. Wo die Gummiwälder noch nicht den Kolonisten und den Feldern der Großgrundbesitzer weichen mußten, trifft man daher heute noch auf Szenen wie zu der Zeit, in der Herbert Wilhelmy Amazonien bereiste: »Am Ufer des Stromes errichten die Seringueiros ihre bescheidenen Pfahlbauten und durchstreifen von dort aus das Hinterland. Sie schlagen Wege – Estradas – in den Wald, die von einem Kautschukbaum zum anderen führen. Mit dem Zapfmesser schneiden sie den Stamm durch die Rinde und sammeln die aus der v-förmigen, grätenartigen oder spiraligen Wunde quellende Milch in darunter befestigten Bechern.«[1]

Zweimal täglich besuchen die Seringueiros ihre 50 bis 100 Bäume: »Die Jahresausbeute eines Zapfers beläuft sich auf etwa 150 bis 300 Kilogramm. Brasilianische und syrische Kaufleute haben zwischen Urwald und Strom Handelshäuser errichtet, an die die Seringueiros ihren Rohkautschuk verkaufen und in denen sie sich für den Erlös mit Lebensmitteln, Textilien, Eisenwaren usw. versorgen können. Mit den festen Handelshäusern treten ... schwimmende Kaufläden in ... Wettbewerb. Ambulante Händler besuchen mit ihren als vollständige Warenmagazine eingerichteten Diesel-Lanchas die in der Einsamkeit lebenden Zapfer, legen an ihren Pfahlbauten an und erledigen an Ort und Stelle die Tauschgeschäfte. Die Seringueiros sparen auf diese Weise die zeitraubende Fahrt zu den meist in größerer Entfernung gelegenen Handelshäusern.

In der Hochwasserzeit muß die Kautschukausbeute in den Wäldern eingestellt werden, nicht nur, weil in den Várzeagebieten die Heveabäume dann tief im Wasser stehen, sondern vor allem, weil der Milchsaft zu wasserreich und zu dünnflüssig wird. Die Seringueiros ziehen hinauf in die Terra firme und wenden sich dort in der Zeit von Januar bis März, im Acreterritorium und am Rio Negro bereits ab November, einer ganz anderen Tätigkeit zu, dem Einsammeln von Paránüssen. Gerade wenn die Seringueiros in der niederschlagreichsten Zeit von dem Januarhochwasser aus der Várzea vertrieben werden, reifen die großen Fruchtkapseln der *Bertholletia excelsia*. Dieser riesige Urwaldbaum überragt das geschlossene Laubdach des Terra-firme-Waldes und wird wegen seiner fettreichen Samen (67 Prozent) stets bei der Rodung geschont. Man wartet, bis die an Kokosnüsse erinnernden großen

Fruchtkapseln zu Boden fallen, sammelt diese und öffnet sie durch Schläge mit dem Buschmesser und erntet so die dreikantigen Nüsse (1965: 40 800 Tonnen). Daneben werden die Früchte des in der Hyläa wildwachsenden Kakaos geerntet, dabei Medizinpflanzen gesammelt, Felle und Häute von Wildkatzen und Schlangen erbeutet. Sobald die Heveawälder wieder begehbar werden, kehren die Seringueiros in die diese zurück.«[2]

Sieht man von den wenigen Jahren des Kautschukbooms ab, so schrieb Amazonien in der Wirtschaftsgeschichte immer nur bescheidene Zahlen. Wie anders sieht die Bilanz für die Wissenschaft aus!

DER FLUSS

EIN KÖNIG DER STRÖME, ARM AN NÄHRSTOFFEN

Und die Flüsse von der Ebne
Und die Bäche von den Bergen
Jauchzen ihm und rufen: Bruder!
Bruder, nimm die Brüder mit,
Mit zu deinem alten Vater,
Zu dem ew'gen Ozean,
Der mit ausgespannten Armen
Unser wartet

Aus »Mahomets Gesang«, Goethe

Ein Meer stirbt, der Fluß wird geboren

Die ersten Flüsse des zentralen Südamerika flossen in den Pazifik und nicht in den Atlantik. Noch in der jüngeren Erdgeschichte hatte sich am Ostsaum der Kordilleren, wo heute, wenn er nicht gerodet wurde, Urwald steht, ein Randmeer ausgebreitet. Das Leben in den bergnahen Zuflüssen des Amazonasstromes gibt uns Hinweise auf diesen Ozean. Woher, fragen sich die Biologen, sind die Rochen gekommen? Woher stammen die Plattfische, die Hornhechte und die Sardinen? Und dann vor allem die Delphine! Einige tausend Kilometer Flußläufe und im Rio Madeira gar unüberwindliche Stromschnellen trennten diese Tiere vom Meer. Gewiß, sie sind Anpassungsformen an das Süßwasser. Stammesgeschichtlich aber gehören sie ins Meer. Was also war geschehen?

Ein amerikanisches Forschungsschiff brachte uns der Wahrheit über die Geschichte des Amazonasstromes ein großes Stück näher. Seit der Expedition der »Glomar Challenger« zur brasilianischen Küste hat das erdgeschichtliche Bild deutlichere Konturen erhalten. Die Amerikaner bohrten ein paar 100 Kilometer vor der Flußmündung in 4 500 Metern Meerestiefe ein 900 Meter tiefes Loch in den Atlantikboden und – was immer sie dort unten sonst noch gesucht haben mögen –, sie fanden die Spuren des Amazonas. Über dem älteren, gleichmäßig abgelagerten Schlamm von größter Feinkörnigkeit entdeckten sie dicke Schichten chaotisch verwirbelter Quarz- und Zirkonenkristalle. Diese waren grobkörniger als das ältere »Gestein«. Daraus konnten die Geologen auf Verwitterungsstoffe vom Festland schließen, die ein gewaltiger Strom ins Meer hinaus geschaufelt haben mußte. Blieb zu fragen, wann dieser Fluß geboren wurde.

Wer die Antwort auf diese Frage sucht, kann sich von winzigen Fossilien in den Schichten des Ozeanbodens leiten lassen. In unserem Fall standen neben den Gehäusen sogenannter Foraminiferen die kalkigen Deckplättchen winziger gelbbrauner Algen zur Verfügung. Sie treten nicht nur millionenfach in den verschiedenen Schichten des Tiefseebodens auf, sondern gelten für den Mikropaläontologen als Leitfossilien, weil sie im Laufe der Erdgeschichte so häufig die Form wechselten. Mit Hilfe der Kokkolithen, so nennt man sie, lassen sich zum Beispiel 65 Millionen Jahre der Erdgeschichte in 58 Altersabschnitte einteilen – und die Geburt des Amazonasstromes fällt danach in einen Abschnitt des Tertiärs. Die Forscher errechneten anhand der Zeitfossilien, daß der Strom erstmals vor zehn Millionen Jahren zu fließen begann.

Wie aber kam es zur Schöpfung des Amazonas oder besser seines Flußsystems? Daß die Antwort auf diese Frage heute möglich ist, verdanken wir nicht etwa nur der Mannschaft des amerikanischen Forschungsschiffes. Deren Untersuchungen bestätigen eigentlich nur auf spektakuläre Weise vorausgegangene geologische Erkundungen im Innern des Subkontinents. Fügen wir alle Mosaiksteine zusammen, so entsteht diese Landschaft: Nicht die Gebirgskette der Kordilleren im Westen, sondern das viel ältere Hochland im Nordosten Südamerikas bestimmte über Jahrmillionen den Lauf der meisten Ströme im heutigen Amazonasgebiet. Kristallines Urgestein bildet die Basis des sogenannten Guayanaschildes und des Hochlandes von Zentralbrasilien. Verglichen mit den Anden sind diese Höhenzüge, deren höchste Berge 3 000 Meter überschreiten, nicht eben eindrucksvoll. Für lange Zeit aber waren sie beteiligt an jenen Ereignissen, aus denen der heutige Amazonas hervorging.

Die beiden Hochländer waren bereits gefestigt, Jahrmillionen bevor Südamerika während der Kreidezeit von Afrika getrennt wurde. Die Geologen errechneten für den nördlichen Schild ein Alter von 2 000 oder mehr Millionen Jahren und entdeckten, daß der Grund für das Amazonasbecken schon bald nach der Erhebung der Schilde geschaffen wurde, und zwar im frühesten Präkambrium. Die Hinweise auf ein solch ehrwürdiges Alter fand man nicht nur in den präkambrischen Gesteinen, sondern auch im Verlauf von Bruchzonen und Verwerfungen in beiden Gebirgsstöcken. Der Grundriß des Amazonasbeckens zwischen den beiden Schilden wurde durch einen Grabenbruch geschaffen, für den eine Schwächezone in der Erdkruste verantwortlich ist. Noch immer »bewegt« sich übrigens die Erdkruste zwischen den Gebirgen, wie Seismologen festgestellt haben. An dieser Schwachstelle wäre Südamerika vielleicht einmal auseinandergebrochen, hätte die Auffaltung der Anden im Tertiär einem solchen Prozeß nicht entgegengewirkt.

Nach der Entstehung des Grabenbruchs gab eine Ruhephase dem Wind und dem Wasser viel Zeit, die Niederungen mit Gesteinsablagerungen der beiden Gebirgsschilde zu füllen und auf diese Weise ein Hochplateau aufzubauen. Dieses Hochgebiet blieb lange erhalten, wurde jedoch von der Peripherie des heutigen Andengebiets her durch den Pazifik so lange weiträumig überflutet, bis während des Oberdevon die Ränder des Amazonas- und des Maranhãobeckens aufgewölbt wurden. Neue Erhebungen – die Iquitos-, die Purús- und die Marajóschwelle – unterteilten am Ausgang der Devonzeit Amazonien in das obere, mittlere und untere Becken sowie das Maranhãobecken, das nach Süden durch eine weitere Schwelle abgegrenzt wird. Von den Ereignissen, die der Großlandschaft im Wechsel Überflutung und niederschlagsärmere Zeiten brachten und die sie mit Tonschiefer, Kalk und anderen Gesteinen anreicherten, interessiert uns erst die »heiße« Phase des Mesozoikums wieder, in der das heutige Südamerika Gestalt annahm. Nach einer langen Zeit »großer tektonischer Ruhe« gab sich die alte Erde im Mesozoikum ein neues Gesicht: »Die geologische Entwicklung Südamerikas«, bemerkt Ernst Josef Fittkau zu dem dramatischen Geschehen vor über 100 Millionen Jahren, ». . . fiel zeitlich zusammen mit dem Aufreißen der atlantischen Spalte und dem Sichablösen des Guayana-Brasilianischen Schildes vom Urkontinent Gondwana.« Zerrungen und Spannungen, denen der Sockel des neuen Kontinents ausgesetzt war, führten »zu ausgedehnten Brüchen, Hebungen und Faltungen«. In der tertiären Auffaltung der Anden hatten sie schließlich ihren Höhepunkt und bewirkten die heutige Ausgestaltung des Kontinents.[1]

Während dieser dramatischen Entwicklung machte sich die alte Schwäche der Erdkruste eben an der Stelle des »vernarbten« frühen Grabenbruchs wieder bemerkbar. Erneut sank während der Oberkreidezeit die Decke zwischen den Gebirgsschilden ab, und diesmal erstreckte sich die Niederung über die ganze Breite des neuen Kontinents, reichte also vom Atlantik bis zum Pazifik. Die arg abgetragenen Gebirgsstöcke wurden bei dieser Gelegenheit wieder neu aufgewölbt. Sie lieferten dann dem Becken, das sich während des Tertiärs weiter vertiefte, abermals Füllmaterial in reichem Maße. Es wurde von den Bergen schneller abgetragen, weil der Übergang vom trockenen Klima der späten Kreidezeit zum feuchtwarmen Tropenklima des Känozoikums, in das vornehmlich der Osten Amazoniens geriet, die Erosion förderte. Auch soll das Absinken des Meeresspiegels zwischen Pliozän und Pleistozän zur Abtragung von Sedimenten beigetragen haben.

In der Tertiärzeit dann wuchteten tektonische Gewalten jene Gebirgskette hoch, die Amazonien hart gegen den Pazifik abgrenzt. Einige Geologen vermuten, daß durch die Auffaltung der Anden ein schmales Randmeer zerschnitten worden ist, das zwischen dem eigentlichen Pazifik und der früheren Küste lag. Es soll aber in der Höhe des heutigen Staates Ecuador weiterhin durch einen breiten Meeresarm mit Salzwasser gespeist worden sein, bis die Kordilleren vor 25 Millionen Jahren, in einer neuerlichen Auffaltung, das »Tor von Guayaquil« geschlossen hätte. Nun war die Andenkette vollständig. Jene Ströme Südamerikas, die durch den Korridor hatten in den Pazifik fließen können, suchten sich vermutlich zuerst am Fuß des neuen Gebirges einen Weg nach Norden und Süden in das Karibische Meer und in den Südatlantik.

Eine solche Entwicklung wird jedenfalls von den Geologen nicht ausgeschlossen. Die Regenfluten nämlich, die sich über die Kordilleren ergossen, sowie neue Wasseradern am Fuß der Andengletscher, die im Rinnen reicher wurden, spülten Tag um Tag, Jahr um Jahr ungefestigte Erd- und Gesteinsmassen des jungen Gebir-

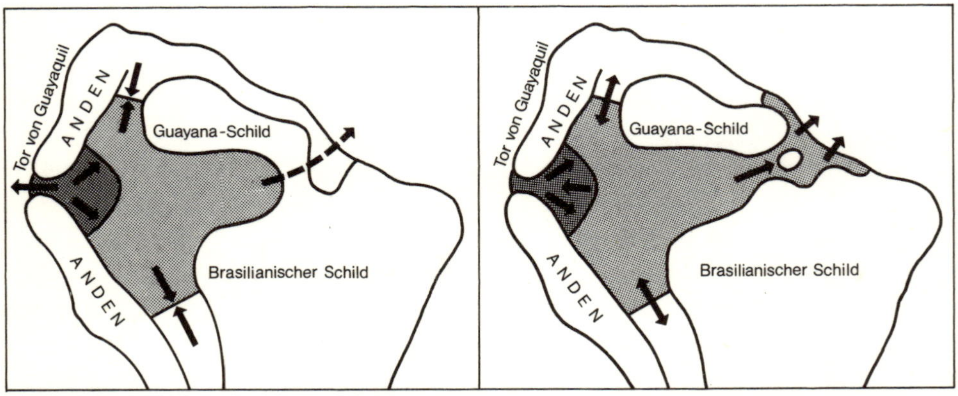

So sah das »Amazonas-Meer« vor sechsundzwanzig Millionen Jahren, im Miozän, aus. Durch das »Tor von Guayaquil« gelangte Meerwasser in die Niederung, bis sich die Andenkette schloß. (Nach Katzer, 1903)

ges von den Hängen ab. Ihre Wassermassen und jene der von der Guayana-Erhebung bestimmten Flüsse süßten das Randmeer am Kordillerensaum allmählich aus. Von den zahlreichen Tierarten, die einst in diesem Restpazifik schwammen, gelang es manchen, sich den neuen Lebensbedingungen anzupassen.

Der Prozeß, der dem Uramazonas und seinen Tributflüssen schließlich den Weg in den Atlantik weisen sollte, setzte sich fort. Flüsse und Ablagerungen hoben gemeinsam den Wasserspiegel des Randmeeres und ließen es wachsen, bis es – vermutlich zwischen Pliozän und Pleistozän – die Grenzen des einstigen Pebas-Iquitos-Beckens überflutete.

Auch der Urmadeira bohrte sich damals einen Weg durch die sogenannte Wasserscheide bei Abuña. Er drang durch kristallines Gestein und sorgte unter Überwindungen schwierigsten Geländes für den Abfluß des sogenannten Madeirasees. 21 Stromschnellen und 300 Kilometer Durchbruchsstrecke legen heute von dieser Schwerarbeit des Flusses Zeugnis ab.

Hatten die Ereignisse bis zum Pliozän auch den Weg des Uramazonas und seiner Zuflüsse vorgeprägt, so gingen dem heutigen Flußsystem immer noch Veränderungen und Katastrophen voraus, bei denen wieder und wieder Lebensgemeinschaften verkamen, ertranken, verfaulten. Jetzt aber waren nicht mehr tektonische Kräfte bestimmend. An der Wende zum Pleistozän übernahm das Meer die entscheidende Rolle.

Das Amazonastal wurde dabei beträchtlich erweitert und das Relief bis zu seinem heutigen Erscheinungsbild weiter ausgestaltet. Die Gründe sind nicht einwandfrei geklärt – doch Tatsache ist, daß vor ungefähr zwei Millionen Jahren der Atlantik um über 180 Meter anstieg. Es machte ganz Amazonien zu einer Bucht, die von den Anden begrenzt war.[2]

Wir wissen nicht, wann diese Sintflut endete. Die Zeit aber reichte aus, über eine Fläche von zwei Millionen Quadratkilometern ein bestimmtes, von Zuflüssen herangetragenes Schwebgut weiter zu verteilen, das die Geologen Belterraton nennen. Es bildete eine neue Schicht über der tertiären Sandsteinauflage. Im Planalto des unteren Amazonas erreichte die Tondecke bis zu 65 Meter Mächtigkeit.

Mit dem Rückzug des Meeres gewann das Flußsystem sein weites Revier zurück. Der Amazonas und seine Zuflüsse gruben ihre Täler um so energischer in den Boden, je weiter der Meeresspiegel während der nachfolgenden Eiszeit sank. Die weitere Geschichte der Entstehung des Amazonastales im Quartär ist also auch ein Stück Klimageschichte: »Vor den Eiszeiten«, erklärt Hannfrit Putzer, haben wir »ein hohes Niveau des Meeresspiegels bei feuchtem Klima, während der Eiszeit ein Absinken bis zu über 150 Meter und trockenes Klima«.[3] Das Wiederansteigen des Meeres in den wärmeren und feuchten Zwischeneiszeiten war durch das Abschmelzen der Eispanzer bedingt. Es bewirkte angesichts der geringen Höhe des Amazonastals große Überschwemmungen, Ablagerungen und die Bildung von Terrassen.

Und dies geschah mit unserer Großlandschaft während der jüngeren Erdgeschichte:

Vor 130 000 bis 100 000 Jahren brachte ein warmes Zwischenstadium der Rißeiszeit (Epimonastir) erste Überflutungen.

Weitere Überflutungen waren vor 80 000 bis 60 000 Jahren mit dem Würmzwischenstadium verbunden und schließlich

vor 10 000 Jahren durch die Erwärmung nach der letzten Eiszeit (Flandrische Transgression).

In der jüngsten Phase amazonischer Erdgeschichte also hat das Tal seine heutige Gestalt angenommen. Allerdings waren nicht allein Meeresspiegelstände in Verbindung mit Klimaschwankungen für den Aufbau des heutigen Tals bestimmend gewesen, sondern auch weitere Bewegungen der Erdkruste. Sie brachten den »König der Ströme« sogar um sein eigentliches Delta.

Das Delta geht verloren, der Strom wechselt die Richtung

Der Amazonas ist von der Quelle seines längsten Nebenflusses bis zur Mündung nicht so lang wie der Nil. Er ist auch kürzer als der nordamerikanische Vater der Ströme. Dafür wälzt er die zwölffache Wassermenge des Mississippi-Missouri ins Meer – durchschnittlich etwa 100 000 Kubikmeter Wasser pro Sekunde. Dieser Rekord, der ihn zum »König der Ströme« macht, wäre auch dann nicht gefährdet, holte der Amazonas sich nicht über Schleichwege noch Tribut von der größten südamerikanischen Konkurrenz – dem Rio Paraguay und dem Rio Orinoco.

Um die majestätische Größe des Stromes, zu der allein 17 Flüsse beitragen, die länger sind als der Rhein, wissen viele Menschen. Die Ursachen seines Gigantentums aber machen sich nur wenige klar.

Da ist zuerst die besondere Klimalandschaft am Äquatorgürtel Südamerikas. Für den Regen gelten dort zwar dieselben physikalischen Ursachen wie überall in der Welt, nur sind Ursachen und Wirkungen heftiger als anderswo. Von der intensiven Sonnenhitze erwärmt, steigt die feuchte Luft schnell über den Regenwäldern auf. In der Höhe kühlt sie sich ab, und der in ihr reichlich enthaltene Wasserdampf bildet bauschige Kumuluswolken, die – von Passaten getrieben – am Ende ihrer Westwärtsdrift durch die Kordilleren aufgestaucht und zerfetzt werden. Auf den Fünf- und Sechstausendern stärkt ihr Wasser augenblicklich als Eis die Panzer der Gipfel. Einer dieser Bergriesen ist der Yerupaja in der Cordillera Huayhuash, an dessen Ostflanke das »Kristallwasserschloß« des Rio Marañón steht, wie der Schweizer Geograph Emil Egli den Geburtsort dieses großen Stromes nannte. Von da ist es noch ein vielfältiges Schmelzen, Rinnen und Fließen, ehe die Gletscherwasser endlich zum Rio Marañón werden. In der Ketschuasprache, der heute noch lebendigen Staatssprache des zerschlagenen Inkareiches, haben die Bäche und Moränenweiher ihre Namen – Quebrada Queropuica, Quebrada Acoshvada, Lauricocha und so fort. Einige Bezeichnungen gehen vielleicht schon auf den Inkaherrscher Pachacutic Yupanqui zurück, der einst die indianische Welt zu ordnen suchte. Der Rio Marañón, der im Lauricocha-See »offiziell« seinen Anfang nimmt und bald in einer 3 000 Meter tiefen und sehr weiten Schlucht nach Norden fließt, ehe er durch das nur 30 Meter breite »Tor der Angst« nach Osten ins Tiefland durchbricht, wurde jahrhundertelang als Amazonasstammfluß angesehen und sein Quellgebiet als das von der Amazonasmündung am weitesten entfernte.

Anders als beim Nil oder dem Zaire, dem Kongo, hatte sich beim gewaltigsten Flußsystem der Welt kein Forscher die Mühe gemacht, Ungesichertes gründlich zu überprüfen. Im Jahre 1971 ließ sich endlich die Nationale Geographische Gesellschaft in Washington von einem alten Amazonaskenner überzeugen, daß der Rio Apurimac der entfernteste Nebenfluß des Amazonas sei. Am Anfang des Apurimac wollte Loren McIntyre die Amazonasquellen suchen. Er konnte sich für sein Vorhaben die finanzielle Hilfe der Gesellschaft sichern und mit dem Geodäten Victor Tupa sowie dem Metallogen Richard Bradshaw im Oktober 1971 zu seiner Expedition aufbrechen.

Das Unternehmen war weniger ein gefährliches Abenteuer als die Bestätigung genauer Berechnungen. Der Apurimac fließt in Peru und ist der Hauptquellfluß des Rio Ucayali. Seine entfernteste Quelle galt es zu finden.

»Ungefähr 30 Kilometer südlich von Arequipa«, hatte Victor Tupa festgestellt, »liegt ein halbkreisförmiger Wall der kontinentalen Wasserscheide. Alles, was vom Innenrand absickert, bildet zusammen den Apurimac.« Eine Sumpfwiese am Fuß des Walls war das erste Ziel der Expedition. Dort nämlich vereinigen sich fünf Bäche zu einem Flüßchen. Das Kind hat den Namen Lloqueta und gilt als entferntester Zufluß des Apurimac. Nun kam es darauf an, den längsten der fünf Bäche bis zur Quelle zu verfolgen.

Loren McIntyre schilderte effektvoll, wie das geschah: »Am nächsten Tag klettern wir auf den Gipfelkamm des Kontinents. Der Luftdruck ist nur noch halb so hoch wie in Meereshöhe. Während der kommenden Monate wird tiefer Schnee die Spitzen bedecken, doch jetzt, am Ende der Trockenzeit, stehen bloß windgeformte Eistürme auf dem nackten Fels ... Ich frage mich, ob es irgendwo in der Welt noch einmal solch eine Mondlandschaft gibt. Wir überwinden die Gipfelgrate über viele Meilen, um ganz sicherzugehen, keine der möglichen Quellen des Apurimac ausgelassen zu haben. Am 15. Oktober erreichen wir einen eisbedeckten Grat oberhalb des Carhuarsanta, des längsten der fünf Quellflußbäche. Die Indianer nennen den 5 547 Meter hohen Gipfel Chocecorao. Auf einigen Landkarten wird er als Mismimassiv bezeichnet ... 300 Meter unterhalb des Grats löschen wir unseren Durst an einem kleinen See. Seine Eisdecke ist von der Mittagssonne geschmolzen. Wir trinken aus der entferntesten Quelle des mächtigen Amazonas! In seiner offiziellen Eigenschaft als Namensgeber nennt Victor den kleinen See nach mir: Laguna McIntyre. Ich bin 6 000 Flußkilometer weit vom schwülheißen Belém entfernt und fünf Kilometer hoch darüber – und zittere in der eisigen Kälte, in der der Amazonas geboren wird.«

Wir Menschen haben uns angewöhnt, Quellen und Mündungen von Flüssen festzuschreiben. Doch werden wir dem Amazonas damit gerecht? Der kartographisch genauen Erfassung des Stromes und seiner Zuflüsse steht die Unentschlossenheit der Schöpfung entgegen, deren Wegerecht endgültig festzulegen. Karten des Amazonasflußgebiets können nur Momentaufnahmen sein. So erscheint mir die Darstellung der wichtigsten Eigenschaften des Systems sinnvoller als der Versuch, das Wassernetz bis in alle Windungen nachzuknüpfen. Der Versuch wäre auch hier aussichtslos angesichts der 1 100 Nebenflüsse, die der Amazonas allein in Brasilien hat.

Halten wir uns noch einmal die Klimakarte vor Augen. Wir sehen die gewaltigsten Regenmengen der Erde am Äquator niedergehen, wo die wirksamste Einstrahlung der Sonne besonders viel Bodenfeuchtigkeit in Regen umsetzt. Nun teilt ja die

»Wanderschaft« der Sonne zwischen den Wendekreisen das Jahr in Sommer und Winter ein. Der Nordsommer und der Südsommer – unser Winter – bedeuten im tropischen Gürtel zugleich Regenzeit, denn während der Perioden der größten Erwärmung sind die Konvektionsströmungen besonders stark. Der Amazonas nun profitiert von beiden Sommern; denn er hat im Norden wie im Süden große Zuflüsse. Da die Mehrzahl der wichtigen Tributflüsse aber vom Süden kommt, schwillt der Amazonas während des Südsommers, der im Oktober beginnt, mächtig an. So lange der Südsommer dauert, herrscht Hochflut. Während des Nordsommers nun sinkt der Wasserstand, weil die bedeutenden nördlichen Zuflüsse in der Minderzahl sind.

Von den einhundert wichtigsten Wasserläufen habe ich einige befahren können. Zum Beispiel den Rio Napo, den Pastaza, den Ucayali, den Marañón, den Negro, den Solimões, den Tapajós, den Xingú und dazu noch manchen schwierigen kleinen Quellfluß. Besonders eindrucksvoll aber wird die Wasserwildnis im zentralen Tiefland nahe der Urwaldmetropole Manaus, wo die gewaltigsten Ströme zusammentreffen.

Zum Brückenkopf der Transamazônica

Am Vormittag eines Junitages steigen wir in der Urwaldmetropole Manaus in ein Buschflugzeug, um nach Prainha zu fliegen. Der Urwaldposten, zwei Flugstunden von Manaus entfernt, ist im Juni 1973 Brückenkopf der Transamazônica gegen die grüne Front. Die Straße endet am Rio Aripuaná. Der brasilianische Buschpilot Walter Alves Reis, der Lohngelder nach Prainha fliegt und mich mitnimmt, ist mit einer rasanten Schleife den schwarzen Rabengeiern ausgewichen, den Urubus, die über Manaus die Lufthoheit haben. Jetzt ist die kleine »Piper« schon über dem Rio Negro, sind wir über den Schleppzügen aus 20 und mehr Canôas hinter einem dieselgetriebenen Boot. Canôas sind die typischen Amazonasboote mit einem Dach aus Blättergeflecht, unter dem die Schiffer sich und ihre Ladung gegen Sonne und Regen schützen. Ihr Ziel ist der Hafen Manaus, wo ihre Frachten aus Holz, Kautschukkugeln, Jutefasern, Bananen und anderen Früchten, Maniok, Brasilnüssen, Mais und Bohnen, Heilpflanzen, Häuten, Fleisch und Trockenfisch auf dem Markt angeboten oder in den seegehenden Schiffen gebunkert werden. 4 000-Tonnen-Frachter fahren bis hinauf zum peruanischen Iquitos, dem meerfernsten Binnenhafen der Welt.

Wer wollte, könnte die 4 000 Flußkilometer zwischen Belém und Iquitos bei ziemlichem Komfort in der Kabine eines großen Schiffes zurücklegen. Das ist freilich eher eine Sache der Touristen und der wohlhabenderen Südamerikaner. Die meisten Amazonier, wenn sie schon eine der wirklichen Städte am Fluß besuchen müssen, knoten die Hängematte im Zwischendeck eines jener bunten, hölzernen, stets überfüllten Amazonasmotorschiffe fest. Da zahlt man dann den »Etwas-über-Null-Tarif« und riskiert dafür Reiseverlängerung durch Havarien, Reparaturen und andere Unwägbarkeiten. Der Europäer riskiert meist noch ein bißchen mehr, wenn er nicht durch Vorbeugung und Selbstversorgung gegen die Infektionsgefahren gewappnet ist.

Der Buschpilot folgt ein Stück dem Lauf des Rio Negro bis zum Zusammenfluß mit dem Rio Solimões etwa 16 Kilometer unterhalb Manaus. Der Rio Negro, etwas weiter oberhalb bis acht Kilometer breit, gibt seine Eigenart nicht so schnell auf, sondern behauptet zäh auf viele Kilometer seine dunklen Wasser im Bett neben den helleren, lehmigen Fluten des Solimões, ehe sich die beiden Ströme vermischen. Für viele Geographen beginnt der Rio Amazonas erst hier.

Am jenseitigen Ufer des Amazonas sehe ich den Wald noch immer tief im Wasser stehen. Wie alle Menschen, die am großen Strom leben, nimmt der Pilot die Regenfluten gelassen: »In diesem Jahr fiel bis zur Jahresmitte schon das Doppelte der durchschnittlichen Regenwerte!« erklärte er mir. »Im Mai fielen noch 344 Millimeter Regen. Deswegen steht das Wasser im Juni immer noch zwischen den Bäumen. Um diese Zeit wäre es sonst schon in den Sog der Hauptadern geraten und abgeflossen.« Wie groß denn die Distanz zwischen dem höchsten und dem niedrigsten Wasserstand im Durchschnitt sei, möchten wir wissen: »Beim Rio Negro im Jahresrhythmus etwa 10–12 Meter, gemessen am Pegel von Manaus!«

Schon tags zuvor habe ich den Ort besucht, wo die jährlichen Höchstwasserstände des Rio Negro seit dem Jahre 1858 eingezeichnet sind. Im Dezember des Jahres 1953 zum Beispiel leckten die Fluten in der Rekordhöhe von 29 Metern an der Mauer hoch.

Wer die Amazonaswälder im ersten Halbjahr 1973 besuchte, mußte glauben, daß es nur einmal regnen würde, und zwar immer. Aber die krassen Unterschiede im Wasserstand des Rio Negro klären den Irrtum auf. Normalerweise gibt es eine jahreszeitlich bedingte »Konjunktur«.

Nicht von ungefähr hat der Holländer Melchior vom »Wasserland« gesprochen, »in dem man Stunden und Stunden zwischen den mächtigen Bäumen fahren kann, wo man vorigen Monat noch gehen konnte . . .«. In solchen Zeiten der Hochflut lernt der Mensch mit seinen ehrgeizigsten Projekten die Grenzen kennen: »Sie haben verzweifelt versucht, die Trasse der Transamazônica vor den Regengüssen zu schützen, und an besonders gefährdeten Stellen kilometerweit Plastikbahnen ausgerollt. Doch da war nichts mehr zu retten. Auf der Höhe von Manaus haben die Regenfälle alle unsere Rodungen in Schlammwüsten verwandelt!« erzählt Walter Alves Reis.

Die alterfahrenen Amazonier, die am Ufer der Flüsse leben, sind auf die Überschwemmungen gefaßt und haben ihre Lebensweise den wechselnden Wasserständen angepaßt. Ich erinnere mich während des Fluges an die schwimmenden Dörfer, die ich am Ucayali sah. Das steigende Wasser hob dort die auf Flöße gesetzten »Nurdach«-Palmwedelhäuser vom Boden auf und ließ sie ein paar Monate lang schwimmen.

Ein noch eindrucksvolleres Beispiel fand ich bei Iquitos. Die Stadt am Marañón hatte ihre Blütezeit während des Kautschukbooms, aus der auch die reichen Fassaden auf dem hohen Flußufer stammen. Diese Häuser waren vor dem Hochwasser sicher. Im Laufe der Jahre aber entstand in der großen Flußschleife davor eine ausgedehnte Siedlung, in der man regelmäßig mit Überschwemmungen rechnen mußte. Als ich sie das erste Mal besuchte – es war im Monat Oktober –, knatterten durch die staubtrockenen Straßen und Gassen Motorräder und Lastkraftwagen. Ich hatte Mühe, mich durch die Menge zwischen den Marktständen zu zwängen. Man handelte mit Früchten, Fisch, Stoffen, Hausrat, Werkzeugen, Ersatzteilen und Holz. Alles erschien so normal wie in jeder anderen tropischen Siedlung. Doch überall lagen unter den auf hohe Pfähle gesetzten Häusern, auch weit vom Ufer entfernt, die Einbäume, und auf verschiedenen kleinen Werften war man dabei, neue Einbäume auszuhöhlen. Die Bewohner rüsteten also für eine andere Zeit im Jahr, in der Boote die wichtigsten Verkehrsmittel waren. Die Saison, die die Siedlung Belém bei Iquitos zur Wasserstadt macht, begann dann ein paar Wochen später, als der Himmel seine Schleusen öffnete. Als ich Belém einmal im Januar besuchte, war der Fluß so angeschwollen, daß die Floßhäuser dicht am Ufer in den Heckwellen der großen Schiffe dümpelten. Die Pfahlhäuser standen bis zum Kragen ihrer Plattformen im Wasser. Die Motorräder hatte man in die Häuser gehievt, Hühner und anderes Kleinvieh hingen in großen geflochtenen Käfigen über dem Wasser. Und der Markt spielte sich auf Booten ab, die miteinander im »Päckchen« lagen und durch die Boote der Käufer besucht wurden. Vom November oder Dezember bis hinein in den April schwamm die ganze Siedlung mit ihren rund 20 000 Einwohnern auf den Fluten des Rio Marañón.

Auf technisch höherer Warte sah ich das Floßprinzip auch in den schwimmenden Docks des Hafens von Manaus verwirklicht. Die Booth Steamship Company hatte sie schon im Jahre 1898 errichtet, als die größte Stadt im Innern Amazoniens nur 40 000 Einwohner zählte. Auch die 100 Meter lange Straße zwischen dem festen Ufer und den Passagierschiffen schwimmt auf eisernen Tanks. Die Schiffahrtslinie hatte ihre Rechnung gleich mit dem unberechenbaren Wirt gemacht. Die Erbauer der Transamazônica sollten ihn noch kennenlernen.

Wir erreichen die Urwaldstraße. Wie ein scharfer, hautfarbener Scheitel in dichtem Haar wirkt sie: »Ordem e progresso«, die Devise Brasiliens, scheint, vom Flugzeug aus betrachtet, verwirklicht zu sein. Der Pilot drückt, nach einer Schleife über den rechten Flügel, die Maschine hinunter – und wie die Transamazônica näher kommt, sehe ich Ordnung und Fortschritt in Chaos verwandelt. Die Route nach Prainha, dem Camp auf halbem Wege nach Humaitá am Rio Madeira, ist unbefahrbar. Selbst die Bulldozer mit ihren übermannshohen Rädern stecken gescheitert im Schlamm, weil der Boden, den der natürliche Schirm der Baumkronen nicht mehr schützt, sich unterm Regen in einen saugenden, schmatzenden Brei verwandelt hat. Jene technischen Monster, die in den Augen der Atroari-Indianer gigantische Tapire waren, auf die ihre Krieger zornig und hilflos mit Knüppeln eindroschen – dort unten liegen sie nun besiegt und hilflos da.

Wir überfliegen eine Brücke, die ein aufgebrachter kleiner Fluß zerstört hat: »Sie wurde aus 4 000-Dollar-Bäumen errichtet, deren Wachstum 100 Jahre dauerte«, meint der Pilot. Eine von 16 Brücken auf einer Strecke von 400 Kilometern des großen Bauabschnitts zwischen Itaituba und Humaitá war sie: »Der Wasserlauf da unten«, weiß der Pilot, »war vor der Regenzeit nur zehn Meter breit und 30 Zentimeter tief. Jetzt ist er zehn Meter tief und 100 Meter breit. Einige der Neusiedler, die an solchen Rinnsalen ihre Häuser errichtet hatten, schwammen eines Tages samt Betten und Vieh davon.«

In diesem Jahr 1973 hatte der immerwährende Regen die Arbeiten an dem 1 100-Kilometer-Abschnitt zwischen Itaituba und Humaitá zurückgeworfen. Der Präsident der Republik sollte noch vor Weihnachten die Straßenkreuzung der Transamazônica mit der befestigten Route zwischen Pôrto Velho und Manaus einweihen: »Daraus«, befürchtete der Pilot, »wird nichts!« Der Fluß Aripuaná, beim Camp Prainha 600 Meter breit, wird als Transportweg wohl noch lange tüchtiger sein als die Straße.

Wir landen beim Camp Prainha. Nachdem Walter Alves Reis im Ingenieurbüro die Lohngelder für die Baukolonnen abgeliefert hat, besuchen wir die Bretterschuppen-Siedlung am Ufer des Aripuaná. Als die ersten Arbeitskolonnen am Fluß ankamen, hatte dort nur eine Hütte gestanden. Jetzt zählen wir mehr als 20, »und beinahe jeden Tag kommt eine dazu«, erzählt der Buschpilot. »Mit den morschen Holzschiffen reisen auch schöne Mädchen an, bei denen man sich für ein paar Cruzeiros einen schönen Tripper holen kann.«

Die 20 bis 30 Familien beim Camp leben nicht allein vom Ertrag ihrer dürftigen Anpflanzungen und Fischzüge. Einige handeln, schaffen auf dem Fluß mühsam Bier, Schnaps, Tand und Musik aus Manaus heran. Der schlaueste Mann am Platz hat eine Bar gebaut, in der man Radio Belém hören, »Praha«-Bier trinken und mit den Mädchen Samba tanzen kann. Viele der Arbeiter wollen auch einfach bloß zusammensitzen und reden – über die Malariatoten, die Sertanistas, die von Indianern umgebracht wurden, über Straßenbauprobleme, über Goldfunde bei Itaituba – und über das, was sie mit ihrem Geld einmal tun wollen.

Bei Sonnenuntergang ist die halbe Siedlung unten am Ufer beim »Hafen«, in dem ein Benzintankboot und die Fähre vertäut liegen. Die Männer fischen mit Maniokknollen auf den Bagre, einen großen Wels, die Frauen steigen angezogen ins Wasser und seifen sich wie ihre Kleider in einem Waschgang ab. Weiter zur Flußmitte hin haben einige Fischer ihre Angelköder von einem Boot aus im tieferen Wasser ausgeworfen. Ihre Einbäume, die nicht verankert sind, bewegen sich kaum. Reis vertieft mein Staunen über die geringe Fließgeschwindigkeit des Aripuaná mit der Erklärung: »Während der großen Hochwasserperiode fließen hier einige Wasserläufe sogar rückwärts. Der übersättigte Amazonas drückt dann wirklich die Wassermassen in die Tributflüsse hinein.«

Die Brasilianer erfreuen sich an Superlativen offenbar ebenso wie die »Gringos« in Texas. So erzählt mir Ingenieur Cesar Vladimir Tuma vor dem Abschied am nächsten Morgen in seinem Büro von Plänen, die die unerschöpfliche Energie der Amazonaswasser in den Dienst der Elektrizitätserzeugung stellen wollen: »Bei Óbidos«, sagt er, »wo sich das Amazonastal extrem verengt, würde die Wassermenge, die dort in vier Stunden vorbeifließt, ausreichen, um New York neun Jahre lang mit Strom zu versorgen.«

Auf längere Sicht noch dürften solche Zahlen freilich nur die Phantasie beflügeln. Beim Rückflug nach Manaus, über der menschenleeren Wildnis, werde ich mir einmal mehr der Tatsache bewußt, wie weit hier Wunsch und Wirklichkeit auseinanderklaffen. Eine Stadt wie New York mit Strom versorgen können? Ingenieur Tuma, der mir die stolzen Zahlen nannte, wird lange damit zu tun haben, die hölzernen Brücken wieder zu errichten, die in seinem Streckenabschnitt in den Flüssen davongeschwommen sind.

Um auf Óbidos zurückzukommen – die Amazonier wissen, was sie an der rund 1 000 Kilometer von Belém entfernten Stromenge haben. Wer mit dem Schiff den

Amazonas hinauffährt, sieht dort die Uferwälder ungewöhnlich nahe heranrücken, der Strom ist hier nur etwa 1 800 Meter breit, aber sein Bett bis zu rund 100 Meter tief. Und die Strömung vor der Steilufer des nördlichen Prallhangs kann bis über zwei Meter in der Sekunde erreichen. Dieser Engpaß wird auch von den Gezeiten, die, vom Ozean kommend, sich bis in den Rio Tapajós hinein bemerkbar machen, nicht mehr überwunden.

Während der letzten Kältephasen, in denen die Gletscher vorrückten, sanken die Ozeane zeitweilig bis etwa 120 Meter, weil das Eis gewaltige Mengen von Meerwasser »verbrauchte«. Die Flüsse Amazoniens schnitten dadurch tiefere Rinnen in den Boden ein, als sie heute benötigen. Als mit der allgemeinen Erwärmung in der Nacheiszeit der Meeresspiegel allmählich stieg, »ertranken« die ursprünglichen Täler, und auch das Delta des Amazonas ging verloren.

In solchen Ereignissen liegt auch der Grund dafür, daß der Strom heute kein stabiles Bett bestitzt. Sein Bettboden im unteren und zentralen Lauf befindet sich noch unter Meereshöhe. Der Fluß schneidet also keine tieferen Rinnen ein, sondern verlagert lediglich sein Bett. Dieses hat der Amazonas erst geschaffen, als mit dem Anstieg des Meeresspiegels nach dem Ende der letzten Eiszeit sein breites Tal ertrank und der Fluß einige Jahrtausende brauchte, um dieses ertrunkene Tal mit seinen eigenen Sedimenten aufzufüllen, die er hauptsächlich von den Anden herunter gebracht hatte. So ist das heutige Bett des Amazonas durchschnittlich drei bis sechs Kilometer breit, während sein Tal, das er mit Schwemmländern seiner Várzea aufgefüllt hat, Breiten zwischen 20 und 100 Kilometern aufweist.

Man fragt sich, wie der Amazonas bei seinem äußerst schwachen Gefälle – bei Manaus liegt der Wasserspiegel des Rio Negro und des Rio Solimões nur zwischen 14 und 30 Meter über Normalnull – überhaupt in Bewegung sein kann. Tatsächlich hat man im brasilianischen Amazonas in der Niedrigwasserzeit nur ein Zentimeter, während der Hochwasserphase zwei Zentimeter Flußgefälle auf den Kilometer gemessen: »Würde selbst die glatteste Kugel auf glatter Bahn von 0,01 bzw. 0,02 Millimeter Neigung pro Meter noch rollen?« fragte Emil Egli.[4] Es ist dem Druck des gewaltigen Nachschubs und der relativ geringen Reibung des riesigen Wasserstroms an den Rändern seines ungeheuren Querschnitts zuzuschreiben, daß die Wassermassen des Amazonas mit der überraschend hohen »Geschwindigkeit« von durchschnittlich 50 bzw. 100 Zentimeter je Sekunde dahinströmen. Die Fluten aber, die der Fluß dem Meer zuwälzt, machen nur höchstens 50 Prozent des Wasserhaushaltes in Amazonien aus. Mehr als 50 Prozent bleiben in den ewigen Kreislauf eingebunden.

Weißwasser, Schwarzwasser, Klarwasser

Wenn die Regenwolken über den Andenhängen ihre Wassermassen ausgießen, scheint es, als wollten die reißenden Flüsse das Gebirge ins Meer tragen. Tatsächlich schwemmt der Amazonas jährlich die Erdmasse eines Bergkegels von tausend Metern Höhe bei 60 Grad Böschungswinkel hinaus in den Atlantik.[5]

Vor allem durch Bergrutsche stürzt hier die junge Verwitterungskruste der Berge in die steilen Flußtäler, wo dieses Material durch die reißenden Bäche und Flüsse weiter in die Amazonasniederung transportiert wird. Nach wiederholter Sedimentation und Erosion gelangt es dann schließlich in den Amazonas, der seine Überschwemmungsländer, seine Várzeas, aufgebaut hat und immer wieder umbaut, und endlich ins Meer. Diese Várzeas verdanken ihre Fruchtbarkeit der Herkunft ihrer Böden, der immer frischen Verwitterung der Berghänge der jungen Anden.

Das nährstoffreiche Wasser der andinen Quellflüsse des Amazonas wird aber auf dessen langem Weg durch die Wasser der anderen Ursprungsgebiete immer mehr und stärker »verdünnt«. Denn die nördlichen und südlichen Zuflüsse kommen aus den uralten, abgearbeiteten Massiven Guayanas und Zentralbrasiliens und den völlig ausgelaugten tertiären Sedimenten Zentralamazoniens und sind dadurch so arm an gelösten Stoffen, darunter an Nährstoffen für den Pflanzenwuchs, daß der Forscher Halard Sioli sogar von »leicht verunreinigtem, destillierten Wasser« spricht. Die vorherrschende Reinheit und Armut der amazonischen Wässer hat damit ihre Ursachen nicht zuletzt im geologischen Aufbau des Amazonasbeckens.

Nur im oberen Amazonasbecken wurden im Laufe der erdgeschichtlichen Entwicklung – vor allem während des Alluviums – größere Vorräte an gelösten Stoffen angelegt. Im mittleren und unteren Teil des Stromsystems herrscht ein – wie die Ökologen sagen – Fließgleichgewicht, bei dem die Menge der Aufbaustoffe des Lebens der seiner Abbaustoffe entspricht. Dort wird also millionenfach gestorben und durch die Remineralisierung der Organismen neues Leben gespeist. So ökonomisch geht es dabei zu, daß sich weder an der Masse der Lebewesen noch am Gefüge der Arten etwas ändert.

Die Lebensfülle in den zentralen Wäldern ist durch einen schnellen, geschlossenen und sehr empfindlichen Nährstoffkreislauf bedingt. Von großer Bedeutung für das Pflanzenleben ist aber auch der Blätter-, Blüten- und Früchteregen, der in den Überschwemmungswäldern während der langen Monate niedergeht, in denen die Bäume im Hochwasser stehen. Die organische Substanz, die dort ins Wasser fällt, wird entweder gleich abgebaut oder sie schwimmt davon und versorgt die Flora der Schwemmlandzonen. Sie ist auch lebenswichtig für die aquatische Fauna. Die Eigenproduktion der meisten Fließgewässer ist nämlich für die Ernährung ihrer Tierwelt viel zu gering. Das gilt für alle drei Flußtypen Amazoniens – die Weißwasser, die Schwarzwasser und die Klarwasser.

Der unterschiedliche Charakter von Weiß- und Schwarzwasserflüssen tritt nahe der Urwaldmetropole Manaus kraß hervor, wo der Schwarze Fluß, der Rio Negro, mit dem »weißen« Solimões zusammentrifft. Auf welche Weise, fragt der Betrachter, wird dieses Naturschauspiel inszeniert? Die Antwort muß er im Oberlauf der beiden Ströme suchen. Das lehmige Wasser des Rio Solimões gewinnt seine »Farbe«, wie gesagt, von Schwebstoffen aus den Anden und dem Andenvorland. Das »schwarze« Wasser des Rio Negro stammt dagegen aus einem Einzugsgebiet mit nahezu ausgewaschenen Bleichsandböden. Sie machen den Rio Negro zum »Hungerfluß«. Auch der für Amazonien sonst so typische Hochwald gedeiht auf solchem Boden nicht. Während des Südsommers zeugen im Gebiet seiner Stromschnellen auch die trockengefallenen weißsandigen Strände von seiner Armut.

Betrachten wir zuerst die *Weißwasser*flüsse genauer. Ihre Quelladern haben aus den Kordillerenhängen Stoffe der Gesteinsverwitterung mitgeführt, und zwar besonders viele Tonminerale. Sie werden meist schon im Vorandenrelief der Montaña abgelagert und garantieren mit ihrer Aufnahmefähigkeit die größere Fruchtbarkeit des dortigen Schwemmlandes und der Várzea, die den Hauptstrom bis zu seiner Mündung begleitet. Diese Schwebstoffe mit ihren Tonmineralen und ihrem Anteil an feinem Quarz färben das Flußwasser des Amazonas lehmiggelb. Mit einiger Großzügigkeit könnte man das trübe Flußwasser auch weiß nennen.

Die meisten Fische im Trüben sind den schlechten Sichtverhältnissen körperlich angepaßt. Welse ertasten ihre Umgebung mit Barteln, die gelegentlich gar ihre Körperlänge übertreffen. Manche Fischarten senden elektrische Signale aus. Andere können zirpen, zwitschern, brummen, knarren oder trompeten. Diese Laute dienen der Orientierung, der Verteidigung des Reviers und als »Erkennungsmelodie«. Sie drücken auch Angst, Angriffswut und Paarungsbereitschaft aus. So bescheiden einige Fischarten intonieren, so machtvoll vermögen es andere – bis zu 150 Meter weit sind sie über dem Wasser zu hören. Fischkonzerte mit zahllosen Mitwirkenden vor allem aus den Familien der Welse und Salmler hat Friedrich Schaller aufgenommen. Er war bei der Tonbandjagd erfolgreich, und er lernte auch die »Instrumente« der Teilnehmer kennen. Alle lautbegabten Fische erzeugen, wie der Zoologe herausfand, die Geräusche durch Muskelmechanismen. Flossen und Kiemen sind daran beteiligt. In einigen Fällen wirkt auch die Schwimmblase als Schallkörper. Bioakustik heißt die Wissenschaft, der sich hier ein weites Feld öffnet.

Neben dem Solimões-Amazonas sind auch der Rio Madeira, der Rio Purús und der Rio Branco repräsentative Weißwasser. Der Rio Branco bezieht seine mineralischen Trübstoffe allerdings nicht aus dem Andenvorland, sondern aus dem Quartärgebiet des Guayanaschildes. Trotz der noch leidlichen Nährstoffvoraussetzungen will in den Weißwassern jedoch keine Planktonproduktion in Gang kommen, weil die Strömung der Flüsse zu kräftig ist und die Wasserkörper kaum durchlichtet sind.

Die *Klarwasser*flüsse hingegen, deren wichtigste Vertreter der Rio Tapajós und der Rio Xingú sind, stammen, um der knappen Darstellung von Harald Sioli zu fol-

Blick auf ein Gleitufer des Rio Napo *(Foto: Ursula Bredigkeit)*

gen, »aus dem alten und abgearbeiteten Massiv Zentralbrasiliens, dem ›Plateau‹ von Mato Grosso, und bringen von dort nur mehr geringe Mengen an Schwebgut mit. Im wohlbegrenzten, vielfach von Stromschnellen durchsetzten Bett erreichen sie die eigentliche Amazonasniederung, wo sich ihr Bett alsbald verbreitert und ihre Strömung sich entsprechend verlangsamt. Dadurch entwickelt sich hier zunächst eine Sedimentationszone.« Sogar schwimmende Wiesen bilden sich dort wie im Überschwemmungsgebiet der Weißwasserflüsse, bleiben »in Ausdehnung und auch an Fruchtbarkeit aber weit hinter diesen zurück . . . Die Sedimentationszone der Klarwasserflüsse mit ihren Schwemmländern reicht nicht bis zu ihrer Einmündung in den Amazonas, sondern hört nach einer gewissen Strecke auf«. Alles vom Oberlauf der Flüsse herangetragene Schwebgut ist hier abgesunken, »und flußabwärts dehnt sich nun eine ungeheure breite freie Fläche des völlig geklärten Flußwassers aus und erfüllt riesige Trichtermündungen, die in ihrer minimalen Strömung eher einen See als einen Flußunterlauf darstellen«.

Diese »Fluß-Seen« sind, nach Sioli, besonders für das untere Amazonasgebiet typisch und prägen eine so ganz andere Landschaft, als man sie gewöhnlich im Amazonasgebiet mit seinen Überschwemmungsebenen, endlosen Urwäldern, düsteren Igapós- und Sumpfwäldern erwartet: »Schneeweiße Sandstrände, an den höheren Stellen mit lichten Büschen oder den schönen Jauarí-Palmen bestanden, säumen die sonnenbestrahlte Wasserfläche, die beim unteren Tapajós bis zu 14 Kilometer Breite erreicht. Im klaren Wasser spiegelt sich der blaue Himmel, und hinter den Sandstränden steigt die waldbedeckte Terra firme bis zu 100 Metern und mehr auf, aus deren sattem Grün während des amazonischen Sommers – September bis November – die hellen, gelben Farbflecke der blühenden Pão-d'arco-Bäume hervorleuchten.

Für Menschen, denen Ebene und Wasser eine adäquatere Umgebung sind als Gebirge oder Steppe, ließe sich wohl kaum eine paradiesischere Landschaft vorstellen. So ist es auch sicherlich kein Zufall, daß die alten Indianervölker gerade in der einzigartig heiter-schönen Landschaft der Tapajósmündung einen der Höhepunkte amazonischer Indianerkultur geschaffen haben, von der nichts weiter übriggeblieben ist als Reste ihrer geradezu barocken Keramik, ausgedehnte Schwarzerdezonen als Zeugen früherer Siedlungsflächen und die Kunde ihrer auf geschnitzten Säulen stehenden Häuser . . .«[6]

Das helle, allenfalls olivgrüne Wasser des Tapajós und seiner Verwandten erlaubt eine Sicht bis zu vier Metern Tiefe und bietet daher auch dem Pflanzenwuchs, der Licht braucht, gute Voraussetzungen. Doch zeigt sich Vegetation nur dort, wo die klaren Wasser nicht unter einem lückenlosen Kronenschirm dahinfließen. Ihre Nährstoffsituation ist dort weitaus besser als die der Schwarzwasser, wenn auch nicht vergleichbar mit den Weißwässern.

Am Beispiel des Rio Negro lassen sich die Bedingungen schildern, unter denen die *Schwarzwasser*flüsse fließen. Er ist mit einem Einzugsbereich von gut 600 000 Quadratkilometern der größte Schwarzwasserfluß, also ihr klassischer Vertreter. Seine kaffeebraunen Fluten gewinnen ihre Färbung schon im Ursprungsgebiet mit den weiten Hainen der Miritípalme. In diesen überschwemmten Niederungen in Kolumbien beginnt er seinen Weg und fließt dann träge durch ausgedehnte Wasserwälder. Die dunkle Färbung erst nimmt er aus der sogenannten Caatingavegetation, indem seine Wasser den Rohhumus der abgestorbenen Pflanzen auslaugen. Er würde wohl ohne diese Stoffe klares Wasser führen. Doch durch die Humusstoffe beträgt die Sichttiefe im Fluß nur 1,25 Meter.

Aber nicht über die ganze Strecke ist der Rio Negro ein Fluß reinsten Schwarzwassers. Seine linken Zuflüsse führen ihm vom Guayanaschild reichlich Trübstoffe zu, und der Rio Negro lädt sie in einer Zone von Schwemmlandinseln ab, die er umspült. Er versorgt sie jedoch nicht ausreichend mit Nährstoffen, was die weniger üppige Vegetation auf den Flußinseln beweist. Vielleicht ist die hohe Fließgeschwindigkeit ein Grund für den schwachen Absatz von Sedimenten. Die Inselzone beginnt 200 Kilometer oberhalb seiner Mündung in den Solimões-Amazonas und erstreckt sich über 90 Kilometer Flußlauf. Auch auf dieser Strecke ändert sich für den

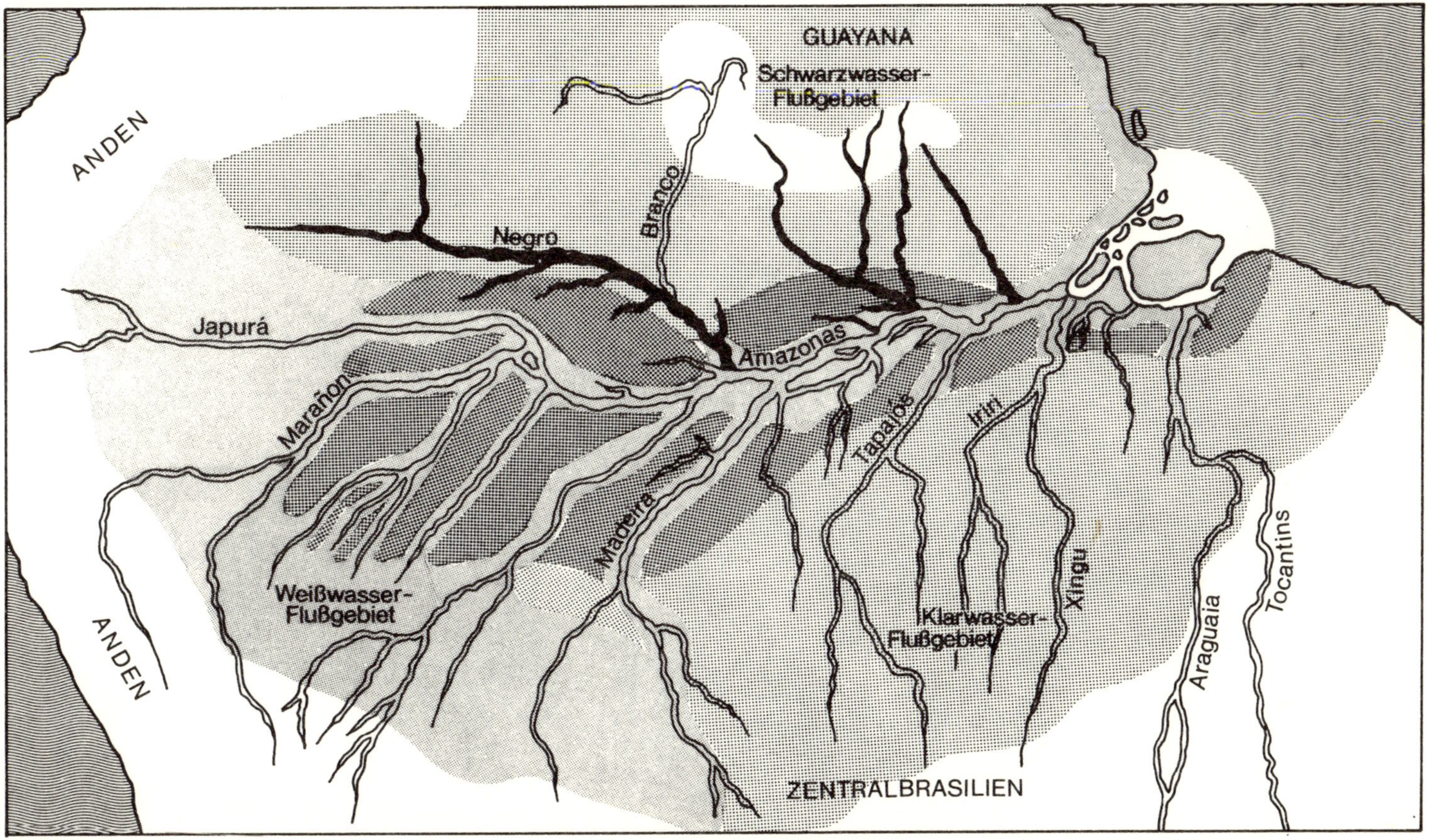

Die drei Flußtypen und ihre Einzugsgebiete. Aus der Skizze wird deutlich, daß die Schwarzwasserströme und die Klarwasserströme im Süden uralte Landschaften durchfließen, während die Weißwasserströme aus den Anden und dem Andenvorland (Tertiär) stammen

Wasserhaushalt nichts: Das stark saure Wasser ist nach wie vor tief kaffeebraun und »verbraucht« durch die dunkle Färbung das zur Planktonproduktion notwendige Licht.

Nach einem Labyrinth der Zone von hufeisenförmigen Schwemmlandinseln, in deren Bereich der Rio Negro eine Breite von 18 Kilometern einnimmt, sind seine Ufer immer noch 12 Kilometer voneinander entfernt. Dann, 40 Kilometer vor der Mündung, sind seine Ufer acht Kilometer von einander entfernt, und dazwischen liegt eine weite offene Wasserfläche. Dann, 70 Kilometer vor der Mündung, müssen sich die Fluten durch einen Schlauch von »nur« drei Kilometern Breite, aber 70 Metern Tiefe zwängen, um – nach einer abermaligen Verbreiterung des Bettes auf 12 Kilometer – sich wiederum zu verengen. Die Folge ist eine Fließgeschwindigkeit, die keinen Absatz der mitgeführten Tone und Silte gestatten würde, selbst wenn die sich nicht bereits in der Sedimentationszone abgesetzt hätten. Dadurch hat sich, wie Harald Sioli entdeckte, ein Tal der Würmeiszeit im ursprünglichen Zustand erhalten. Im untersten Abschnitt dieses Tales erreicht der Rio Negro sogar 100 Meter Tiefe und hat damit unter den gerade im Mündungsbereich flachen Fließgewässern mit ihren »ertrunkenen« Tälern eine Sonderstellung.[7]

Trotz der »angespannten Versorgungslage« leben auch in den Schwarzwasserflüssen und -bächen zahlreiche Fischarten. Es sind zumeist räuberische Salmler, aber auch andere Arten, die sich dem Milieu gut angepaßt haben. Sie verwerten, weil Algen und Wasserpflanzen fehlen, herabgefallenes und eingespültes Blattstreu und den »Anflug« von Ameisen und anderen Landinsekten. Eine besondere Form, wie die Beilbauchfische (Carnegiella), hat sich auf den Blütenstaub der Bäume spezialisiert, den sie von der Wasseroberfläche aufnimmt, während sogenannte Schuppenfresser mit ihren Zähnen, die außen auf den Kiefern sitzen, die Schuppen anderer Fische abraspeln. Mit zahllosen weiteren Anpassungsformen hat die Evolution im Einzugsgebiet des großen Stromes auf die unterschiedlichsten Lebensbedingungen reagiert, und schließlich hat sich in Amazonien die größte Zahl an Fischarten in der Welt entwickelt. Zu den bekannten Amazonasfischen gehören Skalare, Diskusfische, Neonfische und verschiedene Buntbarsche, mit denen Tierhändler schon seit Jahrzehnten einen schwungvollen Handel treiben. Besonders die schönen und schwer zu züchtenden Diskusfische, die von einheimischen Fängern in den schwimmenden Wiesen mit Netzen eingekreist und dann in der Mitte zwischen den Wasserpflanzen mit der Hand gegriffen werden, sind unter Aquarianern in aller Welt begehrt. Das Washingtoner Artenschutzabkommen hat den Handel mit dieser gefährdeten Art und auch mit anderen seltenen Fischen ein wenig eingedämmt. Zum Erliegen gekommen ist er noch nicht.

Der Artenreichtum der Fische in Amazonien wird auch durch einen Gewässertyp gefördert, der eine Spezialität des Flußsystems ist: Das sind die ausgedehnten Gürtel aus »schwimmenden Wiesen« und die Várzeaseen des Überschwemmungsvorlandes der Weißwasserflüsse. Ihr Dasein verdanken sie der Hochflutsaison, während derer die Ströme weit über die flache Uferseite lecken, die sogenannte Várzea überfluten und zudem ausgedehnte Lagunen bilden. Sobald das an Schwebstoffen reichere Weißwasser zur Ruhe gekommen ist, können sich die Schwebepartikeln absetzen, und das Licht hat eine Chance, den flachen Wasserkörper zu durchfluten. Das sind ideale Voraussetzungen für den Aufbau einer Nahrungskette, an deren Anfang das Plankton steht. Weithin sichtbare Zeichen solcher Fruchtbarkeit sind auch die »schwimmenden Wiesen«.

Bis zu 700 000 Tiere und Tierchen teilen sich einen Quadratmeter der schwimmenden Vegetation, wenn das stehende Weißwasser noch ausreichend mit Sauerstoff versorgt ist. Unter den Wurzeln der Gräser und Wasserhyazinthen der *strömenden* Weißwasser dagegen zählten Biologen bis zu 100 000 Tiere. Fließt nun das Wasser am Ende der Hochkonjunktur ab, dann ergießt sich auch das Plankton in die Ströme und beteiligt die Fische dort an der Nahrungsproduktion der Überschwemmungsseen. Mit der Rückflut treiben dann auch Laich und Jungfische aus den Lagunen in den Hauptstrom. Da nährt der Nachwuchs die großen Fische, oder er behauptet sich nun unter entschieden härteren Lebensbedingungen als in den ruhigen Laichgebieten.[8]

Die Temperaturen der Flüsse Amazoniens liegen selbst in jenen Waldbächen, die kein Sonnenstrahl erreicht, bei Tag nicht unter 23,8 Grad Celsius. Für die breiten übersonnten Wasserflächen aber gelten durchschnittliche Oberflächentemperaturen um die 30 Grad Celsius, kaum daß sie bei Nacht auf 28 Grad fallen. In den Uferlagunen wurden zwischen den Wasserhyazinthenteppichen in Spitzen 40 Grad Celsius gemessen. Mit den hohen Temperaturen gleichen die Wasser des Amazonas – vor allem in den stillen Fluß-Seen der Trichtermündungen – den Nachteil ihrer Nährstoffarmut zusätzlich aus: »Die höhere Temperatur hebt die Geschwindigkeit des Nährstoff-Kreislaufes, so daß die vom Phytoplankton dem Wasser entnommenen anorganischen Nährstoffe nur kurze Zeit in der gebildeten organischen Substanz festgehalten werden und nach Remineralisierung schnell wieder zur Verfügung stehen. Hier zeigt sich, daß in den warmfeuchten Tropen ein Mangel an ›Kapital-Reserven‹ durch eine ›Kreislauf-Inflation‹ aufgehoben wird . . .«[9]

Die idealen Voraussetzungen für eine ergiebige Fischzucht in den Weißwasserlagunen werden bis heute übrigens nur unzureichend genutzt. Zwar haben deutsche Forscher vom Max-Planck-Institut für Tropenökologie und Limnologie in Plön in Zusammenarbeit mit dem INPA-Institut in Manaus durch Zuchtanlagen nachgewiesen, wie erfolgreich und wirtschaftlich man bestimmte schnellwüchsige Speisefische, die sich von Wasserhyazinthen ernähren, züchten könnte, doch ist eine solche Form der Teichwirtschaft unter den Einheimischen offenbar nur schwer durchsetzbar. Sie fischen lieber in den Flüssen, auch wenn sie mit ihren Booten immer weiter fahren müssen, um einen halbwegs guten Fang zu machen.

In der Umgebung der Stadt zeigten sich schon Anfang der achtziger Jahre außer dem Problem der Überfischung noch weit größere Gefahren. Am Ende der regenarmen Zeit waren die ruhigen Flußarme und Lagunen durch die ungeklärten Abwässer stark überdüngt und entsprechend sauerstoffarm.

Wo der Amazonas Tribut einzieht

Das Porträt des Amazonasstromes wäre unvollständig, zeichnete ich nicht auch jene »heimlichen« Tributflüsse in das Flußgefieder ein, über die der Strom auch von den beiden anderen großen Flußsystemen Zulauf erhält.

Tief im Süden teilen sich mit dem Vorrücken der Regenfront mindestens einmal im Jahr der Rio Madeira und der Rio Paraguay das Wasser eines gewaltigen Süßwassersees, der durch die Überschwemmung der Llanos de Mojos und des Gran Chaco entsteht. Indem auf diese Weise die Flußbecken der beiden gewaltigen Ströme zeitweilig vereint sind, greift das Amazonassystem über die Wasserscheide hinaus – und hinein in das Flußgebiet des zweitgrößten südamerikanischen Stromes.

In dieser Hochwassersaison wäre es wohl vor den Eingriffen des Menschen möglich gewesen, mit dem Boot über ein Netz von Wasserwegen vom Amazonas bis zur Mündung des Rio de la Plata zu fahren, also von Manaus nach Buenos Aires den Halbkontinent in Nord-Süd-Richtung zu durchqueren. Daß dies jedoch ein böses Abenteuer gewesen wäre, garantierte schon der Rio Madeira, der auf einer Strecke von nur 160 Kilometern Länge im Gebiet seines Durchbruchs auf dem Weg zum Amazonas 20 Wasserfälle, Stromschnellen und zahllose Strudellöcher aufweist.

Alexander von Humboldt verdanken wir die erste unumstrittene Schilderung einer weiteren Verbindung, über die der Amazonas auch dem großen nach Norden fließenden Stromsystem Südamerikas Tribut abverlangt. Es ist der schon erwähnte Casiquiare-Kanal, »zwei- bis dreimal breiter als die Seine bei Jardin des Plantes in Paris« (Humboldt), durch den der Rio Negro als wichtiger Zufluß des Amazonas Wasser vom oberen Orinoco erhält.

Humboldt war bekanntlich im Jahre 1800 einer Kunde über den Kanal nachgegangen, die von den Geographen diskutiert wurde, seit der Missionar Christoval de Acuña im Jahre 1639 ein Hörensagen weitergegeben und der Franzose La Condamine im Jahre 1745 die Wissenschaftler gescholten hatte, sie hätten die Wasserbrücke »auf den neuen Karten wie auf Verabredung« weggelassen. Solche Igarapes, wie man sie in Südamerika nennt, sind in den Flußgebieten mit außerordentlich schwachem Gefälle nicht selten. Einige überwinden wie der Casiquiare die Schwelle zwischen den Systemen, nachdem er diese durch rückschreitende Erosion abgebaut hatte.

Die Regenzeit füllt schließlich auch jene Wasserflächen der Rupunini-Savannah im Norden auf, die Guayanas wichtigsten Strom, den Essequibo, mit dem Quellgebiet des Rio Branco verbinden, der den Negro-Fluß speist. So ist der Amazonasstrom selbst dort noch Nutznießer, wo die großen Ströme nach Norden und Süden fließen.

DER WALD

EIN GROSSER ORGANISMUS

Wie schwer ist's doch von diesem Wald zu sagen,
Wie wild, rauh, dicht er war, voll Angst und Not,
Schon der Gedanke dran erneut mein Zagen,
Nur wenig bitterer ist selbst der Tod

Aus »Inferno I«, Dante

Wolkenwald, Nebelwald, Regenwald

Der Wald reichte in den Nordanden einstmals bis hinauf an die Schneegrenze. In Ecuador findet man nur noch einen bescheidenen Rest dieses Wolkenurwaldes mit uralten, von Farnen, Fuchsien, Flechten, Bromelien und Orchideen überwucherten Bäumen in über 3 000 Metern Höhe. Der größte Teil des Wolkenwaldes, der an regenreichen Berghängen wuchs, hat jedoch schon vor der Ankunft der Spanier den Feldbauterrassen der Indianer weichen müssen – den Andenes.

In den Höhenstufen von 1 000 bis 3 000 Meter über dem Meer dehnte sich der

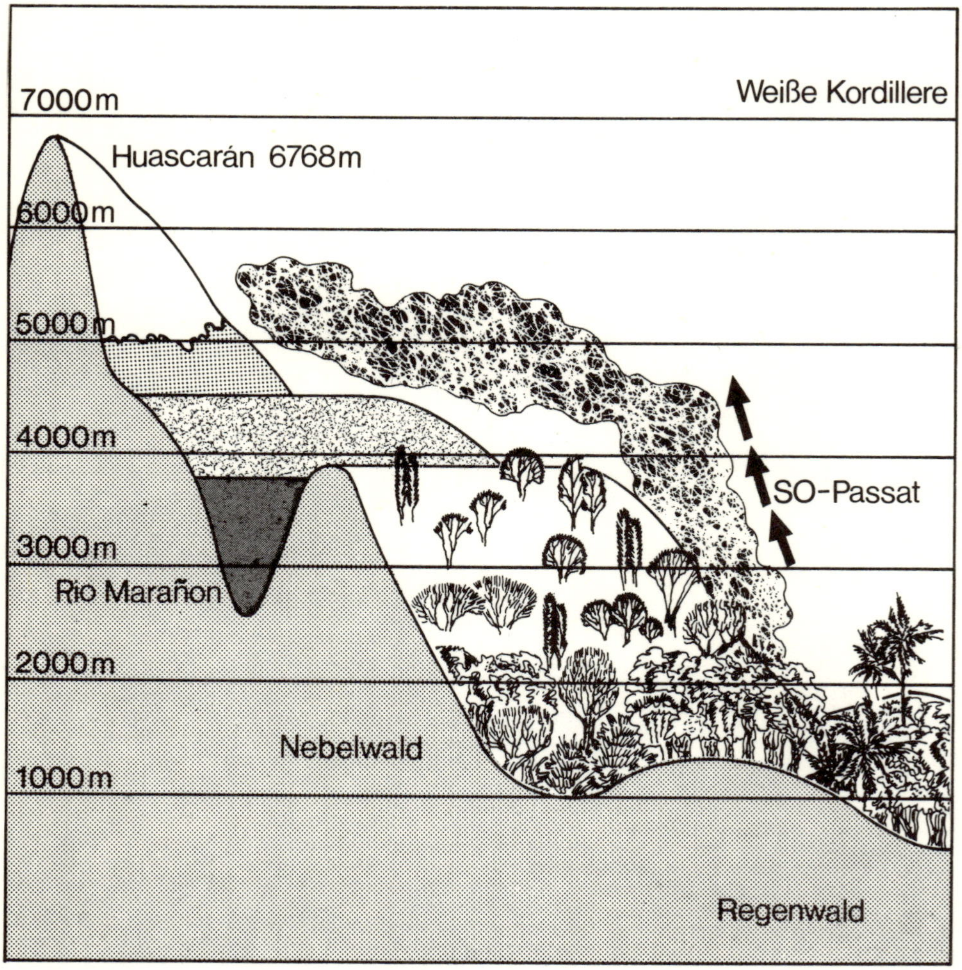

Landschaftsprofil des Andenosthangs mit dem Tal des Rio Marañón in Mittelperu. Vorbild dieses vereinfachten Querschnitts ist Humboldts »Physikalisches Gemälde der Äquinoctialländer«

Nebelwald aus. Nur wo die Berghänge und Schründe so steil sind, daß der Mensch nicht Fuß fassen konnte, sind in den Nordanden heute noch einige Nebelwälder erhalten. Das undurchdringliche Pflanzengewirr ist dem Bergtapir gastlich, dann Schleichern und Bodenschlüpfern, die in der Dämmerung ihr heimliches Treiben beginnen. Im Gegensatz zum Regenwald schwankt im Nebelwald die Bodentemperatur nur zwischen 16 und 19 Grad Celsius. Zu Mittag kommen beinahe täglich Wolken auf, und am Nachmittag beträgt die Luftfeuchtigkeit noch immer 90 Prozent. Während der Nacht und in den ersten Morgenstunden fällt immer Regen. Die Vegetationszone ist, weil sie das Wasser an den Andenhängen bindet und kanalisiert, von größter Bedeutung für das Tiefland und den Amazonasregenwald.

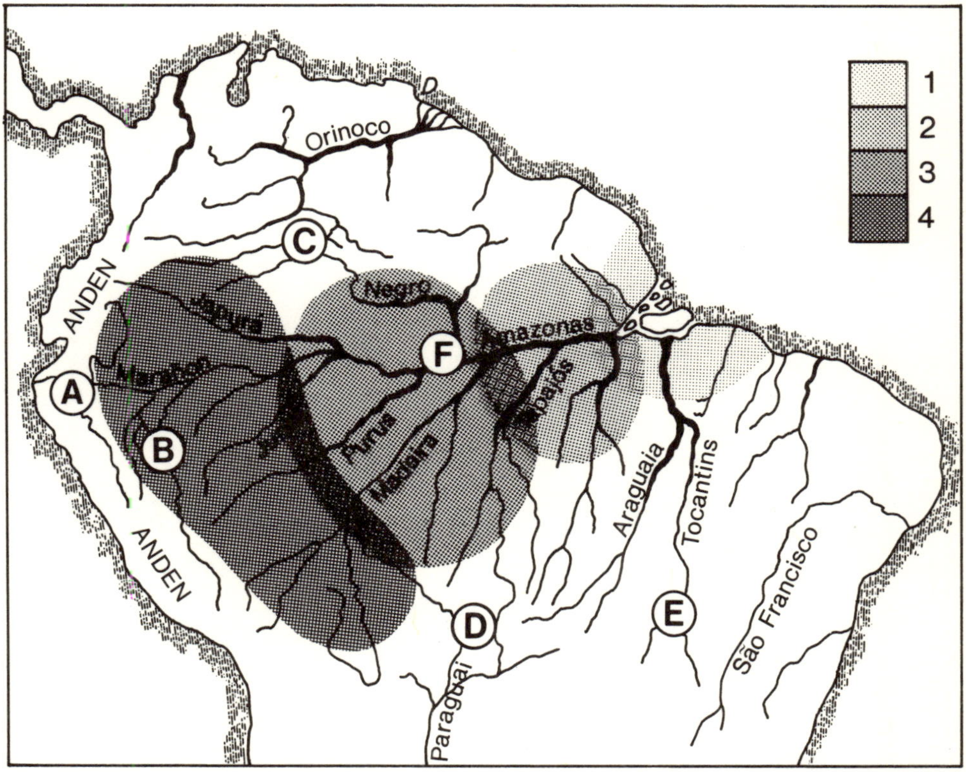

Wie sich die Amazonasniederung aufteilt, erläutern die grau abgestuften Felder. Feld 4 bezeichnet die obere Niederung, 3 die untere Niederung, 2 das Mündungsgebiet. Über die Ausdehnung Amazoniens im südamerikanischen Raum (1) geben die Buchstaben Auskunft: Bei A liegt das »Tor der Angst« einhundertachtzig Meter über dem Meer; bei B der Ort Pucallpa; bei C der Casiquiare; bei D das Gebiet der Wasserscheide zwischen dem Amazonasflußsystem (Rio Madeira) und dem Paranáflußsystem (Paraguai) etwa dreihundert Meter über dem Meer. Im Gebiet E stehen die Quellflüsse des Rio Tocantíns, des Saõ Francisco und des Paraná miteinander in Verbindung. Der Rio Negro (F) fließt bei Niedrigwasser etwa fünfzehn Meter über Meereshöhe. (Skizze nach Fittkau)

In den bergnahen Randzonen nun beginnt Alexander von Humboldts »Hyläa« – der Regenwald. Im größten der südamerikanischen Staaten, in Brasilien, machte er 1970 noch 50 Prozent der Landmasse aus, in Peru etwa 60 und in Ecuador 35 Prozent. In Bolivien und in Kolumbien erstreckten sich die tropischen Waldniederungen sogar über 70 beziehungsweise 75 Prozent des Staatsgebiets. Ausgedehnte Regenwälder bedecken auch Venezuela, Guayana und Surinam.

Nach einem Wort des Forschers Hans Bluntschli ist das Wesen dieser Landschaft gekennzeichnet durch das »innerliche Zusammenwirken von Wind und Ebene, Wald und Wasser«. Doch ist das Bild des Raumes aus Wald und Wasser keineswegs gleichförmig. Geologen teilen die Dschungelwelt nach ihrem Aufbau in vier Gebiete ein: Vom Westhang der Anden bis zur Einmündung des Rio Negro in den Solimões reicht die *obere* Amazonasniederung. Sie greift im Norden hinein in das Reich des oberen Orinoco und im Süden in das Flußsystem von Paraguay und Paraná. Für die *zentrale* Amazonasniederung bildet der Rio Madeira die östliche Grenze. Die *untere* Amazonasniederung endet im Norden und Süden an den Ausläufern der Hochländer von Guayana und Brasilien. Dort, wo der Rio Xingú in den Amazonas fließt, beginnt das Amazonas-Mündungsgebiet, das unter dem Einfluß der Gezeiten steht. Für diese Ordnung sprechen gute geologische Gründe.

Ökologen dagegen teilen den Riesenraum lieber in ein nährstoffarmes Zentralgebiet und dessen nährstoffreichere Säume ein. Die Flußtäler dann, mit ihren Überschwemmungszonen, werden als »Verlängerung« des Andenvorlandes betrachtet, weil die Ablagerungen der Flüsse dort wie an den Rändern eine reichere Pflanzen- und Tierwelt ernähren.

Besuchen wir zuerst die obere Amazonasniederung. Das Flußsystem hier ist geprägt von jenem Relief aus alluvialen Ablagerungen, die die Erdgeschichte in den Entstehungsphasen Amazoniens aufgebaut hat. Nach seiner topographischen Gestalt betrachten die Geologen es als Einheit. Unzählige Schleifen – die so typischen Mäanderbewegungen – charakterisieren den Lauf der Flüsse.

Schöpfungsgeschichte mit neuen Kapiteln

Das von den Gebirgsausläufern in das Strombecken abfallende Land legt sich zunächst noch in zahllose Falten, schafft im Montaña-Gebiet Ecuadors und Perus über 300 Meter hohe Hügel und tiefe Einschnitte. Wer dieses Relief überfliegt, ahnt angesichts des lückenlosen Grüns, auf das die Wolkenballen schwarze Schattenkleckse werfen, wie erbarmungslos im Regenwald das Ringen um Licht sein muß. Vochysiabäume tragen ihre gelb blühenden Kronen über den schlichteren Häuptern. Vereinzelt leuchtet auch zinnoberrot der Schirm der Tanqurana über der grünen Decke auf. Diese Bäume werden 40 und mehr Meter hoch. Unter den alternden Baumriesen in Flußnähe ist kaum einer, der nicht Gastgeber für Dutzende von Aufsitzerpflanzen wäre, die ihm bizarren Putz verleihen. Diese Epiphyten mit ihren leuchtenden Blüten werden oft irrtümlich als Schmarotzer bezeichnet, beanspruchen aber nur den Wirtsplatz. Ihren Gastgebern werden Bromelien erst dann gefährlich, wenn sie so zahlreich auftreten, daß das in den vielen Kelchen aufgefangene Wasser zur ästebrechenden Last wird.

In dieses weite Gebiet nun, das durch die Jahrtausende währende Erosionsarbeit an den Kordillerenhängen mit Sedimenten aufgefüllt ist, haben die ostwärts fließenden Ströme ihren Weg geschnitten. Die Durchbruchtäler in den Anden zeugen von ihrer bohrenden Kraft: Über 2 000 Meter tiefe Schluchten haben sich die Wasserläufe geschaffen. Nur das härteste Gestein konnte ihre Richtung bestimmen. Und Millionen Tonnen von ungefestigtem Gestein werden noch immer aus den Andenhängen herausgewaschen. Wer eine Probe aus dem Wasser bergnaher Flüsse nimmt, stellt fest, daß sich in einem Literglas der Sand mindestens fingerbreit absetzt. Die Randwälder Amazoniens profitieren davon.

Zunächst haben die Flüsse noch reichlich zu tragen an den Verwitterungsprodukten aus den Anden. Die Tonminerale Illit und Montmonillonit sind es vor allem, die mit ihrem hohen Sorptionsvermögen den Nährstoffhaushalt der Pflanzen günstig gestalten. Doch nicht nur für diese zwei Prozent der fünf Millionen Quadratkilometer großen Hyläafläche trifft der Befund zu, nach dem der Wald *aus* den Böden wächst und nicht nur *auf* ihnen, die Pflanzen also Nahrung angeboten bekommen und nicht nur Haftgrund. Weite Gebiete im oberen Becken versorgen die Flüsse auch durch das Anschwemmen nährstoffreichen Landes. Betrachten wir diese Schöpfungsgeschichte, die immer neue Fortsetzungen kennt!

Je weiter wir uns von den Andenhängen entfernen, je mehr das Relief der Montaña also verflacht, desto öfter bilden die Flüsse jene Mäanderbänder, die für die Amazonaszuflüsse im oberen Becken typisch sind. Den kennzeichnenden Namen tragen die schleifenreichen Ströme nach dem Fluß Mäander im antiken Lydien.

Ich habe viele Mäanderflüsse im oberen Amazonasgebiet gesehen – den Rio Pastaza, den Napo, den Curaray, den Ucayali. Daß sie, während sie immer neue

Schleifen bilden, ihr früheres Bett zurücklassen wie die Anakonda ihre alte Haut, ist eine der besonders faszinierenden Beobachtungen, die man in Amazonien machen kann: »Gewöhnlich denkt man, ein geomorphologischer Entwicklungsprozeß sei in den Grenzen eines Menschenlebens nicht bemerkbar. Aber das gilt nicht für die aktiv mäandrierenden Flüsse!« Donald W. Lathrap hat festgestellt, daß im Rio Ucayali binnen zwölf Jahren zwei Hauptschleifen abgeschnitten wurden, der ganze Unterlauf eines Nebenflusses neu reguliert und erweitert wurde und der Ucayali sich schließlich mehr als einen Kilometer von der Stelle entfernt hatte, die einmal der Hafen des Ortes Pucallpa werden sollte.[1]

Der schokoladenfarbene Rio Villano, einer der wenig bekannten kleineren Wasserläufe im Oriente von Ecuador, bot mir auch ein gutes Beispiel für die Irrläufe, zu denen Mäanderflüsse fähig sind. Bei einem Flug diente der Fluß dem Piloten eines gemieteten Helikopters ein gutes Stück des Weges zum Campamento Curaray an der Pioniergrenze Ecuadors.

Auf »klassische« Weise wand sich der Rio Villano dem Rio Curaray entgegen, und einige Kilometer vor seiner Einmündung in den Curaray schimmerten plötzlich halbmondförmige Wasserstränge nicht im üblichen Gelbbraun, sondern rabenschwarz von der Schicht aus faulenden Blättern und anderen Pflanzenresten auf ihrem Grund, die ja sonst in der Strömung mitgeführt werden. Manchmal waren diese Altwasser von herrlichen rosafarbenen Wasserhyazinthenteppichen über-

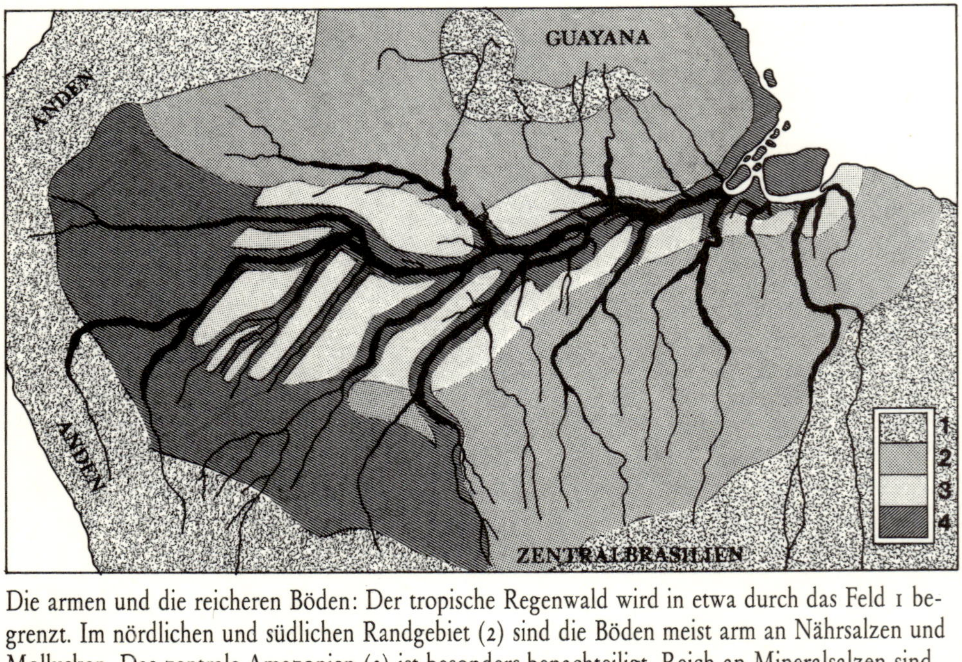

Die armen und die reicheren Böden: Der tropische Regenwald wird in etwa durch das Feld 1 begrenzt. Im nördlichen und südlichen Randgebiet (2) sind die Böden meist arm an Nährsalzen und Mollusken. Das zentrale Amazonien (3) ist besonders benachteiligt. Reich an Mineralsalzen sind dagegen die Böden im Andenvorland (4). Von diesem Reichtum profitiert das Schwemmland in den Flußtälern – die Várzea haucht. Solche Bögen werden wegen ihrer Form Hufeisenseen, im Englischen »oxbow lakes«, Ochsenjochseen, genannt. Die meisten Hufeisenseen sind zum Tode verurteilt. Einige Seen hatte der Villano durch eine neue Schleife bereits zerstört, andere waren gerade trockengefallen.

Was hier zu sehen war, war ein Stück Schöpfungsgeschichte in neuen Kapiteln! Der Fluß hatte ständig Frachten aus Sand und Schlamm angeschwemmt und so an natürlichen Uferdämmen gebaut. Am aktiven Kanal lagen sie besonders hoch. Aus der Luft fühlte man sich an Furchen in einem Feld erinnert: Parallel zum konvexen, sich ständig erweiternden Flußufer entdeckte man innerhalb der Schleifen eine Serie von parallel verlaufenden Landwellen.

Durch solche Verlagerungen ihrer Schleifen bauen die Mäanderflüsse der Vegetation immer neue Lebensräume in dem Maße auf, indem sie andere zerstören. Wenn man mehrere Jahre lang häufiger einen Schauplatz besucht, kann man zusehen, wie die Mäanderflüsse eine Landschaft verwandeln.

Der Archäologe Donald W. Lathrap, der die Spuren vorgeschichtlicher Waldbauern am oberen Amazonas sicherte und damit auch frühe Feldbauvoraussetzungen erforschte, konnte beobachten, welche Pflanzen sich in den von den Flüssen verlassenen Betten nach und nach breitmachen: Das jüngste Schwemmland wird sofort von wildem Rohrdickicht erobert. Etwas älteres Schwemmland, weiter entfernt vom Ufer, versorgt zumeist junge Balsabäume, und diese Flußbegleiter müssen später den verschiedensten Bäumen und Sträuchern weichen.[2]

Bis hinab zum Flußort Nauta bildet auch der gewaltige Marañón seine Schleifen, und auf seinem Weg nimmt er nur ein mäßig ausgedehntes Tal ein. Solche Mäßigung hat er unter den nordwärts strömenden großen Flüssen nur mit dem Rio Huallaga gemeinsam. Unterhalb des peruanischen Flußhafens Nauta nun, wo Marañón und Ucayali zusammentreffen, endet die Mäandertopographie. Der Solimões »verwildert« und schickt jetzt Pfadfinder in verschiedene Richtungen aus dem Bett. Die meisten umschließen linsenförmige Inseln und kehren wieder zum Hauptstrom zurück. Das Flußbild gleicht hier einem mehrsträhnigen Zopf.

Fließt der Marañón bei Pongo de Manseriche, dem »Tor der Angst«, noch auf einer Höhe von 180 Metern über dem Meer, der Ucayali bei Pucallpa auf 170 Meter Höhe, so nimmt der Solimões seinen Lauf in einer Niederung, die nur noch 60 bis 30 Meter über dem Meer liegt. Wenn Hochflut herrscht, erstrecken sich hier schon weit, weit die überschwemmten Wälder. Wer möchte angesichts solcher ertrunkener Landschaften noch ein ausgewogenes Ökosystem vermuten, in dem das Leben in größter Artenvielfalt seine Chancen sucht und findet? Und doch herrscht im Herzen Amazoniens eine höhere Harmonie.

Landschaftsbilder im Amazonastal

Im mittleren und unteren Amazonasbecken tragen die alten Bergländer – das Brasilianische Hochland und der Guayanaschild – wenig zur Besserung des Nährstoffangebots bei. Wasser und Wind haben zu lange schon an der Sandsteinschicht des Guayanaschildes genagt, die – 1 000 und mehr Meter dick – einen Teil des präkambrischen Kopfes bedeckt. Bis hinab zur kristallinen Basis reichen also im Guayanabergland die fast senkrechten Einschnitte der Erosion. Und sie zerlegte die Oberfläche des Berglandes in große Riegel. Lediglich vom West- und Südrand können die Flüsse noch geringfügig Sedimente abtragen. Dort, entlang der Grenze Brasiliens mit Venezuela, und in seiner Mitte hat der Guayanaschild auch seine eindrucksvollste Szenerie. Serra Imeri, Serra Parima und Pacaraima heißen die Gebirgsketten, aus denen sich der Pico de Neblina 3 014 Meter und der Roraima 2 875 Meter hoch erheben.

Ein bescheidener Nährstofferzeuger ist noch der nördliche Saum des Brasilianischen Hochlandes. Doch die beiden alten Erhebungen bieten wenig im Vergleich zu einer anderen Quelle.

Den Flüssen aus den Kordilleren sind in ihren tertiären Tälern Zungen aus Schwemmgut gewachsen, die vom Amazonastal bis zum Atlantik reichen. Sie sind wenigstens 20, manchmal gar 150 Kilometer breit und wegen ihrer Fruchtbarkeit begehrt. Ein Teil dieser Ablagerungen machen die berühmte Várzea aus, die von den Strömen während der Hochflut eingenommen und bei Niedrigwasser wieder freigegeben wird. Schauen wir uns diese Charakterlandschaft Amazoniens an!

Sobald die Weißwasserströme das obere Becken verlassen, wird für die meisten ein ausgedehntes Tal mit Gürteln aus schwimmendem Gras, mit Inseln und Überschwemmungswäldern typisch. Seine Grenzen zieht die höher gelegene Terra firme – das feste Land. Wie es innerhalb dieser Grenzen aussieht, hat der Amazonasforscher Harald Sioli untersucht. Betrachten wir seinen Nord-Süd-Querschnitt durch die Weißwassertäler genauer.

Nicht eben häufig besteht das Várzea-Ufer des Amazonas und seiner Nebenarme aus einer festeren Böschung mit einer sanfteren 45-Grad-Neigung. Der Strom und seine Paranás, die Seitenarme, arbeiten über lange Uferstrecken gegen eine steile Böschung an. Wenn diese Barrancos dann ausgehöhlt sind und abbrechen, stürzt die ganze darauf stehende Baumgalerie donnernd und rauschend in den Fluß. Jetzt eilt der Strömung eine gefährliche Flutwelle voraus, die Einbaum und Floß verschlingen kann. Terras caídas nennt man dieses böse Phänomen in Amazonien.

Entreißen die Flüsse den Prall- und Abbruchufern immer neue Erdstreifen, so landen sie einen Teil der Beute auf den flachen Gleitufern wieder an. Dieser intensive Prozeß des gestaltenden Gebens und Nehmens spielt sich ständig innerhalb der Várzea ab. Auf dem neuen Boden hat die Vegetation ihre beste Entwicklungs-

Selten reicht der Wald in den Anden noch in große Höhen hinauf. Landschaft in Ecuador mit eisbedecktem Cotopaxi *(Foto: Ursula Bredigkeit)*

Schematischer Nord-Süd-Querschnitt durch ein »klassisches« Tal des unteren Amazonas. (Nach Sioli)

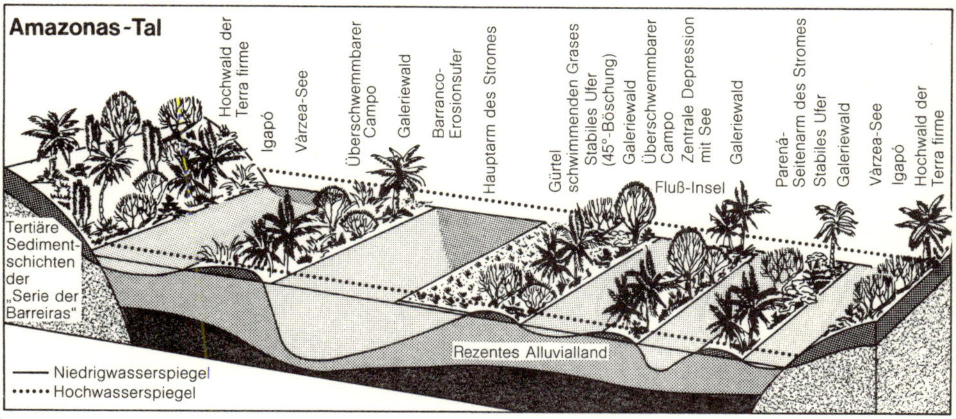

chance. Die Ströme bilden am »Anlandungsufer« gewöhnlich einen breiten Wall, auf dem Galeriewald wächst, wenn er nicht den Pflanzungen der Anwohner weichen mußte.

Vom höheren Wall nun senkt sich das Überschwemmungsvorland waldeinwärts beinahe unmerklich ab. Wir können sehen, wie der Galeriewald niedriger wird und endlich den weiten Grasmatten das Feld überläßt, auf denen die Amazonasbauern bei Niedrigwasser ihr Vieh weiden lassen. Während der Hochflut müssen freilich selbst die Wasserbüffel die Várzeacampos aufgeben, weil das Wasser dort drei bis sechs Meter tief wird. Auch in der Trockenzeit bleibt das Wasser schließlich ein bis zwei Meter hoch auf dem besonders tief gelegenen Várzeagelände stehen. Hier dehnen sich Seen, die 4 000 und mehr Quadratkilometer einnehmen.

Gespeist werden die Várzeaseen zwar auch vom Amazonas und seinen Nebenflüssen, doch andererseits fließt ihnen Wasser auch von den landeinwärts gelegenen

Ufern zu, die vom Amazonashochwasser nicht erreicht werden. Und weil diese Zuflüsse von den ausgewaschenen Abhängen des nährstoffarmen festen Landes stammen – die Amazonier nennen es Terra firme, weil es niemals überschwemmt wird –, lebt die Vegetation auf dieser Seite der Várzeaseen unter schlechteren Bedingungen als jene in Stromnähe. Weder der Uferdamm der Várzea, noch amazonischer Hochwald, noch »schwimmende Wiesen« findet man hier, sondern den niedrigeren Überschwemmungswald des »Igapó«. Er gleicht dem Wald im Gebiet der Klar- und Schwarzwässer.

Das Amazonastal endet, wenn hinter der Igapózone die Böschung ansteigt und die Terra firme beginnt. Nur manchmal, sagt Sioli, schneide das Flußbett die Terra firme gleich, also ohne vorgelagerte Várzea, an. Die steilen Kliffs, die so herausgearbeitet wurden, nennt man Barreiras.[3]

Nicht erst am Unterlauf des Amazonas, sondern überall »innerhalb der Zone der tertiären Sedimente« haben die Täler der Weißwasserflüsse ähnlichen Charakter, wenn auch die überschwemmbaren Várzeawiesen nach Sioli »nur im Bereich des unteren Amazonas zwischen Parintins und der Xingú-Mündung« zu sehen sind. In diesem Flußabschnitt findet man auch in der Mitte der tellerförmigen Flußinseln Campos und Seen.

In der zentralen Niederung drängt der Amazonas die Terra firme am weitesten zurück: 150 Kilometer breit wird das Überschwemmungstal. Der durchschnittliche Niedrigwasserspiegel liegt in 1 400 Kilometer Entfernung von der Küste nur noch 15 Meter über dem Meer, und die Mündungen der großen Tributflüsse werden in Zentralamazonien zu regelrechten Trichterseen – den sogenannten Rias. Die von der Hochflut der Flüsse nicht erreichten Böden bewahrt nur ein Höhenunterschied von 10 bis 30 Meter vor der Überschwemmung. In diesem Raum könnte die Niederung nach dem Pleistozän noch einmal abgesunken sein und den Flüssen zwischen den beiden uralten Hochländern den Weg geebnet haben. Der Brasilianische Schild erhebt sich unmerklich aus dieser Ebene. Erst tief im Süden, wo er die Wasserscheide zum Paranáflußbecken bildet, erreicht er eine Höhenlinie von 400 und mehr Metern und fällt dann steil zum Platanal hin ab.

Die Überschwemmungsabenteuer des Amazonas und seines südlichen Flußgefieders sind in der unteren Niederung zwar groß, doch im nördlichen Bereich des Tales werden ihnen im Abschnitt zwischen der Stadt Monte Alegre und der Einmündung des Rio Xingú Grenzen gesetzt! Eine Aufwölbung des Guayanaschildes reicht hier weit nach Süden, zwingt den Strom im Bereich seines ältesten »Grabens« zu fast geradlinigem Lauf und zwängt ihn ein in ein Tal, das viel weniger als 100 Kilometer breit ist.

Dafür übertreibt der Amazonas dann erneut in seinem Mündungsgebiet. Seine sich ständig weiter ausdehnende Mündung ist etwa 400 Kilometer breit, und gemeinsam mit dem Rio Tocantíns umspült er die Insel Marajó, die so groß ist wie die Schweiz.

Ökosystem Regenwald

Die weiten, immergrünen Wälder im Herzen Amazoniens können sich weder die Verwitterungsstoffe der Kordilleren aufschließen, noch erreicht sie der Nachschub, den die weißen Flüsse zu Tal tragen. Auch von den spärlichen Abbaustoffen aus den uralten Hochländern fließt ihnen nichts zu. Sie stehen auf dem mageren Boden der Terra firme der tertiären Sedimente, der Belferm- oder Alter do Chão-Schichten. Aus der obersten Schicht dieses laterischen Bodens haben kohlensaure Sikkerwässer die Nährstoffe längst herausgewaschen. Übrig geblieben ist nur eisen- und aluminiumhaltiger Haftgrund, der an einigen Stellen sogar in eine krustige Eisen-Kiesel-Verbindung übergeht. Diese Kruste aber ist wurzelfeindlich. Later heißt zu deutsch Ziegel. Und ockergelbbraun leuchten auch die Wunden, die der Mensch dem Urwald schlägt.

Auf dieser Terra firme – dem festen Land Zentralasiens – gedeihen in den Urwaldgärten auf Dauer keine Bananen und kein Mais. In der Wildnis sucht man die Paranuß und den Wollbaum, die Sumacuma, vergebens. Wohlverbreitet aber sind diese Nährstoffanzeiger auf den reicheren Böden der Randwälder bzw. auf dem Schwemmland in den Tälern der weißen Flüsse.

Die Pflanzenwelt Zentralamazoniens ist trotz der armen Böden noch immer von größter Vielfalt. Nicht weit von der Urwaldmetropole Manaus entfernt haben Botaniker in einem Gebiet von nur 2 000 Quadratmetern mehr als 50 verschiedene Pflanzenfamilien bestimmt; pro Hektar Urwald wurden früher schon im Durchschnitt etwa 150 Baumarten von etwa 10 Zentimeter Durchmesser in Brusthöhe gezählt. Zum Vergleich: Kaum mehr als 6 000 Pflanzenarten umfaßt die Flora ganz Mitteleuropas. Die tropischen Urwälder Südamerikas haben dagegen weit über 400 000 bekannte, d. h. von der Wissenschaft erfaßte Arten – freilich die größte Fülle in den Hangwäldern.

Soviel üppiges Leben im Mangel macht fassungslos. Ein Wunder? Ja, aber dieses Wunder hat für uns den Vorteil, daß wir es erklären können. Begünstigt ist der Tropenwald durch ein Klima von 25 bis 30 Grad Celsius im Jahresmittel bei andauernder Feuchtigkeit. Die Assimilation kann hier 12 Tagesstunden dauern und wird durch keinen Winter unterbrochen. Auch Kohlensäure wird durch die zahllosen Kleinstorganismen reichlicher als anderswo produziert.

Ein solches Treibhausklima bietet Idealbedingungen für atemberaubendes Wachstum. Baumfarne, die aber nur im Randgebiet Amazoniens vorkommen, werden acht bis zehn Meter hoch. Bambusgräser wachsen stoßweise – manchmal binnen eines Tages einen halben Meter. Aronstabgewächse erreichen Blattgrößen von einem Meter Länge. Die Indianer nutzen die großflächigen Blätter gelegentlich als Sonnen- und Regenschirme oder als »Tischdecke«. Viele Bäume sind so schnellwüchsig, daß sie gut und gern zwei Meter in 12 Monaten zulegen. 20 Meter ist ihre

in wenigen Jahren erreichte Durchschnittshöhe. Auch Bäume von über 30 Metern Höhe sind noch häufig. Nur die Naturkathedralen von an die 60 Metern stehen – wie alle Kathedralen – einsam da. Weil der Tropenwald keine ausgeprägten Jahres- oder Trockenzeiten kennt, fehlt den Bäumen eine besonders dicke schützende Borkenschicht. Sie bilden auch keine ohne weiteres sichtbaren Jahresringe. Ihr dichter Verband hilft ihnen, die meisten Tropenstürme zu überstehen.

So schnell wie die Flora des Regenwaldes wächst, stirbt sie auch. Und durch den millionenfachen Tod der Organismen werden die mineralischen Stoffe frei, die den Pflanzen als Nahrung dienen. Die Erhaltung des Pflanzenlebens durch Stoffe, die die Pflanzenleben in sich speichern und mit ihrem Tod oder auf dem Weg über Tiere dem Kreislauf rasch wieder zur Verfügung stellen, ist charakteristisch für die Vegetation.

Flaches Wurzelwerk nimmt die Nährstoffe von der Erdoberfläche auf, nachdem Insekten, Bakterien und vor allem Pilze die toten Organismen abgebaut haben. Dennoch stehen die meisten Bäume fest auf dem Boden, weil vorkommende Brettwurzeln, die bis zu neun Meter den Stamm hinaufreichen, wie Stützpfeiler wirken und die geschlossene Walddecke sich gegenseitig stützt.

Wer in das tropische Dickicht eindringt, dem wird nicht ohne weiteres klar, wie hart der Kampf ums Dasein ist. Die Lebensfülle läßt eher das Gegenteil vermuten. Doch eingehende Betrachtung zeigt uns, daß sich von der dünnen Humusschicht aus Blätterfall, Feuchtigkeit, Fäulnis und Remineralisierung zwar zahllose Arten ernähren, für viele Pflanzen einer Art der Haushalt jedoch nicht ausreicht. Das nächste Individuum derselben Art eines bestimmten Baumes trifft man erst in einer ge-

Bäume und Palmen, die auf Stelzwurzeln bauen, bewohnen vor allem sumpfige und überschwemmte Böden *(Foto: Robert Staub)*

Brettwurzeln haben manchmal mehr als acht Meter Durchmesser *(Foto: Robert Staub)*

In der Krautschicht fangen Pflanzen mit übergroßen Blättern jeden Lichtstrahl auf, der den Kronenraum durchdringen kann *(Foto: Ursula Bredigkeit)*

Auf den kargen Böden Zentralamazoniens sind die Pflanzen auf die Remineralisierung von Laub und absterbenden Pflanzen angewiesen *(Foto: Robert Staub)*

raumen Entfernung wieder an. Spezialisierung auf immer neue Sonderbedingungen – so heißt im Regenwald das Gebot des Überlebens.

Wir brauchen nicht die geschulten Augen des Botanikers, um im Halbdämmer das heftige Streben nach dem Licht beobachten zu können. Dieses Ringen hat eine lükkenlose Aufteilung des Lichtraumes unter den Pflanzen gezeitigt und zudem 1 000 Tricks, mit denen sich die einzelnen Arten das Licht und die Nährstoffe nutzbar machen.

Im tiefsten Dunkel des Urwaldes sind die Blätter der Pflanzen eher blau als grün. Blaue Farbteilchen in der Epidermis begünstigen das Herausfiltern des gelben Lichts, das für die Assimilation benötigt wird. Viele Pflanzen, darunter die samtblättrige Begonia, sind dem Schattendasein angepaßt und würden bei plötzlichem Lichteinfall welken. Wer sich genauer umschaut, vermißt im Wald die Bodenbedekker. Lichtmangel ist schuld daran, daß sie fehlen. Auch eine Krautschicht gibt es nicht, und eine Strauchschicht ist kaum entwickelt. Der ganze Unterwuchs besteht zumeist aus kümmernden Schößlingen der Urwaldbäume, die darauf warten, daß durch einen Windbruch eine Lücke im dichten Kronendach entsteht und sie das einfallende Licht durch ein rasches Wachstum nutzen, um dann möglichst bald die Lücke zu schließen.

Der Kronenraum mit seinen Schirm-, Schmalkegel- und Spindelwipfeln hat fünf und mehr Etagen. Er ist voll ausgenutzt und nimmt fast alles Licht in Anspruch. Nur etwa ein Prozent der Lichtmenge erreicht überhaupt noch den Boden. Vereinzelt leuchten herrliche Blütenbäume, darunter Korb- und Schmetterlingsblütler, gelb, blau oder rot im grünen Wipfelmeer.

Alexander von Humboldt nannte den Kronenraum den »Wald im Walde«, ohne ihn so recht erforscht zu haben. Dazu hätte er die technischen Voraussetzungen besitzen müssen, die das Forschungsinstitut der INPA in Manaus in einem geschützten Wald etwa 50 Kilometer nördlich der Stadt geschaffen hat. Dort kann man über eine Leiter eine Plattform und ein Netz aus Hängebrücken und Beobachtungsständen erreichen. Für einen ZDF-Film haben wir dort oben die verschiedenen Wipfelformen mit der Kamera aufgenommen und auch erleben können, wie dicht dieses 20 bis 50 Meter hohe Biotop besiedelt ist.

Die Lebensbedingungen sind von denen am Boden grundverschieden. Am Boden herrschen begrenzte Licht- und konstante Temperaturverhältnisse. Im Kronenraum ist die Pflanzen- und Tierwelt im 24-Stunden-Rhythmus hohen Temperaturschwankungen unterworfen. Wenn man hinaufsteigt, ist es, als klettere man gleich einer Pflanze aus der Dämmerung zum Licht. In Augenhöhe hat man nun all die Epiphyten und – wenn man lange genug ausharrt – auch viele Vogel- und Säugetierarten, die so gut wie niemals auf den Boden kommen. Das gilt auch für zahllose Insekten, von denen der britische Entomologe Charles S. Elton 1973 noch mehrere zehntausend unbekannte Arten im Kronenraum der Regenwälder vermutete.

Was wir über die Tiere und Pflanzen des Urwaldes wissen, stammt hauptsächlich aus der Bodenschicht. Die Tiere der Höhe lernten die Forscher oft erst dann kennen, wenn Bäume gefällt wurden. Die Erforschung der ökologischen Zusammenhänge im Kronenraum steckt also noch in den Anfängen, und wer weiß, ob wir uns noch ein einigermaßen klares Bild davon machen können, bevor die Wälder vernichtet sind.

Aus der Vogelperspektive erscheint der Regenwald als eine geschlossene Decke. Die Profilzeichnung lädt zur Betrachtung seiner »Stockwerke« ein. Dieser Waldausschnitt gedeiht auf Lehmboden in einer dünnen Humusschicht. Der Lichtraum ist mit Krautschicht, Strauchschicht und Kronenraum sowie einer Fülle von Sprossen, Luftwurzeln, Lianen und Überwuchspflanzen voll ausgenutzt

In der Nähe der Flüsse und in Mulden verleihen besonders Bromelien den Baumriesen schweren Kronenschmuck. Die wasserhaltigen Kelche dieser Aufsitzerpflanzen sind manchmal die Heimat von Fröschen. Sie legen in den Miniaturweihern ihren Laich ab. Die Metamorphose vom Ei über die Kaulquappe zum Frosch geschieht in der Blattzisterne, die von den meisten Tieren lebenslang bewohnt wird.

Zu den attraktivsten Bewohnern der Regenwaldbäume gehören die Baumsteigerfrösche, die Dendrobatidae, von denen man drei Gattungen mit 76 Arten bisher kennt. Der Name der Winzlinge, die kaum mehr als zwei Zentimeter groß werden, läßt das Gegenteil von dem vermuten, was sie eigentlich tun; denn sie jagen nicht etwa hoch in den Baumkronen, sondern am Boden oder im niedrigen Geäst. Zu solchen Ausflügen sind sie mit ihren Haftfingern allerdings auch gut in der Lage. Passend für sie ist auch der Name Färberfrösche, denn die Tiere zeigen sich in den herrlichsten Farbmustern. Es sind freilich Anpassungsfarben, wovon ich mich bei einer nächtlichen Wanderung überzeugen konnte. Die meisten sind, wie auch unser Laubfrosch, bei Nacht grau. Aber als ich einen dieser Färberfrösche mit der Taschenlampe anleuchtete, wurde er herrlich grün, und seine Augen leuchteten rot. So zeigte er sich auch bei Tage im Laub.

Kleine Giftschlangen findet man ebenfalls oft in den Bäumen, und zwar wiederum in Bromelienkelchen. Unachtsamen Sammlern können sie zum Verhängnis werden. Plötzlich, weil ihnen ihr Refugium zu unsicher wird, schnellen sie heraus und beißen zu.

Die Epiphyten, zu denen die meisten tropischen Orchideen und Bromelien gehören, sind untrennbar mit dem Wirtsbaum verbunden. Stirbt er, sterben auch sie. Der

Die Würgefeige (Ficus) fängt in einer Astgabel bescheiden mit dem Wachstum an. Erst wenn ihre Luftwurzeln den Boden erreicht haben, beginnt eine neue Wachstumsphase, und bald umklammert sie ihren Wirtsbaum und tötet ihn *(Foto: Alexander Hirtz)*

Grund für diese Schicksalsverbundenheit aber ist nicht etwa die Abhängigkeit von den Nährstoffen des Gastgebers, sondern die Beschaffenheit des Wirtsraumes, auf den sie spezialisiert sind. Manche Bromelien können ihre Humusschicht oben im Kronenraum selbst ansammeln sowie Tau- und Regenwasser speichern. Orchideen gelangen auf ihren luftigen Platz, weil der leiseste Hauch schon ihre Samen bewegen kann. Bei vielen Arten wiegen 20 000 Samenstäubchen gerade ein Gramm. Ihre Flugfähigkeit wird durch Lufteinschlüsse noch erhöht. Und weil sie so winzig sind, besitzen sie auch kein Nährgewebe, weshalb die meisten Orchideen auf eine Lebensgemeinschaft mit Pilzen angewiesen sind, die ihnen Nährstoffe aufschließen.

Es gibt auch Aufwuchsspezialisten, die ihr Leben als Keimling in einer Astgabel beginnen und sich so lange als Halbepiphyten erhalten, bis ihre Luftwurzeln den Boden erreicht haben. Dann versorgen sie sich mit Wasser und Nährstoffen aus dem Boden. Umgekehrt wachsen andere, darunter viele Araceen, zuerst aus dem Boden heraus. Ihr unterer Teil stirbt allmählich ab, und sie versorgen sich nun aus der Luft. Unter den Halbepiphyten sind die »Würger« eine besondere Kategorie. Sie keimen erst als Epiphyten in einer Astgabel. Bald entstehen ein Sproßsystem und Luftwurzeln, die langsam den Stamm der Wirtspflanze hinab wachsen. Wenn der Boden erreicht ist, beginnt die Pflanze zu erstarken und den Wirtsbaum so zu umklammern, daß er allmählich abstirbt. An seiner Stelle steht schließlich die Würgefeige. Die Botaniker kennen einen Ficúsbaum in Indien, der einen ganzen Wald vortäuscht. Er bedeckt eine Fläche von über zwei Hektar und hat einen Kronenumfang von 570 Metern. Der Kampf um das Licht hat noch weitere seltsame Lebensformen hervorgebracht. Einige Lianen zum Beispiel klettern eilig an den Bäumen empor, andere lassen sich vom Baumnachwuchs gemächlich zum Licht emporhieven.

Durch die Forschungen des Botanikers Robin Foster wissen wir, wie bestimmte Bäume am Ende ihres Lebens durch einen spektakulären Tod für den Lebensraum ihres Nachwuchses sorgen. Sie entfalten kurz vor ihrem Lebensende – nur ein einziges Mal in ihrem Dasein – herrlichen Blütenzauber, und wenn die Samen reif sind, haben sie bereits ihre Blätter verloren. Sie sterben ab, und einer der Gewitterstürme Amazoniens wirft sie spielend um. Im Stürzen reißen sie das benachbarte Kronendach auf und sichern den Schößlingen einen Lichtschacht.

Sogar ein Massensterben unter 430 Bäumen der Gattung *Tachigalia versicolor* ist aktenkundig. Foster beobachtete den Bestand auf einer Forschungsstation in Panama genau. Im Jahre 1974, zwischen Januar und Juli, blühten 85 Exemplare der Gattung. Keiner der Bäume überlebte den Mai des darauffolgenden Jahres. Diese Variante des Lebens und Sterbens ist auch für Amazonien verbürgt.

Blüte und Laubwechsel im tropischen Regenwald sind im übrigen ein Kapitel für sich. Weil beide nicht durch die wechselnde Witterung und saisonalen Insektenflug bestimmt werden, gibt es auch keinen Jahresrhythmus. Einen Zyklus von sieben bis zu 20 Monaten hat man allgemein bei der Laubentwicklung beobachtet. »Ruheperioden«, die wenige Wochen, aber auch einige Monate dauern können, werden abgelöst von einer heftigen Laubausschüttung, bei der die Blätter rasch ihre Größe, aber erst unter der Einwirkung von Licht und Nährstoffen ihre eigentliche Gestalt und grüne Färbung gewinnen. Erst nach dem Laub bilden sich auch die Blütenknospen.[4]

Zwänge des Licht- und Nährstoffmangels, verbunden mit gleichbleibenden Umweltbedingungen, ließen den Bauplan der Natur im Amazonasgebiet zu solch barocker Reife gelangen. Das Ergebnis dieser Evolution heißt Ökosystem Regenwald. Vergleichen wir es mit den Wäldern nördlicher Klimazonen! Die schwankenden Umweltverhältnisse prägten dort eine Vegetation aus, deren wichtigste Merkmale hohe Widerstandsfähigkeit und außerordentliche Fruchtbarkeit sind. Auf den Selektionsdruck durch das rauhe Klima also antwortete die Entwicklung in nördlichen Breiten mit einer Vielzahl von Individuen und Armut der Arten. Die Monotonie kanadischer Tundrawälder ist ein extremes Beispiel dafür. In Amazonien behaupten sich dagegen seit Jahrtausenden Pflanzen, die längst ein Stück Entwicklungsgeschichte darstellen – zum Beispiel Algen, Moose, Farne und Bärlappe.

Daneben finden wir besonders »modern« anmutende Konstruktionen wie bei einigen Orchideen, die erst eine Anpassung an vorhandene Bestände aus dem Insektenreich sind. Auch die gelblichweißen Blüten eines bestimmten Aronstabgewächses sind raffinierte Insektenfallen. Sie morden aber nicht. Vielmehr locken sie die Tiere mit Nahrung nur zur Befruchtung in den bauchigen Unterteil der Blüte und halten sie in einer Art Reuse gefangen. Sobald die Bestäubung vollzogen ist, »klappen« die Falltüren herunter, und die Gefangenen kommen frei. Manche Bäume machen sich den niedrigfliegenden Insekten attraktiv, indem sie ihren Blütenschmuck in Bodennähe am Stamm tragen. Kauliflorie oder Stammblütigkeit nennen Botaniker diese Erscheinungsform.

Die Flora des Regenwaldes bezieht neben den Insekten Vögel und sogar Fledermäuse mit in das Geschäft der Befruchtung ein. Das muß sie tun! Die tagaktive Insektenwelt ist ebenfalls arm an Individuen, und von daher erwächst der Pflanzenwelt für die Bestäubung weniger Hilfe, während in unseren Breiten doch Bienen, Hummeln oder andere Insekten gerade den Hauptanteil leisten. Andere Blütenbesucher müssen also angesprochen werden! Zum Beispiel die Fledermäuse. Manche Pflanzen lassen ihre schmutzfarbenen Blüten an langen Geißeln herabhängen und locken bestimmte Fledermäuse durch einen fauligen, süßsauren Geruch an. Diese Art der Ansprache und die Geißelblütigkeit – Fachleute sagen Flagelliflorie – sind auch eine Spezialität des Regenwaldes. Kolibris, deren Augen besonders rotempfindlich sind, geben roten Blüten den Vorzug. Rot und orangefarben blühende Pflanzen sind deshalb im Tropenwald besonders zahlreich. Die sonst so verbreitete Windblütigkeit scheint dagegen in den tieferen Schichten des Waldes ausgeschlossen zu sein.

Auch für die Verbreitung der Pflanzensamen sorgen die Tiere. Da sind vor allem die Papageien, Tukane, Tangaren und viele andere Vogelarten, die sich – wie auch zahlreiche Affenarten – vom Fruchtfleisch ernähren.

Ökosystem Regenwald! Was sich dem Waldläufer als widerspenstige Wirrnis entgegenstemmt, seinem Fuß glitschige Fallen stellt, ihm als chaotisches Dickicht aus Stämmen, Luftwurzeln, Lianen, Blattwerk, Bast und »Greisenhaar« erscheint, ist in Wirklichkeit eine bis in die kleinste ökologische Nische organisierte Pflanzengemeinschaft.

In der Tierwelt ist die Urgeschichte lebendige Gegenwart

Das Tierleben im Regenwald ist voller scheinbarer Widersprüche. Wie die Pflanzenwelt ist es artenreich, jedoch arm an Individuen. Der Entwicklung immer neuer Formen, vor allem bei Insekten und Lurchen, steht das Überleben archaischer Tiergestalten gegenüber. Unter den unauffälligen Bewohnern der Streuschicht des Waldes findet man die meisten davon. Einige haben sich seit dem Erdaltertum wirklich kaum verändert. Der Forscher Ludwig Beck, der dies feststellte, zählt zu den »antiken« Tierformen Amazoniens die Stummelfüßler (Onychophora), die Kapuzenspinnen (Ricinulei) und Geißelskorpione (Uropygi). Auch die nächtlich aktiven Geißelspinnen (Amblypygi), von denen nach Beck vermutlich im ganzen Amazonasgebiet nicht mehr als zwei oder drei Arten leben, gehören dazu. Bei den wirbellosen Tieren hat der Biologe auch Verhaltensweisen beobachtet, »die regelrecht in der Entwicklung steckengeblieben sind«.[5]

Zu den Zeugen der Urzeit gehören mit ihrer altertümlichen Bauweise aber auch die Faultiere, die Ameisenbären und ihre gegürteten Verwandten. Faultiere sind nicht nur Musterbeispiele einer museumsreifen Säugetierform, sondern haben zudem auf geheimnisvolle Weise mit den Anfängen des Lebens im großen Wald zu tun. Sogar ein großes Indianervolk ist in seinem Ursprungsmythos mit dem Faultier verbunden. Danach war der erste Jivaro-Indianer ein Faultier: »Wenn ein junger Bursche das Alter von etwa zehn Jahren erreicht hat«, berichtet der Völkerkundler Otto Zerries, »festigt er seinen Erwachsenenstatus. Er geht in den Wald, um ein Baumfaultier zu töten und macht aus ihm genauso eine Kopftrophäe, wie er sie später als Krieger aus dem Kopf eines getöteten Feindes anfertigen wird. Sein Vater gibt ihm dann wie dem richtigen Kopfjäger zwei Tsantsafeste.«[6]

Der Brauch, einen Faultierkopf als Ersatz für einen Menschenkopf zu verwenden, erscheint nach Zerries gleichsam als Wiederholung eines urzeitlichen Geschehens, wie es uns auch sonst im Kult begegnet. In der Ursprungsmythe dieses Stammes ist Uñuschi, das Faultier, der erste Jivaro. Als sich erstmals eine Blutrachefehde ereignete, schnitten die Söhne der Wasserschlange Uñuschi den Kopf ab und machten davon die erste Tsantsa.

In dieser Legende sieht der Münchner Professor den Schlüssel »für den eigenartigen Brauch der Tsantsaherstellung«, der im Andenraum Ecuadors weit zurück in die Welt der vorkolumbischen Indianer reicht – bis in das Jahr 500 vor Christus, nach einer datierten Trophäe im Museum der Hauptstadt Quito zu schließen: »Der erbeutete Menschenkopf muß in Angleichung an das erste Kopfjagdopfer, das Faultier Uñuschi, ebenfalls auf die Größe eines Faultierkopfes reduziert werden, die der eines menschlichen Schrumpfkopfes entspricht . . .«[7]

Über das beneidenswert ruhige Leben des »behenden Peterchen« – so nannte ein Spanier das Tier im Jahr 1535 ironisch – ist früher viel spekuliert und fabuliert worden. Im 19. Jahrhundert machte ein Autor seinen Lesern noch weis, daß ein Faultier neun Minuten brauche, um ein Bein vor das andere zu setzen, und wenn es einen Baum abgeweidet habe, lasse es sich einfach fallen. Bis es dann den nächsten Baum erklommen habe, sei es wieder abgemagert. In Wirklichkeit braucht das Faultier nur acht bis zehn Minuten, um in den Wipfel eines 16 Meter hohen Baumes zu gelangen. Das ist immer noch bedächtig genug. Außer Atem wird der Kletterer dabei nicht kommen; er atmet überhaupt nur achtmal in der Minute. Sonst gleichgroße Säuger atmen doppelt so schnell. Was freilich die Kaubewegungen angeht, können Faultiere sogar mit dem Menschen mithalten.

Dem Dasein als Blattfresser im Geäst sind die Kletterer auf einzigartige Weise angepaßt. Faultiere erleben die Welt sozusagen aus der Hängeperspektive. Damit sie in dieser Lebenslage dennoch eine gute Rundumsicht haben, sind sie befähigt, den Kopf nach hinten und nach unten zu drehen. Man kann sich vorstellen, wie die hängende Körperhaltung den Organismus belastete, wäre er nicht auf einzigartige Weise »umgebaut« worden. Einmal erhielt der Brustkorb 20 kräftig verstärkte Rippen. Leber und Magen sind zudem gegenüber den Organen anderer Säuger, die auf ihren vier Beinen stehen, um 135 Grad verlagert. So kann die schwere Leber nicht auf den Magen drücken. Auch die Luftröhre weist Besonderheiten auf, und die Gliedmaßen besitzen netzartig angeordnete Blutgefäße.

Die Glieder des Faultieres sind nicht nur kraftvoll und ausdauernd, sondern von scheinbar gelenkloser Beweglichkeit. Sie ermöglichen – ohne Kontrolle und Hilfe etwa durch einen Greifschwanz wie bei den Affen – traumwandlerisch sicheres Klettern.

Man fragt sich, wie eine solche Sonderentwicklung im Tierreich Wirklichkeit werden konnte! Der Ursprung der Baumfaultiere ist nicht vollständig geklärt. Aller Wahrscheinlichkeit nach haben sich aber Faultiere und die anderen Zahnarmen, die Gürteltiere und Ameisenbären, im Alttertiär von gemeinsamen Stammformen aus entwickelt. Dann und wann findet man in der Hochkordillere versteinerte Knochen, aus denen sich ablesen läßt, daß vor unserer Zeit Zahnarme (Xenarthra) dort gelebt haben.

Der Südamerikaforscher Hans Krieg vertrat in einem Beitrag die Meinung, diese spezifisch südamerikanische Tierordnung ließe sich zurückverfolgen bis in die Zeit, »da allem Anschein nach das heutige Südamerika nicht nur mit dem heutigen Nordamerika, sondern auch mit dem heutigen antarktischen Kontinent, Afrika und Australien mit Neuseeland im Zusammenhang stand. Als sich Anfang des Tertiärs diese Verbindungen lösten und Amerika zum Kontinent wurde, begannen diese Vorfahren der Xenarthra ihre eigenen Entwicklungswege zu gehen«, schrieb er. Über Millionen von Jahren – nahezu während des gesamten Tertiärs – ist die Landverbindung zwischen Nord- und Südamerika überflutet gewesen. Die Paläanthologen schließen von daher auf die besonderen Entwicklungswege im südlichen Subkontinent: »Als dann gegen Ende des Tertiärs eine neue Verbindung mit Amerika entstanden war und ein Austausch von Tieren von Nord nach Süd und von Süd

Die vom Pazifik und der Amazonasniederung heraufziehenden Wolken werden an den bewaldeten Bergen abgekämmt
(Foto: Alexander Hirtz)

Links oben: Nebelwald, etwa 1 200 Meter über dem Meer *(Foto: Peter Baumann).*
Daneben: Ein kleiner Bachlauf im Urwald sorgt für einen schmalen Lichtschacht *(Foto: Ursula Bredigkeit)*
Rechts unten: Auf einem der mit Moos- und Flechtenbärten bewachsenen Nebelbäume blüht in 2 000 Meter Höhe die *Guzmania squarrosa,* eine Bromelie *(Foto: Alexander Hirtz).*
Daneben: Ein Stammblüher lockt mit seinen Blüten niedrig fliegende Bestäuber an *(Foto: Alexander Hirtz)*

Durch Tarntrachten machen sich manche Insektenarten unsichtbar. Die Angleichung an die Gestalt, Färbung und Zeichnung von Steinen und Blättern, Holz und anderen Dingen der Umgebung, die Mimese, schützt die Tiere vor Verfolgern. Manche Schmetterlinge haben auf den Flügeln

große Augenflecken, die über ihren „Schlaf" wachen *(Fotos: Alexander Hirtz).*
Mitte rechts: Eine kleine Zikadenlarve *(Cicadelloidea)* mit einem Wachspinselschwanz, der nach der Metamorphose verschwindet. Sie lebt in der Laubschütte der Urwaldriesen verborgen *(Foto: Robert Staub)*

Viele Tiere leben im Kronenraum der Bäume und wandern ein weiträumiges Revier ab wie der Wollaffe und der Baumleguan *(Fotos: Alexander Hirtz,* links, und *Robert Staub)* Manche Reptilien- und Lurcharten halten sich in der Blattzisternen der Bromelien verborgen *(Foto: Alexander Hirtz). Daneben:* Der Rotschwanz-Jakamar *(Galbula ruficanda)* fällt durch seine schallende Stimme auf. Aber man bekommt ihn selten zu Gesicht *(Foto: Robert Staub)*

nach Nord möglich wurde«, sagt Krieg, »bereicherte sich die Tierwelt Südamerikas durch Zuzug von Norden her, zum Beispiel durch Zuwanderung der Hunde, Bären, Marder und katzenartigen Raubtiere, vieler Huftiere und Nager, um nur Säuger zu nennen. Aber sie gab auch einigen ihrer eigenen Formen die Möglichkeit, ihr Gebiet nordwärts auszudehnen.«[8] Zu diesen gehörten die Ahnen der heutigen Faultiere, Gürteltiere und Ameisenbären.

Auf die Primitivität des Faultiers und die Frühzeit der Säugetiere verweist noch eine andere Eigenart. Sein Pelz, so dick und unempfindlich er scheint, kann unser Faultier nicht gleichmäßig warm halten. Wie bei den ebenfalls zu der altertümlichen Säugetierordnung gehörenden Gürteltieren ist die Körpertemperatur der Faultiere abhängig von der Temperatur der Umgebung. Als sich noch im Erdmittelalter die ersten echten Säuger entwickelten, die das Nest für ihre Jungen sozusagen in den Leib verlegten, löste auch allmählich das »moderne« Haarkleid den altertümlichen Schuppenpanzer ab, wie ihn die stammesgeschichtlich älteren Reptilien trugen. Beim Gürteltier, dessen Bauchseite auch feine Haare aufweist, erscheinen die aus der Lederhaut gebildeten Knochenplättchen wie ein Relikt aus jener Zeit, da sich die Säuger von den noch wechselwarmen »Säugerreptilien« zu Warmblütern entwickelten. Die ersten bepelzten Ursäuger dann konnten sogar in Zwergengestalt den gewaltigen Sauriern gefährlich werden, denn sie kannten keine Kältestarre, während der sich die Riesen nicht wehren konnten. Ihr zweiter Vorteil waren schärfere Sinne. Klar – wenn man sich auf keine Rüstung verlassen konnte, galt es besonders auf der Hut zu sein. So wuchsen dem Gehirn – und damit den Sinnen – neue Aufgaben zu.

Während viele Säuger der Vergangenheit wieder ausstarben, hat das Modell der Zahnarme trotz seiner Altertümlichkeit die harte Auslese während der langen Zeiten überstanden. Mit ihnen hat sich also im tropischen Gebiet Südamerikas eine Gruppe erhalten, die mit den Beuteltieren oder dem eierlegenden Schnabeltier in Australien einen Abschnitt ältester Naturgeschichte der Säugetiere repräsentiert.

Doch da ist noch mehr! Die Faultiere und ihre Verwandten sind nicht nur für unser Wissen um die Evolution von Bedeutung. Biologen sind sensationellen Lebensvorgängen im strohigen Faultierpelz auf die Spur gekommen. Zu Hause in den Pelzen sind nicht nur Zecken und Milben sowie die kleine Schmetterlingsfamilie der Zünsler, die selbst nach dem Schlüpfen aus dem Kokon dort wohnen bleibt und Nahrung hat. Vielmehr hat das Leben auch in Form niederer Pflanzen – solcher Pflanzen, die als älteste Träger des grünen Farbstoffes Chlorophyll gelten – Fuß gefaßt. Die ältesten uns bekannten Organismen mit diesem Farbstoff, der den Pflanzen ermöglicht, unter Mitwirkung der Sonnenenergie Nährstoff zu erzeugen, sind die Blaualgen. Der grünlichblaue Schimmer auf dem Rücken und den Gliedern mancher Dreizehenfaultiere nun, den der Laie vielleicht für eine natürliche Färbung des Pelzes halten möchte, wird von Grünalgen der Gattung Trichophilus und Blaualgen der Gattung Cyanoderma verursacht. Einen ausgezeichneten Nährboden haben diese pflanzlichen Organismen in der sogenannten Belegschicht dünner Haare, die dem Faultierpelz ein so strohiges Aussehen verleihen. Unterm Mikroskop wird diese Besonderheit des Pelzes sichtbar. Jeweils in einem Haarbüschel ist nämlich ein starkes Haar mit Marksubstanz vereint mit mehreren schwachen Haaren ohne Marksubstanz. In den dünnen Haaren nun finden die Algen »Nahrung« in losen Zellen zwischen den feinen Oberhäutchen. Auch das Zweizehenfaultier bietet einer Blaualge und einer Grünalge »Nahrung« in der sogenannten Haarrindenschicht. So legt das Faultier nicht nur von den Anfängen der Säugetiere lebendiges Zeugnis ab. Es beherbergt auch Organismen, die den Anfang des Lebens überhaupt repräsentieren.

Zurück nun zu Ludwig Becks »Antiquitäten«, über die ich am Eingang des Kapitels berichtete. Die Betrachtungen des Biologen über das unterentwickelte Liebesleben der Gliederfüßler in der Streuschicht des Urwaldes erinnern an jene Zeit des Erdaltertums, da viele Tiergruppen vom Leben im Wasser zum Leben auf dem Land überwechselten: »Im Wasser ist beispielsweise eine indirekte Übertragung des Spermas zu den Eiern die Regel. Eier und Sperma werden zusammen oder nacheinander ins Wasser abgegeben, was den Spermien die aktive Hinbewegung zu den Eiern ermöglicht. An Land ist dagegen die direkte Samenübertragung zwischen den Geschlechtspartnern üblich, da nur dadurch das Fehlen des feuchten Mediums überbrückt werden kann. Von bodenbewohnenden Tieren wie Tausendfüßlern, Milben oder Urinsekten kennt man eine Zwischenform der Samenübertragung, bei der das Männchen Spermatropfen auf Gespinste oder Stiele (Spermatophoren) absetzt, die in der feuchten Bodenluft so lange frisch bleiben, bis das Weibchen sie aufnehmen kann. Diese Art der indirekten Samenübertragung kann man als Übergangsform vom Wasser- zum Landleben ansehen; sie ist im Regenwald unter den Gliederfüßlern auch außerhalb der schützenden Streuschicht des Bodens weit verbreitet. So kann man zum Beispiel die über einen Zentimeter großen Spermatophoren der Geißelspinnen an den von ihnen bewohnten Bäumen finden.«[9]

Die Darstellung des Wissenschaftlers eröffnet uns eine Welt des Übergangs, in der die Urzeit noch Gegenwart ist: Daß eigentliche Wasserbewohner im Regenwald auch Vertreter an Land haben – zum Beispiel Krabben –, ist für Beck eine weitere Eigenart des »Übergangsbiotops«.

Tatsächlich ist der Tropenwald Amazoniens ein uralter Lebensraum. In wechselnden Grenzen hat er gut 100 Millionen Jahre überdauert – und dies mag auch der Grund dafür sein, warum ebenso altertümliche Verhaltensweisen wie stammesgeschichtlich antike Bauformen überlebten. Neben den erwähnten Zahnarmen gehören auch die Opossumratten (Caenolestidae) und die Beutelratten (Didelphyidae) unter den Säugern zu den ursprünglichsten Säugetieren. Die Kontinuität der Umweltbedingungen hat freilich nicht nur solche Tiere erhalten, sondern auch die Entwicklung immer neuer Arten begünstigt.

Bliebe noch von einer weiteren Eigenart amazonischen Tierlebens zu erzählen. So artenreich die Tierwelt auch ist, sie lebt im Regenwald meist so verborgen, daß nur erfahrene Indianer davon etwas zu Gesicht bekommen. Am häufigsten begegnen uns Insekten, obwohl eine Vielzahl von Arten nachtaktiv lebt. Zu den tagaktiven Ausnahmen gehören die Heere der Termiten und Ameisen, der Bienen und Moskitos. Für die Häufigkeit der Termiten und der sozial lebenden Hautflügler im Vergleich zur sonstigen Individuenarmut hat Beck eine einleuchtende Erklärung: »... Entweder sind sie ausgesprochen wehrhaft ... oder sie sind durch ihre ausgedehnten Bauten und Gangsysteme im Holz geschützt ... Darüber hinaus verbessern soziale Verhaltensweisen wie Warnen vor Gefahr und die Herausbildung von Kasten mit entsprechender Arbeitsteilung das Durchsetzungsvermögen gegenüber anderen Tiergruppen.“[10]

Für die meisten anderen Tiere aber gilt das Prinzip der niedrigen Siedlungsdichte. Ausnahmen bestätigen also nur die Regel. Wer nicht gerade auf die Beobachtung von Milben, Ameisen und anderen Insekten aus ist, die in der Streuschicht des Bodens leben, dem erscheint der Wald ausgesprochen tierarm. Tapire, Ozelots, Agutis und Gürteltiere werden erst in der Dämmerung aktiv. Wollaffen, Brüllaffen und einige andere Säugetiere treten zwar gesellig auf, wandern aber oft ein riesiges Revier ab, weil das Nahrungsangebot begrenzt ist. Der Lebensraum vieler Säuger, Vögel, Lurche, Reptilien und Insekten, ist zudem der Kronenraum. Und darüber noch kreisen unerreichbar die Greife.

Zum Eindruck eines tierarmen Waldes trägt bei vielen Tieren auch die Angleichung ihrer Gestalt, Färbung und Zeichnung an die Blätter, Steine, Rinde oder andere Merkmale der Umgebung bei. Ein besonderes Beispiel für diese Mimese sind die vielen Gespenstheuschrecken (Phasmidiae), deren obere Seite oft vollkommen die Struktur und Farbe etwa morschen Holzes oder eines frischen Blattes angenommen hat, auf dem sie sitzen. Erwischt diese Tiere dennoch ein Verfolger, versuchen sie ihn mit Hilfe der Schockfarbe abzuweisen, die sie auf der Unterseite tragen.

Aber nicht nur der optische Eindruck eines tierarmen Regenwaldes stimmt. Der Regenwald *ist* auch tierarm. Das gilt zumindest für die großen Tierarten, was ein Vergleich etwa mit der afrikanischen Savanne augenfällig macht. Amazonien ist vor allem eine Welt der Pflanzen.

DIE INDIANER

EINE STERBENDE WELT

Wir betrachten die Indianer als eine minderwertige Rasse mit einer minderwertigen Kultur. Die Tragödie besteht darin, daß der Indianer eine Schlüsselposition in der Eroberung Amazoniens hat. Wenn er ausstirbt, gehen auch seine wertvollen Erfahrungen verloren.

Paulo de Almeido Machado, ehemals führender Leiter des Amazonien-Forschungsinstituts in Manaus

Amazonische Völkerwanderungen

Ehe der Mensch in Amerika Fuß faßte, gehörte der Kontinent allein den Tieren und den Pflanzen. Die Wiege der Indianer also stand nicht in Amerika. Ihre Herkunft ist noch immer nicht geklärt, und die Diskussion darüber hat die abenteuerlichsten Thesen gezeitigt.

Die Mormonen zum Beispiel hielten die Indianer für die Nachfahren eines der Zehn verlorenen Stämme Israels – für Lamaniten, denen der Fluch Gottes die Gesichter dunkel gefärbt und die der Prophet Levi 722 vor Christus aus assyrischer Gefangenschaft nach Amerika geführt hätte. Ein Prediger namens Cotton Mather behauptete im Jahre 1702, der Teufel selbst hätte die Rothäute nach Amerika gebracht. In wuchernden Theorien sollte auch ihr »atlantischer Ursprung« bewiesen werden. So sah Colonel James Churchward die Erschaffung des Menschen im versunkenen Land MU und Amerika als überlebende Kolonie. Nun ist zwar »Imagination das Feuer der Entdeckung«, wie der Archäologe Flinders Petrie schrieb, doch darf sich die Vorstellungskraft nicht verselbständigen. Was den Ursprung der Indianer angeht, sind wir den Hypothesen immer noch näher als den Belegen.

Ernsthafte Wissenschaftler waren lange der Auffassung, die ersten »indianischen« Jäger wären kaum früher als vor 17 000 Jahren auf den Fährten von Urbison und Mammut zufällig über die Beringbrücke nach Amerika geraten. Dann glaubte man Anhaltspunkte dafür zu haben, daß vor 20 000 Jahren die ersten Indianer in den Regenwäldern von Amazonas und Orinoco angekommen wären. Daß mehrere Einwanderungsphasen mit dem Ansteigen und Absinken des Meeresspiegels verbunden waren, wird nun nach jüngeren Forschungen angenommen.

Zwar ist ein entscheidender Beweis für eine sehr frühe Wanderschaft des Menschen von Asien nach Amerika nicht gefunden worden, doch die Bausteine für ein neues Gedankengebäude sind recht solide. Am Fundament arbeiteten die Geologen. Von vier bis sechs großen Klimaschwankungen während des Pleistozäns berichten sie. Aber erst in dem erdgeschichtlichen »Augenblick« der letzten 70 000 Jahre wird es für unser Thema interessant.

Auf dem Boden Nordamerikas war in jener Phase der Eispanzer vermutlich 3 000 Meter dick, und Gletscherzungen leckten bis tief hinab ins heutige Wyoming sowie Wisconsin. Diese Kälteperiode, die dem Leben eigentlich feindlich war, sorgte doch vermutlich dafür, daß der Mensch an Boden gewann. Vom Wasser des Beringmeers, das Asien von Amerika trennte, wurden damals nämlich so ungeheure Massen zu Eis, daß der Meeresspiegel um mehr als 100 Meter sank. Indem die Gletscher einen Teil des ohnehin flachen Meeres verbrauchten, sorgten sie zugleich für den natürlichen Brückenschlag. Perioden der Erwärmung – die Interglaziale – ließen den Isthmus wiederholt im ansteigenden Meer ertrinken. Ehe dies vor 6 000 Jahren vorläufig zum letzten Male geschah, hatte der Mensch theoretisch dreimal die Möglichkeit, trockenen Fußes von Asien nach Amerika zu gelangen.

Die erste Brücke erhob sich vor 70 000 Jahren aus dem Wasser und war dann rund 30 000 Jahre passierbar. Eine neue Landverbindung tauchte vor vielleicht 35 000 Jahren aus dem Wasser und versank 10 000 Jahre später wieder endgültig in den Fluten. Wie viele dieser offenen Landverbindungen hat der Mensch nun genutzt?

Manche Anthropologen halten es für denkbar, daß kaukasoide Vorläufer, die aus der Mandschurei oder Mongolei verdrängt wurden, den neuen Kontinent früher erreicht haben als die Hauptmasse der »Indianer«. Belebt hat die Diskussion über diese Hypothese auch eine Veröffentlichung des Amerikaners Joseph B. Birdsell. Darin stand zu lesen, daß unmittelbare Nachfahren der archaischen Großwildjäger unter den »Randvölkern« im südamerikanischen Regenwald zu finden seien. Als gelte es noch immer, Riesenfaultiere zur Strecke zu bringen, benutzten diese Paläo-Indianer weiterhin übergroße Jagdwaffen. Ihre Nachfahren seien dabei geblieben und nicht wie ihre modernen Nachbarn zu Blasrohr und Curarebolzen übergegangen – der technischen Antwort des Menschen auf das Aussterben des großen Jagdwildes. Sie schossen also mit übermannsgroßen Bogen und Pfeilen auf Vögel, Affen und Fische. Allein vom Jagen blieben die Bogenschützen auch abhängig, als die »moderneren« Kulturen im Regenwald sich Maniok und weitere Nutzpflanzen als neue Nahrungsquellen erschlossen.[1] Die Waika, eine Gruppe der Yanoama, werden zu diesen Wildbeutern gerechnet.

Sie wohnen im Grenzland zwischen Brasilien und Venezuela, das durch die Urwaldstraße Perimetral Norte aufgeschlossen werden sollte. Der Name Waika bedeutet, »Jene, die töten«! Obwohl die Waika in ihren Wäldern am oberen Orinoco von den fortgeschrittenen Tropenwaldkulturen der Kariben und der Arawakstämme umgeben sind, sind sie ihrem alten Kulturmuster treu geblieben.

Zur altertümlichen Kultur ohne Maniok, ohne Einbäume und ohne Blasrohre kommt eine ebenso altertümliche Weise des Zusammenlebens. Mehr noch aber dürfte die Erscheinung dieser Menschen interessieren: Otto Zerries und Alfonso Vinci überraschten die Fachwelt während der fünfziger Jahre mit der Charakterisierung von Kriegern zweier Yanoamastämme. Typ eins, stellten sie fest, sei ein kleiner, pygmäenhafter Mensch mit einer durchschnittlichen Größe von weniger als 1,30 Meter. Seine Haut sei hell. Das Gesicht wirke feingeschnitten und zeige einen lebhaften Ausdruck. Hände und Füße seien schmal. Typ zwei sei ziemlich groß, dunkelhäutig, robust, kräftig und zeige einen wilden Gesichtsausdruck. Typ drei sei von mittlerer Statur, rundköpfig und fast feminin im Gesichtsausdruck. Die Hautfarbe beschrieben die Autoren als gelblichtonfarben, Nase und Mund als schmal. Einige Indianer hätten welliges Haar und braune anstatt schwarzer Augen. Typ vier schließlich bezeichneten sie als halbtatarisch. Er habe mandelförmige Augen und einen düsteren Gesichtsausdruck. Auch von einem ausgeprägten Vorderkopf, von fleckigbrauner Haut und dünnem Barthaar war im Bericht der beiden Völkerkundler die Rede.[2]

Die erfahrenen Wissenschaftler ließen sich durch das verblüffende Erscheinungsbild dieser Indianer nicht zu voreiligen Schlüssen verführen. Sie wußten, daß die Anthropologen nur solche Merkmale als »rassentypisch« anerkennen, die sich durch die Einwirkung von Umwelt und Nahrung *nicht* verändern.

Die Nachricht von Zerries und Vinci sowie Birdsells Studie aber brachte drei andere Forscher auf den Weg zum oberen Orinoco, die der Sache auf den Grund gehen wollten. Die Venezolaner Zulay und Miguel Layrisse und der deutsche Johannes Wilbert entnahmen mit Hilfe von Missionaren Blutproben von 142 eng miteinander verwandten Personen aus sechs Dörfern. In den Labors verschiedener Universitäten wurden die Proben untersucht – und das Ergebnis war aufregend genug: Zwar hatten diese Yanoama wie alle Indianer die Blutgruppe null. Allen Blutproben aber fehlte der sogenannte Diegofaktor, ein Unverträglichkeitsfaktor ähnlich dem bekannten Rhesusfaktor. Nun besitzen aber alle Völker mongolischen Ursprungs den Diegofaktor – also auch die Indianerstämme Nord- und Südamerikas. Er fehlt indessen im Blut der Europäer. Und er fehlte im Blut der Yanoama.[3]

Mit dieser Feststellung leisteten die drei Forscher einen wichtigen Beitrag zur Frage der Herkunft des amerikanischen Menschen: Da nämlich der Diegofaktor bei allen Völkern kaukasischen Ursprungs – wie etwa den Europäern – fehlt, könnten wir in den Waika die Nachfahren archaischer Kaukasier vor uns haben.

Aus einstigen Lebensräumen in Asien abgedrängt, könnten die Urkaukasier die wahren ersten Amerikaner gewesen sein. Erst nach diesen archaischen Kaukasiern wären dann Menschen nichtkaukasischen Ursprungs gekommen und zuletzt – vor vielleicht 8 000 Jahren – die rein mongolischen Eskimo und Aleute, die am vereisten Kranz des nördlichen Amerika hängenblieben. Zu jener Zeit hatten sich indianische Jäger längst über ganz Südamerika ausgebreitet.

Die Herrlichkeit der Großwildjagd hatte zwischen 6000 und 5000 vor Christus ein Ende, als die letzten Riesen unter den Tapiren, den Gürtel- und Faultieren ausstarben und mit ihnen auch das Kolumbianische Mammut. Dem amerikanischen Menschen, der nach seiner Großwildjagd an wahre Fleischberge gewöhnt sein mußte, dürfte die Spezialisierung auf kleineres Wild, auf die mühselige Fischjagd mit Pfeil und Bogen, auf die Entdeckung und das Sammeln wilder Früchte hart geworden sein. Dennoch wußte er sehr bald das Angebot der verschiedenen Klimalandschaften zu nutzen, und über die Zeit prägten sich die verschiedenen Kulturen des indianischen Amerika aus. Eine davon war die Tropenwaldkultur Südamerikas.

Es dauerte, gemessen an der Menschheitsentwicklung, nur einen Augenblick, bis die ersten Indianer eine Pflanze des warmen Klimas für sich entdeckten, deren domestizierte Form bis zum heutigen Tag das wichtigste Nahrungsmittel ist – Maniok. Der schnellwüchsige, eineinhalb bis zwei Meter hohe Busch mit den blaugrünen Blättern ist durch die Kultivierung schon so weit von seinem wilden Ursprung entfernt, daß er sich ohne menschliche Hilfe nicht mehr vermehren kann. Wo die Menschen in Amerika den ersten Maniok gepflanzt haben, ist nicht mehr herauszufinden. Man vermutet, daß dies im 5. Jahrtausend vor Christus geschehen sei.

Durch Zufall und Versuch entdeckten die Indianer, daß man den Nutzen der Pflanzen vervielfältigen könnte, indem man ihr nahe bei der Wohnstätte den Boden bereitete, ihre Stengel zerschnitt und überall, wo sich ein »Auge« zeigte, den Stengelteil in ein mit dem Grabstock hergerichtetes Bett legte.

Wann mögen die Indianer die erste Chicha getrunken haben, die heute allenthalben in Südamerika genossen wird? Im Urwald ist Maniokchicha, die in Brasilien Caxirí genannt wird, vermutlich seit Jahrtausenden Standardnahrung, und es ist anzunehmen, daß die Stämme der großen Arawak- und der Tupí-Guaraní-Sprachfamilie bereits mit Maniok und anderen Errungenschaften in die Wälder Südamerikas kamen. Das nahrhafte, gelegentlich auch berauschende Getränk entsteht, indem die Frauen mehrere Mundvoll des Maniokbreies durchkauen und in die Masse zurückspeien. Das Kauen sorgt – durch die Mundbakterien und Enzyme im Speichel – für den Fermentierungsprozeß. Nach kurzer Lagerung genießt man, vermischt mit Wasser, das milchige, alkoholisierte Getränk.

Zu den Flüssen Amazoniens drangen die Indianer wohl nur zögernd vor. Wer beschreibt ihre Ängste in der Tiefe, im Dämmer und Dickicht der unendlichen Wälder? Die Tukuná vom oberen Amazonas sahen noch zur Zeit der ersten weißen Besucher in vielen Baumarten unheimliche Geister – darauf aus, die Seelen ihrer Kinder zu stehlen. Sie glaubten auch von den abgestorbenen Baumriesen, jene schössen mit Pfeilen auf Menschen. Die Schuara mußten sich in acht nehmen vor der Racheseele eines besiegten Feindes, der sie in Gestalt eines stürzenden Baumes erschlagen könnte, oder vor der Begegnung mit »Arutam«, der Seele eines mächtigen Ahnen.

»Ich wartete auf Arutam bei einem Glimmfeuer am Fluß. Ich weiß nicht, wie lange ich dort saß. Um mich war die Nacht so klar, daß ich die feinen Zweige und die Rippen der Balsablätter sehen konnte. Die Stämme leuchteten silbern wie das Licht von Kaschinandu. Es war so still, daß mich mein Atem störte. Ich vernahm, wie er lauter und lauter wurde und mächtiger, und ich sah, wie er die Blätter auf der anderen Seite vom Fluß bewegte. Als die Wipfel rauschten und die Stämme sich immer mehr neigten, wußte ich, daß es nicht mehr mein Atem war, der dies vollbrachte. Ich spürte einen starken Lufthauch im Rücken. Er fuhr heiß über mich hin und ließ die Glut aufglimmen, bis sie mich blendete. In diesem Augenblick stürzte krachend ein Baum neben mir zu Boden. Die Erde erbebte vom Aufprall. Ich kämpfte mich zu dem Baum hin. In seinen Wurzeln wollte ich Halt gegen den Sturm finden. Doch als ich sie berührte, verwandelten sie sich in die Zunge einer Anakonda. Nur kurz erblickte ich den züngelnden Kopf und den riesigen Leib halb im Wasser, halb am Ufer. Blitze zuckten aus den Augen der Wasserboa. Dann war sie fort.«[4]

Auch wenn die Erzählung des Achuarahäuptlings aus unseren Tagen stammt und die Vision noch durch den Drogentrank Maikua beflügelt wurde, vermittelt sie uns doch ein Bild von den Ängsten der Menschen, die sich im Urwald einrichteten. Die Siriono im Tiefland Ostboliviens fürchteten die Ungeheuer Kurúkwa, die nachts vor dem Haus warteten, um die Menschen in den Wald zu schleifen und dort zu er-

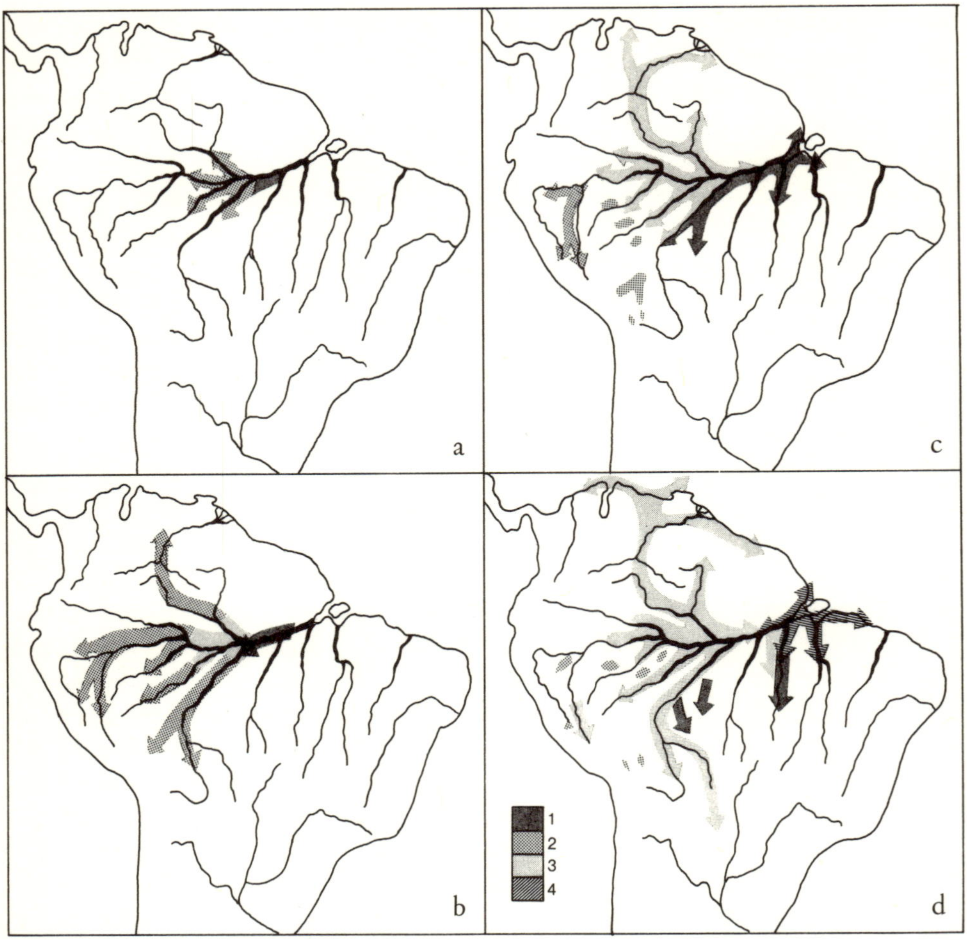

So könnten die frühen indianischen Einwanderer Lebensraum gesucht und gefunden haben: Karte a zeigt die Wanderungen der Ur-Arawak (2) und -Tupí-Guaraní (1) um 3000 vor Christus. Auf Karte b finden wir die weitere Ausbreitung von Völkern der beiden Sprachgruppen, zu denen jetzt, um 2000 vor Christus, die Ur-Maipura (3) gekommen sind. Karte c gibt die Situation um 500 vor Christus wieder. Auf Karte d sehen wir, daß sich um 500 nach Christus sprachlich voneinander weiter entfernte Gruppen der Arawak (2) nur noch auf letzten Inseln behaupten und abgespaltene Vertreter der Ur-Tupí-Guaraní vom Amazonas verdrängt wurden. Ausgebreitet haben sich (3) die Maipura- und die eigentliche Tupí-Guaraní-Sprachfamilie (4). (Nach Donald W. Lathrap)

würgen. Auch die Tiere der Wildnis ängstigten die Indianer als Räuber der Seelen, gestaltgewordene Dämonen, Zauberer und mächtige Ahnen.

Trotz aller Barrieren und Ängste gewannen die Indianer den Wald als Lebensraum. Ihre Einwanderungswege waren durch die Flüsse vorgezeichnet. Folgen wir ihnen am Beispiel der Stämme, die zur größten Sprachfamilie in Südamerika gehören! Die Arawakgruppen waren nicht nur am weitesten verbreitet, sondern sie sind auch besonders gut erforscht. Als die Neue Welt von den Europäern entdeckt wurde, waren diese Indianer, die mit verwandter Zunge redeten, von der Ostküste Floridas über die Bahamas bis zu den Großen Antillen verbreitet, die sie beherrschten. Sie waren aber auch längst über die Küsten Guayanas und Venezuelas auf das Festland gekommen und hatten die Ströme Orinoco und Surinam für ihr weiteres Vordringen mit Kanus genutzt. Um 3000 vor Christus waren die Arawakgruppen vermutlich bereits in der Flußebene Zentralamazoniens nahe der heutigen Stadt Manaus versammelt. Mit der Zeit stieg der Bedarf an fruchtbarem Land, denn der Feldbau war entwickelt, und die Gruppen wuchsen an Zahl.

Auf den Bevölkerungsdruck reagierten die unternehmungslustigen oder auch die schwächeren Indianergruppen durch Abwanderung. Und wohin zogen sie auf der Suche nach fruchtbarem Schwemmland? Der Archäologe Donald W.Lathrap meint, daß Arawakgruppen den nahen Rio Madeira hinaufwanderten, zunächst dort alles fruchtbare Schwemmland besetzten und dann ihr Gebiet allmählich gegen die Anden hin ausdehnten, bis sie endlich die östlichen Ausläufer des Gebirges erreichten. Die natürlichen Barrieren verhinderten zunächst ihr weiteres Vordringen. Eine Gruppe blieb in den Flußhügeln der Anden und wurde der Stamm der Apolista. Weitere Familienbanden bewegten sich den Amazonas aufwärts und wurden von nachfolgenden Gruppen den Rio Juruá und den Rio Purús hinauf gedrängt. Allmählich erreichten sie das Quellgebiet dieser Flüsse, wo sie die verschiedenen Gruppen bildeten, die den Aruandialekt sprachen. Wieder andere besiedelten die Gebiete, die weiter den Amazonas aufwärts lagen und . . . gelangten in das Tal des Ucayali, wo sie ausgedehnte Gebiete alluvialen Landes zur Bebauung vorfanden. Der ständige Druck neuer Einwanderer »zwang diese Gruppen den Ucayali und dessen Nebenfluß, den Pachitea, hinauf, bis sie sich schließlich an der Ostflanke der Anden festsetzten, wo sie die zeitgenössischen Amuescha wurden«, schrieb Lathrap. »Eine andere Gruppe setzte die Reise ein kurzes Stück den Marañón hinauf fort und dann entlang seinem südlichen Zufluß, dem Samiria.« Dort bildete sie den Stamm der Chamicuro.

Weitere Gruppen wanderten nach Lathrap den Rio Negro aufwärts, fanden nur begrenzt nutzbare Gebiete, zogen weiter den Casiquiarekanal entlang und den Orinoco hinab, bis sie große gute Schwemmlandflächen an den mittleren und unteren Flußstrecken vorfanden. Diese Leute hielten sich lange im Land am unteren Orinoco. Nachzügler, die den Orinoco hinabkamen, verdrängten sie dann aber. Sie gelangten an die Küste Venezuelas und auf die Antillen, wo sie den Tainostamm bildeten, mit dem Kolumbus zusammentraf.[5]

Lathraps Marschplan ist zwar nur eine von mehreren Hypothesen, aber eine wohlbegründete. Sie lebt unter anderem von den Forschungen Kingsley G. Nobles, der auf der Basis anerkannter Methoden all die eben genannten Gruppen als Zweige eines vorarawakanischen Sprachstammes klassifizierte und den Beginn ihrer eigenen Sprachentwicklung auf die Zeit um 5000 vor Christus datierte. Auf der Tatsache, daß von Florida bis hinab zum Gran Chaco, von der Amazonasmündung und dem oberen Xingú bis in die Montaña und das Titicacabecken Angehörige der Arawaksprachfamilie festgestellt wurden, hat Donald W. Lathrap sein »ökologisch-rationales Modell« ihrer Ausbreitung aufgebaut.

Nun spricht man in Amazonien mit vielen Zungen. Die größte Gruppe nach den Arawaksprachen ist die Sprachfamilie der Tupí-Guaraní. Sie hat nicht nur das brasilianische Portugiesisch um viele Worte bereichert. In Paraguay und einem Teil Brasiliens ist Tupí-Guaraní auch Verkehrssprache.

Der Forscher Noble hat nun eine beachtliche Zahl von Kernworten nachgewiesen, die das Proto-Arawak und das Proto-Tupí-Guaraní gemeinsam hatten. Lathrap schließt daraus auf Verwandtschaft, mindestens aber auf die Nähe der frühen Tupí-Guaraní-Leute zu den frühen Arawak. Ihre ersten Heime sieht er auf dem Südufer des Amazonas nahe der Einmündung des Rio Madeira. Unter gleichen Zwängen, die schon ihre Nachbarn in Bewegung gebracht hatten, zogen auch die Proto-Tupí-Guaraní nach seiner Vorstellung erst den Rio Madeíra, dann den Aripuaná und den Paraná hinauf. Ihre Heimat wurde das verhältnismäßig fruchtbare Land am Fuße der Sierra dos Parecis. Andere frühe Gruppen, die Vorfahren der Yurana, fanden das gelobte Land am Oberlauf des Xingú. Da die frühen Arawak das Land flußauf besetzt hielten, wanderten weitere Gruppen zur Amazonasmündung hin. Dort trennten sich dann viele vom Hauptblock und eroberten sich ihren Platz in Amazonien. Das geschah auch noch unter den Augen der ersten Europäer. Die Sprachen dieser indianischen Wanderer sind denn auch heute eng miteinander verwandt.

Gruppen der Gĕ-Sprachfamilien hatten schon früh das Brasilianische Hochland besetzt, während die Vorläufer der Kariben im Hochland von Guayana saßen und – wie Lathrap meint – vielleicht auch am Nordufer des unteren Amazonas. Die Krieger dieser wohlorganisierten Gesellschaft gerieten etwa um 500 nach Christus in Aufbruchstimmung und eroberten von Amazonien und dem Guayanahochland aus auf ihrem Weg in Richtung Guayanaküste Gebiete in Venezuela und in Kolumbien sowie die Kleinen Antillen. Drei von anderssprachigen Stämmen umschlossene Karibenvölker saßen bei Ankunft der Weißen auch im Gebiet des oberen Amazonas.

Erwähnenswert ist auch, daß der Forscher Greenberg eine Reihe der isolierten Sprachen und verbliebenen kleinen Sprachfamilien – so das Jivaro, das Tukano und das Shirixana – einer äquatorialen Supermuttersprache zuschlägt. Nur war die Absplitterung jener Sprachen vom Stamm vielleicht schon 1 000 Jahre vor der Trennung der beiden großen Muttersprachen, dem frühen Arawak und Tupí-Guaraní, geschehen – also um 3500 vor Christus. Lathrap betrachtet die Stämme mit den isolierten Sprachen als Opfer des Expansionsdranges der Völker dieser beiden Sprachfamilien, die von ihren ursprünglichen Gebieten am großen Strom in die Randzonen verdrängt worden sind.[6]

Sosehr solche Rekonstruktionen amazonischer Völkerwanderungen in vielen Aspekten noch umstritten sein mögen – wir konnten sie auch nur in groben Umrissen hier nachzeichnen –, so wird deutlich, daß die fortschrittlichen Waldbauern, die im 3. und 2. Jahrtausend vor Christus in Amazonien lebten, ständig um fruchtbares Land miteinander rangen. Auf der Suche nach besonderem Boden breiteten sich die Indianer über die ganze ungeheure Weite des Waldes aus. Die Landmasse bot, wie wir längst wissen, keineswegs überall idealen Grund für die indianischen Pflanzer. Im unteren Becken müssen die brasilianischen Kolonisatoren entlang der Transamazônica heute erfahren, daß die außerordentlich dünne Humusschicht für dauerhafte Anpflanzungen nicht ausreicht.

Die Indianer dieses Gebietes aber wußten immer mit ihren Schwierigkeiten zu leben. Ihre Chacras waren nur für die Dauer von zwei, vielleicht drei Jahren angelegt. Während sie noch die letzten Ernten einholten, hatten die Indianer in einigem Abstand schon eine neue kleine Rodungsinsel geschaffen. Mit den ersten Ernten aus dem neuen Boden begann auf der verlassenen Pflanzung bereits der Heilungsprozeß. Sekundärwuchs verschorfte die Wunde schnell. Der eigentliche Wald wuchs allerdings langsam, und eine Schnittnarbe blieb immer zurück. Ökologen haben festgestellt, daß Jahrzehnte nicht ausreichen, die ursprüngliche vielschichtige Vegetation wiederherzustellen. Die Weißen könnten von den Indianern lernen, daß man eine gerodete Fläche nicht ständig erweitern darf.

Ausgenommen von diesem System des Wanderbauerntums war nur die bescheidene Fläche von etwa 160 000 Quadratkilometern mit den nährstoffreichen Ablagerungen aus den Kordilleren. Über all die Jahrtausende, in denen es eine indianische Tropenwaldkultur gab, herrschte vermutlich Kampf um dieses Land. Was taten die Verlierer?

Die Väter der Zivilisation kamen aus dem Tropenwald

Von den alten Amazoniern erklommen nach den neuesten Theorien, die durch entsprechende Ausgrabungen gestützt werden, im 4. Jahrtausend vor Christus schon die ersten Gruppen die Kordilleren, und einige kamen sogar bis zur Pazifikküste. So hält man zum Beispiel unter Archäologen die Valdiviakultur, die bereits vor über 5 000 Jahren an der Küste Ecuadors blühte, mit ihren Siedlungen, ihrem Maisfeldbau und ihrer schönen Keramik amazonischen Ursprungs. Gemessen an der Entwicklungsgeschichte der Menschen war sie nur ein paar »Augenblicke« nach dem Beginn erster Feldbauzivilisationen in der Alten Welt entstanden.

Den Namen Valdivia hat die Zivilisation von dem Ecuadorianer Emilio Estrada erhalten, der in dem kleinen Fischerort Valdivia schon Anfang der sechziger Jahre die erste Keramik ausgegraben hatte. Nicht weit davon entfernt liegt der Platz Real Alto. Dort – das entdeckte der Archäologe Jorge Marcos in Grabungskampagnen zwischen 1971 und 1974 – hatten schon vor fünf Jahrtausenden 50, wenn nicht gar 100 Häuser gestanden. Jedes mochte bis zu 30 Personen Platz geboten haben. Das antike Real Alto war charakterisiert durch eine ausgedehnte Plaza. Alle Wege oder Häuserreihen waren zu diesem Platz hin orientiert.

Und wie sahen die Häuser aus? Sie besaßen einen ovalen Grundriß. Auf festes Steinwerk und Hartholzpfosten bis zu 20 Zentimeter Durchmesser hatten die Baumeister eine Balkenkonstruktion gesetzt; das stolze Dach war vermutlich mit wetterfesten Pajablättern gedeckt. Außer der Größe der Gebäude besagte auch die Anzahl der Gegenstände, die man innerhalb eines Grundrisses freilegte, daß hier viele Familien zu Hause gewesen waren. Zwischen 1 500 und 3 000 Menschen hatten damals vermutlich in Real Alto und viele mehr im Tal des Rio Verde gelebt.

Für die wachsende Feldbaugesellschaft der Valdiviakultur entwickelte sich Real Alto mehr und mehr zu einem religiösen Zentrum, von dem aus die verstreuten Heimstätten auch regiert wurden. Nach den Grabungsergebnissen zu schließen, wurden die Hügel über die Jahrhunderte mehrfach vergrößert und bebaut. Wohl gegen achtmal wurde zum Beispiel ein Bau auf dem sogenannten Festhügel der ältesten Tempelstadt Amerikas neu errichtet. Sein Eingang lag nach Westen und war von der Plaza aus über Treppen zu erreichen. Von ihm aus blickte man über den öffentlichen Platz hinüber zu einem »Tempel der Toten«. Dieser Bau bot ein anderes Bild, als es die ellipsenförmigen Wohnhäuser und der Festbau von Real Alto zeigten. Vor dem zwei Meter breiten Eingang in der Mitte lag eine Plattform, auf der Priester vermutlich vor den Augen der Menge Bestattungs- und Opferzeremonien vollzogen. Verehrte das Volk von Valdivia eine Göttin der Fruchtbarkeit, die als Opfer zerstückelte Menschen verlangte?

Die Archäologen kamen ihr auf die Spur, als sie unter der Schwelle des Tempels ein Grab mit dem über 5 000 Jahre alten Skelett einer Frau fanden. Der Boden des

Grabes war bedeckt mit Mahlsteinen, die für die Maisbaukultur typisch sind. Daran war noch nichts Ungewöhnliches. Unmittelbar neben der Frau aber lagen die Reste eines kräftigen Mannes. Die Beine des Mannes hatte man am Knie zertrennt. Kopf, Beine und Arme lagen auf dem Boden des Grabes gestapelt, der Torso war darüber in Balance gehalten – und obendrauf fand man Becken- und Schenkelknochen. Sieben Messer, die vermutlich dem Ritual gedient hatten, umgaben das Opfer. Damit nicht genug: Ein Stück von der Begräbnisstätte entfernt wurden in einem gemeinsamen Grab die Knochen von weiteren sieben Männern gefunden.

Das Zeremonialzentrum von Real Alto sagt dem Archäologen vieles über die Gesellschaft, die es errichtete. Dieses und andere Zentren in der Neuen Welt standen nicht etwa am Beginn einer Zivilisation. Sie waren vielmehr baulicher Ausdruck der Weltauffassung in einer schon entwickelten Gemeinschaft, die einer auf Religion und Verwaltung spezialisierten Elite erlaubte, wachsende Abgaben an Nahrungsmitteln zu kontrollieren. Alle Zivilisationen Altamerikas sind mit solchen Zentren verbunden – ob wir die Maya oder die Azteken betrachten, Peru oder Mittelamerika, überall hielten die Völker ihre verschwenderisch ausgestatteten Tempel als unabdingbar für ihr Wohl.[7]

Aus dieser Erkenntnis heraus stellt sich den Amerikanisten die Frage: Entstand die Idee eines Zeremonialzentrums nur einmal in der Neuen Welt, oder wurde sie unabhängig in den beiden, weit voneinander entfernten Gebieten ersonnen, die die Hochzivilisationen hervorbrachten? Für die amerikanischen Archäologen Collier und Lathrap ist die Antwort klar: Eine Kosmologie, die den tropischen Niederungen des nördlichen Südamerika entstammte, lag der späteren Entwicklung religiöser Systeme zugrunde.

Wo finden sich nun Belege dafür, daß es einstige Amazonier waren, die am Beginn dieser faszinierenden Entwicklung gestanden haben? Die Zeugnisse, die dafür sprechen, sind noch ziemlich dürftig. Valdivia weist aber immerhin eine große Anzahl sorgsam bearbeiteter Steinblätter auf. Nach Deutung der Altertumswissenschaftler bildeten mehrere, zusammen mit dem längst verwitterten Holz, in dem sie gesteckt haben müssen, eine Art von Reibe, mit der die Valdivianer weichgekochte, abgekühlte Maniokknollen zu einer Breimasse zerrieben hatten. Nun war aber Maniok die Pflanze des Urwaldes. Das trockene Küstenklima war für ihren Anbau nicht günstig. Im Hochland und an der Küste Südamerikas erlangte die Pflanze daher nie die Bedeutung des Mais'. Auch ihr Weg über das Hochland an die Küste ist nicht exakt zu belegen.

Doch die vorhandenen Funde stärken die Theorie des Kulturgeographen Carl O. Sauer, der im Jahre 1952 meinte, daß die tropische Urwaldkultur dem zentralandinen Feldbau vorausgegangen wäre, dort auch den Anbau der Knollenpflanzen Kartoffel, Ullucu und Ola angeregt hätte. Sauers Argumente machte sich auch der peruanische Archäologe Julio C. Tello zu eigen, der einen Teil des Zeremonialzentrums Chavín de Huántar in Peru ausgrub.

Besser belegen schon die während der sechziger Jahre ausgegrabenen Ruinen bei

Der Tempelbezirk von Chavín de Huántar *(Foto: Peter Baumann)*

Steinbild mit Jaguarzähnen und Schlangenhaar in einem der Gänge des Tempelbezirks von Chavín de Huántar *(Foto: Peter Baumann)*

Kotosh, die wir am Saum des Schwemmlandes des Itiqueraflusses finden, den Einfluß amazonischer Kultur auf das Hochland. Dort wurde eine ungefähr 4 000 Jahre alte Tempelstruktur mit einem Relief gefunden, das gekreuzte Hände zeigt. Auch gruben die Japaner dort zwischen 3 600 und 4 000 Jahre alte Töpferware aus. Kotosh liegt noch etwa 2 000 Meter hoch in den Ostanden.

Mit den neueren Forschungen Donald W. Lathraps nahe dem Ort Pucallpa aber rückt Kotosh noch näher an Amazonien heran. Der Amerikaner hat auf dem Grabungsfeld von Tutishcainyo eine 2 800 Jahre alte Keramikschicht ausgegraben, die der Kotosh-Töpferware ähnlich ist – ähnlich auch bestimmten Gefäßformen im Valdivia des 18. und 17. Jahrhunderts vor Christus. Form und Dekoration lassen eine Kulturbewegung vom westamazonischen Tutishcainyo hinauf in die Andenhänge ahnen, wo Kotosh liegt: »Die Ausgrabungsstätte von Kotosh aber«, teilte uns der Münchner Ethnologe Otto Zerries mit, »gehört eindeutig zu dem formativen Horizont von Chavín de Huántar, der sich im Laufe des 2. Jahrtausends vor Christus etwa in demselben Raum herausbildete und anschließend über weite Teile des heutigen Peru, vor allem auch an dessen Südküste, verbreitete.«[8]

Wichtiger aber noch scheint mir, was Zerries zum Thema Weltvorstellung schrieb. Es harmoniert nämlich mit den Argumenten der Archäologen Collier und Lathrap sowie deren Weggefährten: Danach stand eine Kosmologie, die früh in Amazonien entwickelt worden war, am Anfang der Entwicklung religiöser Systeme der amerikanischen Hochkulturen.

»Als eines der interessantesten Motive auf der Keramik von Früh-Tutishcainyo ist von Lathrap die stilisierte Darstellung des Kopfes eines Feliden, vermutlich des Jaguars, erkannt worden. In der Religion und Mythologie der Chavínkultur hat der Jaguar eine große Rolle gespielt, was man aus der Ikonographie schließen kann. Der Jaguar aber ist ein Tier des tropischen Tieflandes, nicht des andinen Hochlandes, weshalb man schon seit längerem auch aus diesen Gründen eine Beeinflussung, wenn nicht gar die Herkunft der Chavínkultur aus dem Amazonasgebiet in Betracht gezogen hat. Darüber hinaus hat Lathrap (1971) auch andere typische Urwaldtiere in der Ikonographie von Chavín festgestellt, so unter anderem die Harpyie, den größten Adler des Amazonastieflandes, ferner den großen Kaiman als oberste Gottheit mit dem doppelten Aspekt – Kaiman des Himmels und Kaiman der Unterwelt und des Wassers –, der auf dem sogenannten Tello-Obelisk als Spender der Anbaupflanzen und Herr der Fische wiedergegeben ist. Als Himmelskaiman bringt er die Samenpflanzen, als Unterweltskaiman die Knollenpflanzen, so unter anderem den Maniok, der aus seinem Penis entsteht, als wertvollste Gabe (Lathrap 1973).«[9]

Inzwischen gibt es manchen Archäologen und Anthropologen, der sich mit Lathraps These nicht anfreunden kann. Dazu gehört mein Freund, der peruanische Forscher Federico Kauffmann-Doig, der neuere Grabungen in Chavín de Huántar geleitet hat. Er vermag auf dem Tello-Obelisken, wie ich in meinem Buch »Das letzte Geheimnis der Inka« erwähnte, bei aller Toleranz »keinen Kaiman zu entdecken«. Unstreitig zeigen aber manche der übrigen Steinbilder des Tempelbezirks Mischwesen – halb Mensch, halb Tier – mit Merkmalen des Jaguars.

Fest steht auch, daß viele Völker im Urwald bis zur Ankunft der Weißen eine lange Kulturentwicklung durchlebt hatten. Der schwedische Forscher Nordenskiöld ist wegen dieser Behauptung in den dreißiger Jahren heftig kritisiert worden. Wer hätte sich damals angesichts der spärlichen, weitverstreuten Rodungen auch früher belebtere Amazonasufer vorstellen können? Und doch siedelten indianische Völkerschaften vor 400 Jahren in großen Dörfern auf der Várzea, dem fruchtbaren

Schwemmland. Frühe Amazonasreisende, die in ihren Booten daran vorüberstrichen, ahnten in ihrer stolzen Ignoranz nicht einmal, daß die Einwohner von »Königen« geführt wurden, eine berufene Priesterschaft hatten, die Verbindung mit der Götterhierarchie hielt, und in Klanen organisiert waren. Sie wußten auch nicht, daß das Leben in einem Dorf von vielen Stämmen als Abbild ihrer Weltvorstellung begriffen wurde.

Zwischen dem heutigen Ort Nauto und der Marajó-Insel in der Amazonasmündung hat kaum eines der stattlichen Völker europäische Krankheiten, Beutezüge, Sklaverei und Missionierung überlebt. Otto Zerries beklagte noch im Jahre 1973 die Ignoranz der Salesianermissionare, die die kreisförmige Anordnung des Bororodorfes Meruri zerstörten, das Männerhaus einreißen ließen und ein Straßendorf errichteten. Damit zerstörten sie bei diesen östlichen Bororo die innere Orientierung: Denn »viele ältere Bororo begreifen die Welt noch immer im Bild des Dorfkreises, auch wenn dieser nicht mehr als konkrete Lebensmöglichkeit und sinnlich erfaßbares Symbol existiert«[10].Obwohl die restlichen Bororo nicht im Amazonasbecken, sondern im Hochland Brasiliens vegetieren, kann man bei ihnen noch Gemeinsamkeiten mit der alten Tropenwaldkultur entdecken. Wirtschaftsform, Dorfkreis und soziale Organisation der Bororo sind jedenfalls uralt und Ausdruck des für die frühen Amazonier wohl typischen Bemühens, ihre Welt nach ihren Vorstellungen zu ordnen: »Die Sozialorganisation der östlichen Bororo findet ihren unmittelbaren Niederschlag in der Anlagestruktur des Dorfes . . .«, schreibt Otto Zerries: »Die Familienhäuser sind in einem großen Kreis um das Männerhaus angeordnet. Eine etwa vom Westen nach Osten verlaufende Linie teilt das Dorf in nahezu zwei gleiche Teile. Der südliche Teil wird von den Häusern der Hälfte Pfeilbesitzer, der nördliche von denen der Hälfte Gesangbesitzer gebildet. Ein zweites Dualsystem unterteilt die Klane beider Hälften jeweils in einen oberen, östlichen roten und in einen unteren, westlichen schwarzen Klan. Beide tragen den Namen eines Tieres oder einer Pflanze. Die Klane spielen eine wichtigere Rolle als die Hälften und haben bestimmte Vorrechte und Abzeichen.«

Mit der Dorfeinteilung in eine östliche und eine westliche Hälfte ist bei diesen Bororo auch das Häuptlingstum verbunden. So ist nach Otto Zerries eine Häuptlingswürde im unteren, eine zweite im oberen Teil des Häuptlingklans Badogeba der Hälfte der Gesangbesitzer erblich. »Die beiden Häuptlinge sind die irdischen Stellvertreter des Heroen Bakororo, der im Westen, das heißt unten, wohnt, und des Heroen Itubore, der im Osten, das heißt oben, seinen Wohnsitz hat. Die mit oben und unten verbundenen Heroen gelten als ein Brüderpaar und stehen in Beziehung zu Sonne und Mond. Die Seele des Verstorbenen geht, je nachdem, ob ihr Träger der oberen oder der unteren Klanhälfte angehört, entweder nach Osten zu Itubore oder nach Westen zu Bakororo in ein separates Totenland. Dort fließen die Flüsse stets von Osten nach Westen, weshalb Osten mit oben und Westen mit unten identisch ist.«[11]

Die meisten Stämme der Tropenwaldkultur sind längst ins Totenland gegangen.

Wie viele Menschen es gewesen sein mögen, ist ungewiß. Daß in den Grenzen des Inka-Imperiums vom Jahr der Landung Pizarros (1532) die Zahl der Indianerbevölkerung bis zum Ausgang des 18. Jahrhunderts (1796) durch das Schwert, durch Sklaverei, missionarischen Eifer und Epidemien von viereinhalb Millionen auf eine Million Menschen sank, ist einigermaßen sicher. Das Ausmaß des weißen Vernichtungswerks im Regenwald ist wohl ähnlich groß gewesen. Man schätzt, daß im 16. Jahrhundert zwei Millionen Menschen an den großen Flüssen Amazoniens lebten. In den folgenden Jahrhunderten soll die Zahl der Indianer auf etwa 90 000 zurückgegangen sein. Der Kautschukboom hat bis zum Jahre 1914 noch weiteren 30 000 Indianern den Tod gebracht. Sie wurden von den Gummisuchern aus dem Weg geräumt oder zur tödlichen Zwangsarbeit gepreßt. Claude Lévi-Strauss und Darcy Ribeiro behaupten, daß noch in den ersten 50 Jahren dieses Jahrhunderts in Brasilien 100 Stämme ausgestorben seien.

Ein Einblick in die heutigen, die übrig gebliebenen Kulturen des Tropenwaldes wäre nur sehr begrenzt, ginge ich nicht auf ihre faszinierenden Errungenschaften ein. Viele Völker haben das Wissen um die Wirkung von Giften und Drogen gemeinsam. Einige dieser Stoffe sind den Indianern Wegweiser in die »wahre« Wirklichkeit, andere verbessern das Jagdglück und die Fischzüge.

Gifte und Drogen für Traum und Tod

Kenntnis und Anwendung der Gifte und Drogen beim Fischfang, bei der Jagd und bei Heilungszeremonien gehören zu den großen Errungenschaften der Indianer im südamerikanischen Regenwald. Über die Wirkung von Curare zum Beispiel als Jagdgift oder von Barbasco als Fischgift wissen sie alle gleichermaßen Bescheid – die Jivaro in Ecuador, die Waika in Venezuela, die Tukuná in Brasilien und viele andere Völker. Und so wie die meisten Stämme der Wälder Südamerikas sich einerseits der Wirkstoffe verschiedener Pflanzen bedienen, wissen sie andererseits auch, wie man dem bitteren Maniok, ihrer wichtigen Nahrungspflanze, den hohen Gehalt an Blausäuregift entzieht.

Daß der Gebrauch von Rauschdrogen schon seit Jahrtausenden zur Indianerwelt gehört, bezeugen viele archäologische Funde. In der Valdiviakeramik zum Beispiel wurde ein Schnupftablett entdeckt, das über 4 000 Jahre alt ist. Das Schnupfen von Yopo oder der Genuß von Ayahuasca, um die bekanntesten Mittel zu nennen, scheint bei den Indianern weder zur Sucht noch zu körperlichen Schäden zu führen. Religiöse und soziale Bindungen halten vor übermäßigem Genuß zurück. Das Schweben zwischen Tag und Traum und die Anrufung der Hilfsgeister ist zudem meist Sache der Medizinmänner. Am weitesten verbreitet sind Rauschmittel, die aus den Banisteriopsispflanzen gewonnen werden. In Teilen Brasiliens nennt man sie Caapi. Yaji heißt sie in einigen Regionen von Kolumbien und Ecuador, Ayahuasca nennen sie die Ketschua von Ecuador, Bolivien und Peru, Natema sagen die Jivaro in Peru und Ecuador.

Die Botaniker haben bis heute nur einen Bruchteil der Gift- und Drogenpflanzen im Urwald Amazoniens beschrieben, und einen guten Teil ihrer Kenntnisse über die toxischen Pflanzen verdanken sie den Ureinwohnern. In der Rolle des Vermittlers sehen wir die noch junge Wissenschaft der Ethnobotanik. Der Name sagt schon, daß die Kombination von völker- und pflanzenkundlichen Studien unser Wissen über wichtige Wirkstoffe erbracht hat – zum Beispiel über Curare und Barbasco sowie die Rauschdrogen Ayahuasca und Yopo.

Zwar wußte man schon in Europa seit Mitte des vorigen Jahrhunderts, daß *Banisteriopsis caapi* die Basis eines Rauschgetränks ist, doch genauen Aufschluß gewann man erst in neuerer Zeit. Der »Tee« wird hergestellt aus den Stengeln der *Banisteriopsis caapi* sowie den Blättern und Schößlingen der *Banisteriopsis rusbyana.* Hinzu kommen etwa bei den Kofan in Kolumbien die Zweige der *Oco yagé* oder *Chagro panga,* deren Anwendung den Visionen eine »bläuliche Aureole« verleiht. Wie einen Film erlebte der weiße Teilnehmer an einer Sitzung die Visionen. Sie setzen meist ein, nachdem man einen halben Liter des Getränks zu vier Achtellitern im Abstand von je einer halben Stunde getrunken hat. Unter dem Einfluß der Droge verfällt man in einen tiefen Schlaf und ist dabei völlig unempfindlich. Nun »folgen

Bei der Krankenheilung durch die traditionsbewußten Shuara-Schamanen nimmt der Rauschtrank Natema eine besondere Bedeutung ein *(Foto: Peter Baumann)*

die Träume nacheinander mit außerordentlicher Präzision und Klarheit«, berichtete der Ethnobotaniker Richard Evans-Schultes von der Harvard University. Die berauschten Personen hätten die Kraft zur Doppelvision und könnten Dinge der Zukunft schauen. Nach dem Erwachen könnten die Träumer klare Berichte von ihren Visionen geben.

Die Banisteriopsispflanzen – 75 der etwa 90 Arten Südamerikas wurden bis 1970 beschrieben – gehören zur Familie Malpighiaceae der Ordnung Rutales. Den meisten Stämmen im Westen Amazoniens sind sie unerläßliches Hilfsmittel bei ihren Krankenheilungen. Die Wirkung der Drogen beruht vor allem auf dem Harmala-Alkaloid, das die Sehnerven beeinflußt. Viele Schamanen kennen jedoch Beimischungen. So benutzen die Jivaro die Stechapfelart *Datura arborea,* um die Wirkung des Rauschgetränks zu verstärken.

Am weitesten haben vielleicht die Waika-Yanoama in Venezuela die Herstellung von Rauschmitteln kultiviert. Sie besitzen ein Schnupfpulver, das sie Ebena nennen. Verbreitet dafür ist der Begriff Yopo aus der Arawaksprache. Die Bohnen der Akazie *Piptadenia peregrina,* die Humboldt und Bonpland im Jahre 1820 erstmals beschrieben haben, sind wesentlicher Bestandteil der Droge.

Wie nun das Schnupfpulver hergestellt wird, hat die Waikaforscherin Inga Steinvorth-Goetz beobachtet und eindrucksvoll beschrieben: »Die Schoten werden im September gesammelt, und die Bohnen in einem Korbgeflecht hoch über dem Feuer getrocknet und geröstet. Es entsteht eine Masse, die in einer etwa handlangen Rolle zusammengeknetet und in Blätter eingewickelt aufbewahrt wird. Würde diese Akazienfrucht allein geschnupft, so träte nicht die volle Wirkung ein, außerdem entstünde ein unangenehmes Hitzegefühl. Deshalb verwenden die Waika die Rinde des Njakoama-Baumes . . . Die Innenschicht dieser Rinde wird geraspelt. Die so gewonnene weiche Masse wird auf Steinplatten am Feuer getrocknet . . . Wenn die Waika sich diese Masse einblasen lassen, entsteht ein unangenehmes Kältegefühl, ohne daß der echte Rausch auftritt. Außerdem fehlt noch ein Trägermittel. Deshalb wird die Rinde eines anderen Baumes zerstückelt und zu weißer Asche verbrannt.

Nun wird alles zusammengemischt. Als Bindemittel dient der Speichel. Mit kräftigem Spucken und Händekneten entsteht eine harte Paste, die nun wieder auf dem Feuer geröstet wird. Die jetzt steinhart gewordene Masse wird mit einem schwarzen, länglichen, an den Seiten abgerundeten Stein zu einem feinen gebrauchsfähigen Pulver gemahlen ... In dieser Form wird das Pulver nur kurzfristig aufbewahrt, weil es in relativ kurzer Zeit seine Wirkung verliert.«

Mit einem Schnupfbesteck blasen sich die Männer das Rauschmittel gegenseitig in die Nase und zeigen sehr bald Wirkung: »Zuerst«, schreibt die Beobachterin, »macht sich eine starke Reizung aller Schleimhäute bemerkbar – Nasenschleim-, Speichel- und Tränenfluß. Darauf folgt eine starke motorische Erregung sowie das Eintreten der Sinnestäuschungen. Es entsteht das Gefühl körperlicher Übergröße und Riesenkraft, das den berauschten Mann tollkühn dem vermeintlich kleingewordenen Gegner gegenübertreten läßt.« Im Rauschzustand hören die Träumer »die Stimmen der Jekuras – Geister von Pflanzen und Tieren –, die ihnen Ratschläge zuflüstern; sie hören das, was war, und das, was sein wird ...«[12].

Im Drogenrausch erteilen Geister zum Beispiel den Kriegern der Jivaro den Befehl, Menschen zu töten. Im Drogenrausch schicken »böse« Zauberer ihren Feinden Krankheiten. Stirbt tatsächlich irgendwo in der Nachbarschaft des Zauberers ein Mensch, muß er mit der Rache der Verwandten des Toten rechnen. Zahlreiche Fehden mit Todesfolge haben heute noch ihre Ursache im Drogengenuß.

Welche Rolle die Rauschdrogen bei einer Heilungssitzung spielen, hat uns der Schamane Schicki wissen lassen: »Natema macht uns stark für die Begegnung mit den Mächten, die unser Leben bestimmen«, berichtete uns der Schuarazauberer in seinem Haus am Rio Macuma. »Nur ganz starke Menschen treten auch mit Hilfe von Maikua hinüber in die wahre Welt. Maikua ist ein Begleiter, der uns überwältigen kann, so daß wir durch den Wald irren und nie mehr zurückkehren. Beginne ich nach Sonnenuntergang zu heilen, darf ich vorher nichts gegessen haben. Erst trinke ich Natema. Ich sehe mit der Hilfe von Natema, ob ein Yahautschi den Kranken verzaubert hat. Ist das geschehen, dann glüht im Inneren ein Feuerball. Ich sehe die Pfeile als Lichter, die den Körper erhellen. Wie Blitze zucken sie hin und her. Das weiß ich genau. Bei Verhexungen mit Ajé oder Agro brauche ich viele, viele Nächte. Fast immer sehe ich mit Natema auch, wer die Säure geschickt hat. Ich kann den Angehörigen des Kranken den Namen sagen, damit sie den Feind töten können.«[13]

Wann und wie die Indianer Drogen und Gifte durch komplizierte Herstellungsverfahren für sich zu nutzen lernten, wird wohl immer ein Rätsel bleiben. Auch bei der Jagd bedienen sich viele Stämme Amazoniens toxischer Wirkstoffe. Selbst mit dem Vorrücken der Zivilisation hat der durch Curare vergiftete Bolzen bei den Urwaldjägern seine Bedeutung noch nicht verloren.

Strychnos toxifera ist nur eine der Pflanzen, deren Gift den Indianern die Beute in den Baumwipfeln sichert. Das Alkaloid ist in dieser Pflanze auf die Rinde konzentriert. Die Maku in Nordwestamazonien kombinieren für die Curareherstellung Rinden und Wurzeln von acht verschiedenen Pflanzen. Ihre Meisterschaft wird wohl von keinem anderen Indianerstamm erreicht. Zur tödlichen Mischung gehören bei ihnen zwei Mondsamengewächse (Menispermaceae), die das alkaloidhaltige Priktoxin enthalten, vier Longaniaceae, darunter *Strychnos toxifera,* eine Rubiacea und eine Mulpighiacea. Manche Gruppen wiederum haben die Herstellung dieses Giftes nie erlernt. So kaufen etwa die Makiritare das Curare von den benachbarten Piaroa.

Was geschieht eigentlich im Organismus, wenn ein Curarebolzen beispielsweise in den Körper eines Wollaffen eintritt? Die Auskünfte darüber waren bis in unsere Tage sehr ungewiß. Das Gift lähme die Muskulatur, hieß es noch in einer 1974 erschienenen völkerkundlichen Reihe. Das ist genaugenommen falsch: Die Wirkung von Curare und Strychnin wird oft verwechselt. Beide sind Alkaloide und werden aus Pflanzen der Gattung Strychnos entnommen. Curare gewinnt man vor allem aus Rinden und Wurzeln, Strychnin hingegen aus den Samen bestimmter Pflanzen. Die Wirkungsweise aber ist unterschiedlich. Curare-Alkaloide sind kein Krampfgift wie das Strychnin. Curare bewirkt vielmehr eine Erschlaffung der Muskeln. Man kann sich die Wirkung so vorstellen: Durch Curare werden die sogenannten motorischen Endplatten der motorischen Nerven – eine Verbindung von Muskel und Nerv – außer Funktion gesetzt. Sie reagieren nicht mehr auf Erregungen, auf die »Befehle«, die von den Nerven kommen, weil der Wirkstoff Acetylcholin, mit dessen Hilfe die »Befehle« der Nerven auf die Muskeln übertragen werden, verdrängt wird und die Muskeln ihren Dienst versagen. Auch in der modernen Medizin wird heute Curare genutzt. Die Ärzte injizieren es dosiert bei Operationen in das Blut, wenn eine Erschlaffung der Muskulatur erreicht werden soll.

Der Wissenschaft ist heute die Struktur von rund 100 Strychnosalkaloiden bekannt, denen in neuerer Zeit zahlreiche Untersuchungen gewidmet wurden. Curarisierend wirkende Alkaloide aber, deren Basen Rinde und Wurzeln sind, findet man unter den zahllosen Strychnospflanzen, die in Asien, Afrika, Australien und Südamerika wachsen, fast nur in der Neuen Welt.

Ich konnte hier nur einen schmalen Bereich aus dem weiten, schon bekannten Feld der toxischen Pflanzen ausleuchten. Manche Pflanze blüht aber noch im Verborgenen: »Da sind noch viele zu finden, eine Anzahl davon in Familien, in denen man niemals chemische Bestandteile mit besonderer Wirkung erwartete«, meinte Richard Evans-Schultes. Dieser Ethnobotaniker hatte in seiner zwölfjährigen Südamerika-Feldarbeit auch immer wieder davon gehört, daß verschiedene Indianergruppen Verhütungsmittel benutzten. Als er den Berichten auf den Grund ging, entdeckte er schließlich drei Pflanzen aus der Familie Araceae, die zur Schwangerschaftsverhütung benutzt wurden. Wirkung konnte er indessen nicht bestätigen. Vielleicht entdeckt die Wissenschaft unter den vielen Pflanzenarten des Regenwaldes in Zukunft noch eine, die in ihrer Wirkung jener Barbascopflanze nahekommt, aus der Russell E. Marker einst die erste »Pille« herstellte.

Der Fluß schenkt, der Fluß bestraft

Unter den Völkern, die heute in der Waldwildnis Amazoniens wirtschaften, leben nur die Indianer im Einklang mit der Natur. Auf ganz wenigen Inseln im Waldmeer ist ihre Tropenwaldkultur noch lebendig. Die meisten der wertvollen Erfahrungen der Ureinwohner sind längst verlorengegangen. Wer ihre Materialkultur kennenlernen will, muß auf alte Beschreibungen zurückgreifen oder ins Museum gehen. Ich konnte mir noch einen Eindruck davon durch mehrere Besuche im Gebiet der Jivaro und der Huarani verschaffen, bevor die Zivilisationswelle diese Indianer vollkommen überrollt hatte.

Bleiben wir bei den Huarani. Der Anthropologe mag kritisieren, den Huarani fehlten einige der wichtigsten Merkmale des westamazonischen Kulturbereichs, und sie seien gar nicht so typisch für das Gebiet, in dem sie wohnen. Tatsächlich brennen sie sich keine Einbäume aus und bauen auch keine Balsaflöße wie die Jivaro. Ihre Chicha, ein Maniokgetränk, ist nicht alkoholisiert, und Rauschdrogen scheinen sie nicht zu kennen. Sie sind vielleicht ein Restvolk oder eine Mischung verschiedener Rückzugsvölker. Wir wissen auch noch nicht, ob sie einer größeren Sprachfamilie zugehören. Wie kaum eine andere Indianergesellschaft weit und breit aber nutzen diese Menschen noch Dinge, die sie sich selbst geschaffen haben und deren Rohmaterial sie von Wald und Fluß empfangen und verarbeiten.

Über den Schöpfer des Lebens haben die Huarani schlichte Vorstellungen: »Früher verehrten wir die Sonne«, sagte die Anführerin einer akkulturierten Gruppe am Rio Curaray, »jetzt verehren wir das Wasser. Im Fluß wird vieles herangetragen und vieles fortgenommen. Der Fluß schenkt, und der Fluß bestraft.« In dieser Auffassung wiederholt sich der Tenor vieler Schöpfungsmythen: Sonne und Wasser sind beteiligt an der Erschaffung des Lebens.

Die noch ursprüngliche Gesellschaft der Huarani kennt keine Stammesorganisation. Sie wohnt in Familiengruppen zusammen. Mehrere Haushalte verschwägerter oder befreundeter Familien sind unter dem Dach eines großen Hauses vereinigt – und nur wenige große Häuser stehen auf einer Lichtung. Sieht man von der Herstellung der Waffen, von der Jagd, vom Roden und vom Hausbau ab, so tragen die Frauen die Hauptlast der täglichen Verrichtungen. Sie pflanzen. Sie ernten. Sie sammeln. Sie kochen. Sie knüpfen. Sie flechten. Alles, was sie zum Leben brauchen, machen die Huarani selbst, denn Handelskontakte gibt es kaum. Sie sind eine Gesellschaft der Alleskönner, und ihre Werkstoffe liefern die Pflanzen und Tiere des Regenwaldes.

Die Häuser sind im Grundriß rechteckig und können drei mal sechs Meter oder gar acht mal sechzehn Meter messen. Baumaterial liefern die eisenharte Chontapalme, reißfeste Lianen, Palmenblätter und Palmwedel. Von den versteckten Eingängen des unmittelbar auf die Erde gesetzten Nurdachhauses ist einer meist dem

Urwald, der andere der Lichtung zugewandt. Das Gerüst der Häuser muß Belastungen bis zu 1 000 Kilogramm aushalten – acht oder mehr Hängematten samt menschlichem Inhalt und dazu kiloschwere Vorräte. Das Dach im Huaranihaus ist innen wesentlich dichter geflochten, als dies von außen den Anschein hat. Die Wände sind durch ein kunstfertiges Geflecht breiter, rauchverklebter Blätter absolut wasserfest. Die Häuser halten gewiß länger als zwei bis drei Jahre, doch veranlassen die zahllosen lästigen Mitbewohner, die sich mit der Zeit im Dach ansiedeln, die Indianer manchmal zum vorzeitigen Verbrennen der Hütte. Auch die Aufgabe verbrauchter Maniokgärten und die Suche nach neuen Jagdgründen zwingt die Huarani zum Halbnomadentum.

Auf dem Hüttenboden unterhalten die Familien stets mehrere Feuerstellen. Wenn die Männer uns zuliebe einmal ein Feuer neu entfachten, fühlten wir uns in die Urzeit des Menschen versetzt: Ein Krieger nahm einen harten Stab von etwa zehn Zentimetern Länge und einem Zentimeter Durchmesser zwischen die Handflächen, setzt ihn auf ein Brettchen aus weichem Holz und begann zu quirlen. Nach einigen Minuten stieg brandiger Geruch auf. Der Mann blies gegen die eben entstehende, schüchterne Glut, hielt einen Bausch weißer Dschungelbaumwolle dagegen, der Funke sprang über – Sieg!

Das steinzeitliche Feuerzeug soll uns nicht täuschen: Von den armseligen Produkten der Frühzeit des Menschen sind die Huarani weit, weit entfernt. Nicht nur ihr Maniokfeldbau oder die Curaregewinnung weisen darauf hin. Zu ihren reifsten handwerklichen Leistungen gehören auch die Hängematten. Diese Dschungelbetten sind bequem und hygienisch. Der Mensch schwebt in ihnen zwischen Himmel und Erde, ist dem Schmutz und dem Unrat enthoben. Ständig sind die Frauen damit beschäftigt, Chambirafasern zu Schnüren beliebiger Stärke und Festigkeit zu verarbeiten. Sie rollen dabei die gekochten und unter der Sonne getrockneten Faserbündel. Es kostet sie viele Wochen, bis sie die Schnüre für eine Hängematte beisammen haben. Für besonders schöne Hängematten färben die Frauen einen Teil der Fasern rötlich ein. Die Farbe liefert ihnen der Mintalbaum, dessen rotes Holz zerrieben und dann gekocht wird. Für die Knüpfarbeit selbst benötigen die Frauen abermals viele Wochen. In ähnlichen Arbeitsgängen entsteht auch das ein- und zweifarbige Tragnetz, das mit einem Stirntragband versehen ist und die Last auf Nacken und Rücken verteilt.

Ein Werkstoff von geringerer Bedeutung als die Chambirafaser ist die Baumwolle. Die Frauen ziehen zwar die Wolle aus der Fruchtkapsel des Ceibobaumes auf eine Handspindel, doch viel mehr als die traditionelle Hüftschnur und die Lanzenumwicklungen entstehen aus den Fäden kaum.

An handwerklichem Geschick stehen die Männer hinter den Frauen nicht zurück. Das beweisen ihre Jagdwaffen. Ein Blasrohr zum Beispiel kann bis zu 2,75 Meter lang sein und über vier Kilogramm wiegen. Als Material wird das eisenharte Holz der Chontapalme benutzt. Die Waffe ist aus zwei Hälften zusammengesetzt, in denen jeweils der Schußkanal ausgeschabt wird. Schwarzes Bienenwachs

Auka-Indianer bei der Herstellung von Geschossen für das Blasrohr *(Foto: Alexander Hirtz)*

hält das Blasrohr zusammen und dichtet es ab. Eine Wicklung aus Lianenrinde, über die ganze Länge des Blasrohres hin, vollendet die Waffe.

Die Herstellung der Pfeile ist einfach. Beliebig viele lassen sich ohne große Mühe aus den schlanken Rippen eines Palmwedels gewinnen. Mit 20 bis 30 präparierten Pfeilen im Köcher ist der Jäger gerüstet. Vor dem Schuß dreht er ein wenig Kapokbaumwolle auf das Ende des Pfeiles. Der Köcher besteht aus einem Stück Bambus, dessen Boden ein natürlicher Wachstumsknoten bildet. Trotz des großen Gewichtes des Huaraniblasrohres ist die Treffsicherheit der Jäger beachtlich, und die Beute entgeht selten dem tödlichen Curarepfeil.

Hinter der mit Curare präparierten Spitze schneiden die Huarani noch eine Kerbe ein, damit der Pfeil im Körper der Jagdbeute bleibt und das Gift wirklich in die Blutbahn gerät. Einige Tiere, wie Affen und Papageien, versuchen nämlich, die Geschosse herauszuziehen. Durch die Kerbung aber brechen die Spitzen ab. Während der Herstellung eines Blasrohres soll der Mann auf Fleisch verzichten und sich von den Frauen fernhalten. Das Rohr würde sonst krumm, heißt es.

Die typische und auch gefährlichste Waffe der Huarani ist der Speer. Mit ihm jagen die Indianer die großen Tiere – Tapir, Pekari, Jaguar und Anakonda. Schaft und eingeschnittene Widerhaken der zwei bis drei Meter langen Waffe sind aus einem einzigen Stück Chontaholz geschnitzt. Die mit den blauen Federn der Cotinga geschmückten Wurfspeere sind auch das furchtbare Kriegsgerät der Huarani, dem immer noch weiße Eindringlinge, indianische Nachbarn und Angehörige des eigenen Volkes zum Opfer fallen. Auf die Jagd mit Blasrohr und Lanze werden die Kinder frühzeitig vorbereitet. So gibt es von beiden Waffen Kindergrößen, die nicht viel Kraft voraussetzen.

Zwar liefert der Dschungelgarten die wesentlichen Kalorien, doch müssen die Jagd und das Sammeln den Nahrungsbedarf ergänzen. Eine Fülle von Pflanzen finden die Sammlerinnen im Wald. In ihren schönen, mit frischen Blättern ausgelegten Flechtkörben tragen sie vor allem im Mai die nahrhaften roten Früchte der Chontapalme heim.

Der Fischfang spielt bei diesen Indianern, die ohne Boot sind, keine so bedeutende Rolle. Sie nutzen aber Barbasco ebenso wie die Nachbarstämme, und sie kennen noch einige Techniken mehr, mit denen sie sich die Nahrungsquelle Fluß erschließen. Im Flachwasser oder vom Ufer aus spießen sie die Fische mit der bis zu drei Meter langen, gezackten Lanze oder einem Spieß aus Rohr. Die Frauen handhaben zudem geschickt ihre Fangnetze aus Chambirafasern.

Auffällig ist in den Hütten die Vielzahl schwarzverbrannter, derber Tontöpfe in verschiedenen Größen. Die Frauen formen sie frei aus der Hand. In den großen Tontöpfen wird das Fleisch der erlegten Jagdtiere gekocht. Fleisch, das sich längere Zeit halten soll, setzt man dem Rauch aus. Nur der Rauch gibt den Speisen auch etwas Würze. Dagegen fehlt in allen Mahlzeiten das Salz, das zum Beispiel die benachbarten Jivaro schon so lange kennen.

Nur sehr selten haben wir die Huarani besonders geschmückt gesehen. Feste, die sie nach der Heimkehr vom siegreichen Kampf oder der erfolgreichen Jagd feiern, sind ein Anlaß. Man tanzt auch nach einer guten Maniokernte auf der Lichtung.

Zu Hochzeiten und wenigen anderen festlichen Anlässen holen die Männer aus den Blättertaschen Arafedergestecke heraus, deren Kiele sie mit schwarzem Wachs zusammengeschweißt haben. Sie werden als Schmuck beim Tanz in der Hand getragen. Nur Fruchtbänder um die Waden und ein grobes, armlanges Stück Bambusrohr, bei dem der Spieler gegen die scharfe Kante bläst und die im Hohlkörper eingeschlossene Luftsäule zum Schwingen und Klingen bringt, sind die Instrumente der Huarani.

Der Alltag nun sieht diese Indianer lediglich in ihrer charakteristischen Haartracht und mit den charakteristischen weißen Ohrpflöcken. Die Ohrpflöcke sind aus federleichtem Balsaholz geschnitten, nur etwa zwei bis drei Gramm schwer, mit Flußgips geweißt und von etwa zwei bis fünf Zentimetern Durchmesser. Friseurarbeit ist mühsam und geschieht auf Gegenseitigkeit. Man schiebt ein Stückchen Holz unter das Haar und schneidet es mit scharfkantigen Muschelschalen oder Steinen ab, die gegen das Holz gedrückt werden. Hinter dem Ohr fällt bei der Frau das Haar weit über die Schulter, während die Männer es im Nacken abschneiden. Ihre Haartracht pflegen die Huarani mit dem Öl einer Palmenfrucht. Für die

Kämme werden spannenlange, streichholzdünne Bambusstäbchen, die in millimeterengem Abstand zwischen zwei flache Querleisten geklemmt sind, verwendet. Eine feste, harte Wicklung aus Baumwollschnur hält das Gebilde zusammen. Der fertige Kamm weist Zinken nach zwei Seiten auf.

Die Frauen tragen häufig auch alltags einen beigefarbenen Stirnreif, der als Streifen aus den Blatttrieben der Ranospflanze geschnitten wird. Einige ziehen über die Mitte des Reifs noch ein fingerbreites rotes Längsband aus der roten Farbe der Achiotefrucht. Andere Frauen begnügen sich auch mit einer dünnen Kordel als Haarschmuck.

Trotz ihrer eindrucksvollen Jagd- und Feldbaufähigkeiten gewinnen die Huarani dem Wald die wenigen Güter ihres Bedarfs nur unter großen Anstrengungen ab. Viele unter ihnen wirken abgemagert, frühzeitig gealtert oder krank. Seit vielen Jahren schon bedrohen die Ölexplorationen, die Siedlungen und Missionierungsversuche die letzten freien Huarani in ihrem ungebundenen Dasein. Könnte die Integration eine Lösung für sie sein?

Die fortschrittsgläubigen Beobachter würden die vielen Fehden der Indianergruppen untereinander zum Anlaß für eine solche Forderung nehmen. Die Huarani selbst berichten indessen in ihren Legenden von früheren Kontakten zur Außenwelt, die ihnen nur geschadet haben. Von Verfolgung und Menschenfresserei ist da die Rede. So ist ihr Dasein in dem heutigen Gebiet vielleicht die Folge eines Rückzugs oder einer Verdrängung durch Nachbarstämme und weiße Gummisucher in früheren Jahrzehnten. Ob sie von neuerlichen Kontakten mehr profitieren würden? Sie nennen sich selbst Huarani. Es ist die Außenwelt, die sie mit einem Ketschuawort belegt, das nichts Gutes bedeutet, dem Wort Auca für Feind.

Warum sollen sich Menschen die Nasen durchbohren?

Als Brasiliens großer Aufbruch in den Wald Anfang der siebziger Jahre begann, sollten knapp 1 000 Mann die Ureinwohner gegen den unkontrollierten Kontakt mit der Zivilisation abschirmen. In einer Wildnis, die halb so groß wie Europa war, fehlten den Indianerschützern dazu Hubschrauber, Motorboote und Funkgeräte. So dürftig war die Sicherheit, die man zu bieten hatte, daß einige Stämme an der Pioniergrenze gegen Übergriffe der Diamanten- und Goldsucher, der Groß- und Kleinbauern mit Feuerwaffen ausgerüstet werden mußten. Die rothäutige Schutztruppe sollte nicht nur die Grenze der Eingeborenengebiete kontrollieren, sondern auch die Indianersiedlungen außerhalb des den Stämmen fest zugesprochenen Landes.

Daß die staatliche Indianerstiftung Fundacão Nacional do Índio (FUNAI) ihrer neuen Aufgabe mit der dürftigen Ausstattung der sechziger Jahre nicht gerecht werden konnte, sah die Regierung erst ein, als General Cappos, der Präsident der Indianerstiftung, vor seiner Aufgabe kapitulierte. Angesichts der großen Umwälzungen im Stromgebiet konnte nun Cappos' Nachfolger, General Bandeira de Melba, eine fühlbare Aufbesserung des Etats verbuchen. Bald wurde die Arbeit der Urwaldposten wirksamer, und höhere Gehälter machten die FUNAI-Männer weniger empfänglich gegenüber Bestechungsversuchen durch landhungrige Unternehmen. Doch die Weichen für den Fortschritt und gegen die Indios waren nun einmal gestellt.

Der bekannteste südamerikanische Waldläufer, Francisco Meirelles, der im Regierungsauftrag den großen Baukolonnen vorausgeschritten war, sagte den Indios im August 1973 das Ende ihrer alten Lebensformen voraus: »Viele Anthropologen«, meinte er, »treten an das Problem mit einer falschen Sentimentalität heran.« Der Sertanista – so nennt man die Waldläufer in Brasilien – hatte an der Entwicklung im Indianerland seinen Anteil. Im Jahre 1972 hatte er den ersten Kontakt mit den legendären Kranhacãrore aufgenommen. Während der sechziger Jahre hatte er die Caiapó, Cinta Larga, Caymoré und andere Stämme auf die Annäherung der Weißen vorbereitet. Allen negativen Erfahrungen zum Trotz, die »seine« Indianer schon mit der Zivilisation gemacht hatten, redete er kurz vor seinem Tod ihrer Integration das Wort: »Wer gibt uns das Recht, eine bestimmte Rasse von Gütern auszuschließen, von denen die ganze Menschheit Gebrauch macht? Warum sollen sich menschliche Wesen weiterhin die Nase durchbohren oder die Lippen deformieren und in anderer Weise primitiv leben, wenn sie sehen, daß es auch bessergehen kann? Die Indianer selbst wollen an der weißen Zivilisation teilhaben und nicht Museumsstücke sein, über die gescheite Leute Bücher schreiben.«[14]

Sah Meirelles nicht, daß auch »seine« Indianer selten oder nie Teilhaber an der Zivilisation geworden, sondern zum Lumpenbettlertum auf dem eigenen Land ver-

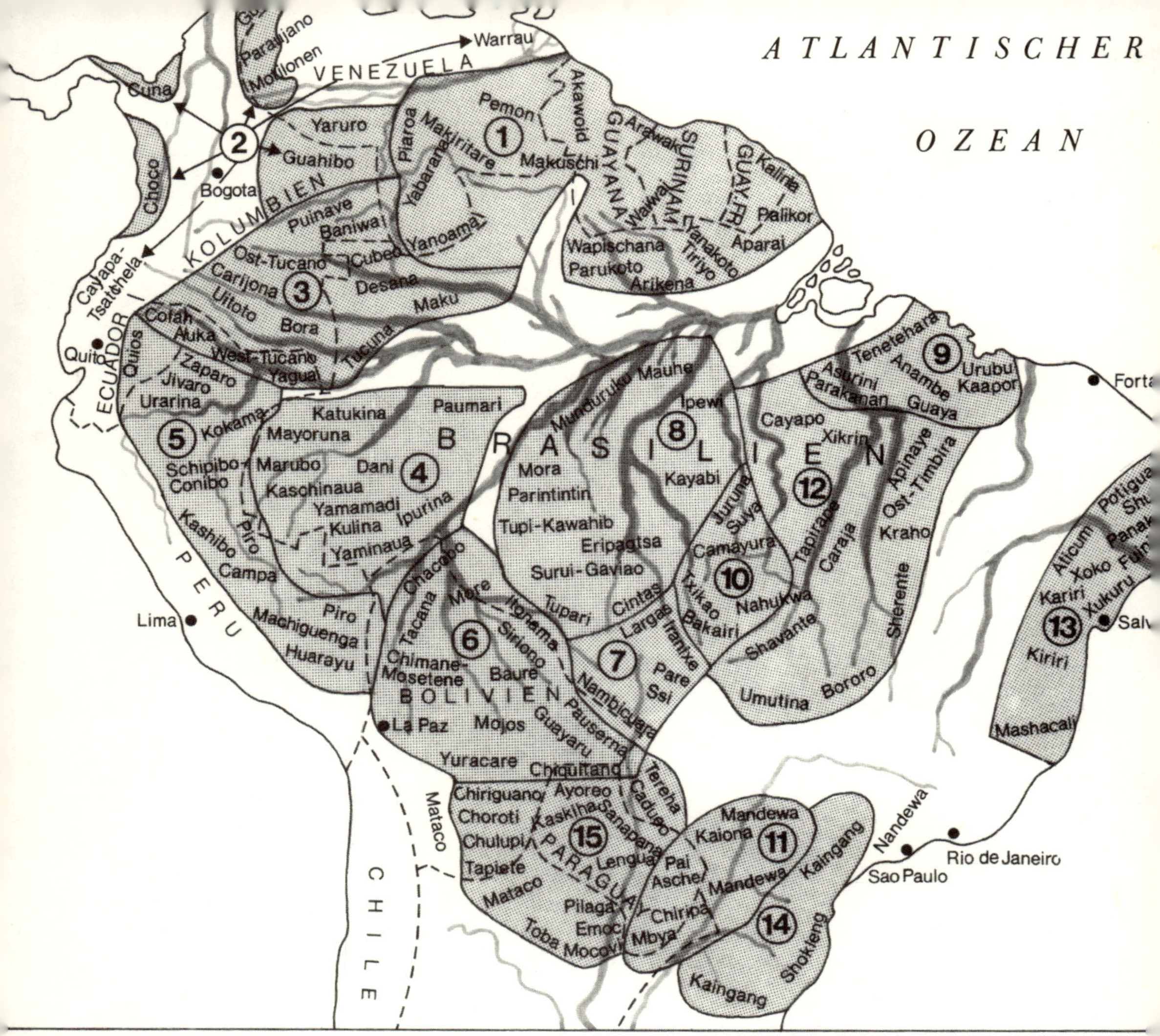

Die Indianerstämme auf dieser Karte haben Erschließungen, Landnahme und Missionierung überlebt. Viele sind freilich den Einflüssen der Zivilisation preisgegeben, einige leben in Reservaten, deren Grenzen mehr oder weniger respektiert werden. Deshalb beschreibt die völkerkundliche Aufteilung in Kulturareale nicht immer die heutige Situationen: 1 Guayana, 2 Tiefland östlich der Anden, 3 Nordwestamazonien, 4 Westamazonisches Tiefland, 5 Montaña, 6 Tiefland von Ostbolivien, 7 Mato Grosso, 8 Gebiet Tapajós-Madeira, 9 Areal Pindaré-Gurupy, 10 Gebiet oberer Xingú, 11 Areal Paraná, 12 Gebiet Xingú-Tocantíns, 13 Nordostbrasilien, 14 Gebiet Tieté-Uruguay, 15 Gebiet Gran Chaco. Die Karte, nach Zerries, greift über den Amazonas-Regenwald hinaus, nennt aber die Andenvölker nicht

kommen waren? Um seine Ansicht zu untermauern, zitierte der Brasilianer Aussagen von ihnen und behauptete dann: »Ich kenne viele Indianer, die komplizierte Tätigkeiten ausüben wie wir anderen. Sie sind sich ihres Menschentums und ihrer

Erste Schritte auf dem Weg zur Abhängigkeit – Aluminiumtöpfe, Plastikbeutel und Blechdosen gehören schon zum Haushalt dieser Indianerin in Peru *(Foto: Dietmar Carstens)*

Stellung in unserer Welt vollkommen bewußt. Sie wollen keine Naturschutzobjekte bleiben.«[15]

Mit seinem Plädoyer für den Zivilisationsprozeß, der den Indianern aus seiner Sicht Rinderzucht, Reisanbau, Konsumgüter, das Alphabet und das Wahlrecht bringen soll, konnte Meirelles des Beifalls seiner Regierung sicher sein. Da hatten es seine Kollegen, die Brüder Villas-Bôas, schon schwerer. Sie setzten sich für geschlossene Indianergebiete ein, für größtmögliche Zurückhaltung und allenfalls bescheidene Gaben, wie stählerne Angelhaken, Netze und Messer, die die »gewachsene« Kultur nach ihrer Meinung nicht zerstörten.

In den sechziger Jahren schien es so, als könnte sich die Idee, große, geschlossene Reservate zu schaffen, behaupten. Der Xingúpark, den die Brüder Villas-Bôas im Jahre 1961 im Auftrag des Staates einrichteten, war 30 000 Quadratkilometer groß. Ebenso weiträumig waren der Tumucumaque- und der Rio-Araguaia-Park, während das Aripuanágebiet 10 000 Quadratkilometer umfaßt. Überall dort lebten Indianer, die man schon kannte. 40 000 Indianer aber vermutete man noch im unerschlossenen Dickicht.

Gerade am Beispiel des Xingúparks werden aber die Mechanismen deutlich, nach denen die brasilianische Regierung verfährt, wenn sie das einmal zugesicherte Land am Ende doch benötigt. Xingú war die Heimat von 16 Stämmen – etwa 2 000

Menschen –, mit denen Orlanda Villas-Bôas 1953 erstmals Kontakt aufgenommen hatte. Der wichtigste, weil besonders kriegerische, Partner waren die Txucarramãe. Dieser Stamm, der im Norden des Schutzgebietes lebte, geriet bald immer mehr in die Konfrontation mit Siedlern und Gummisuchern. Er war auch der Hauptbetroffene, als die Regierung im Jahre 1970 ihr Wort brach und die Straße BR 080 quer durch das Reservat baute, die Straße also, die Brasilia über die BR 163 mit der Transamazônica verbindet.

Die Txucarramãe sind ein Zweig vom Volk der Caiapó-Indianer, die, alle ihre Zweige zusammengefaßt, mit 4 000 Menschen teils im Bundesstaat Mato Grosso, teils in Pará leben. Galten die Krieger der Caiapó allgemein schon als entschlossene Kämpfer gegen Siedler und Großpflanzer, so standen die Txucarramãe erst recht in diesem Ruf.

Als die BR 080 fertig war, verloren diese Indianer rund 5 000 Quadratkilometer ihrer Jagdgründe nördlich der Straße. Sie verloren sie auf die übliche Art und Weise. In den Wald sickerten Gummisucher und Nüssesammler ein. Dann kamen die Pflanzer und in deren Gefolge die Landarbeiter. Zunächst schien es, als würden die Indianer vollendete Tatsachen akzeptieren. Unter dem Einfluß der FUNAI-Station Posto Vigilancia am Ostufer des Xingú ließen sie sich bewegen, ihr Wanderleben aufzugeben. Die Mehrzahl der Txucarramãe, 200 Menschen unter Häuptling Raoni, fand sich in der neuen Siedlung Kretire zusammen.

Doch sie jagten weiterhin auch nördlich der Straße, und als ihre schweifenden Jäger sahen, daß Landarbeiter systematisch Waldflächen für eine große Fazenda rodeten, kam es zu ersten Zusammenstößen. Im Jahre 1980 führte Raoni schließlich 150 Krieger, darunter auch Männer befreundeter Nachbargruppen, gegen die Fazenda. Dort hatte man die Warnungen des Vertreters der FUNAI vor einem bevorstehenden Angriff offenbar in den Wind geschlagen. Der Schlag der Indianer traf zwölf Landarbeiter, die am 8. August zur Mittagszeit im Camp versammelt waren. Sie starben unter den Keulenhieben der erbitterten Krieger.

Die Wirkung des Überfalls reichte weiter. Viele der Arbeiter flohen aus Furcht vor weiteren Kriegszügen, und auch kleine Siedler gaben ihre Rodungen auf. Bald darauf ließ die FUNAI das Gebiet räumen. Wenigstens 2 500 ihrer ursprünglich 5 000 Quadratkilometer im Norden erhielten die Indianer zurück. Aber für wie lange?

Die Transamazônica, die unerbittliche Pionierstraße der unerbittlichen Brasilianer, hat mit Rondônia und Acre inzwischen längst den fernen Westen erreicht. Der neue Bundesstaat hat seinen Namen nach Marschall Cándido Rondôn erhalten, der Präsident der ersten Indianerbehörde (SPI) war. Zuvor hatte er als Führer einer Kommission, die strategische Telegraphenlinien nach Amazonien vorbereitete, eine wirksame Taktik entwickelt, mit deren Hilfe man mit isolierten Indianerstämmen im Urwald Kontakt aufnehmen konnte, um sie friedlich auf die Annäherung der Zivilisation einzustimmen. Rondôn hatte zwar nach seinem berühmten Grundsatz

Einige Archäologen halten es für wahrscheinlich, daß die Chavín-Kultur amazonischen Ursprungs ist. In der Diskussion um diese Frage spielen jaguarköpfige Dämonen eine besondere Rolle *(Foto: Peter Baumann)*

Oben: Auf ihren Wanderungen durch Amazonien gelangten die Shuara (Jivaro) vor Zeiten bis in die bergnahen Wälder im heutigen Peru und in Ecuador, wo sie für ihre Urwaldgärten meist fruchtbaren Boden vorfanden *(Foto: Peter Baumann).* *Unten:* Zur größten Beute, die ein Jäger mit dem Blasrohr erlegen kann, gehört der Wollaffe *(Foto: Alexander Hirtz)*

Pfeile der Auka-Indianer für das Blasrohr; der lackschwarze Überzug an den Pfeilspitzen besteht aus dem Gift Curare *(Foto: Alexander Hirtz)*

Oben rechts: Auf ihren kleinen Rodungen im Urwald ernten die Indianer vor allem Maniok.
Unten: Nur wenige Familiengruppen der Auka-Indianer im Regenwald sind noch ihrer Tropenwaldkultur verbunden
(Fotos: Alexander Hirtz)

Für die meisten Indianer, die in den Sog der Siedlungen, der Ölcamps und der Städte geraten, geht der „Flirt“ mit der Zivilisation übel aus *(Foto: Dietmar Carstens)*

»Sterben, wenn nötig, töten niemals« gehandelt. Dennoch endete der von ihm begonnene »Flirt« mit den Indianern für diese immer verhängnisvoll.

Die FUNAI selbst beschrieb in einer Broschüre die Stufen der Rondônschen Methode, nach der man heute noch vorgeht: »Der erste Schritt ist die Rekrutierung einer Mannschaft einheimischer Arbeiter, die den ›Sertanistas‹ unterstellt werden, Männern, die daran gewöhnt sind, im Hinterwald zu leben und mit Indianern umzugehen. Man bedient sich akkulturierter Indianer, die derselben Sprachgruppe angehören, als Führer und Übersetzer. Das Team bewegt sich zu einem sorgfältig ausgewählten Ort innerhalb der Grenzen des Stammesgebietes, aber nahe von Kommunikationswegen wie Flüssen oder Pfaden, um Rückzugs- oder Versorgungslinien zu sichern.«[16] Der »Befriedungsprozeß« beginnt also schon mit einer Mißachtung der Grenzen des Indianergebietes, indem man sich einen Brückenkopf mit Versorgungslinien schafft.

Weiter im Text: »Sobald eine provisorische Hütte für den Annäherungsposten aufgestellt ist, werden eine große Waldfläche gerodet und ein wohlbefestigtes Haus gebaut, vorzugsweise mit Wellblech beschlagen, mit Stacheldraht eingezäunt, um die Mannschaft vor Angriffen zu schützen und den Pfeilregen abzuhalten, dem sie möglicherweise ausgesetzt sein könnten.«[17]

Die Nordamerikaner hätten solch ein quasimilitärisches Projekt schlicht »Fort« genannt. Heute, unter den Argusaugen internationaler Organisationen, ist man um eine vorsichtigere Ausdrucksweise bemüht. »Zur selben Zeit«, setzt die FUNAI fort, »bearbeiten sie einen Streifen Landes, um Nahrung für die Gruppe anzubauen und das Interessse der Indianer zu wecken. Während die Vorbereitungen andauern, wird der Gebrauch von Feuerwaffen selbst bei der Jagd vermieden, um die Indianer nicht einzuschüchtern oder zu Feinden zu machen.«[18]

Jetzt ist der Zeitpunkt für den aktiven Schritt der Annäherung, der »Flirtation«, gekommen: »Während der ersten Tage der Befestigung der Niederlassung erforschen die verantwortlichen Männer den Dschungel, begleitet von Dolmetschern. An den Pfaden und Wasserstellen, die von den Indianern am häufigsten benutzt werden, setzen sie kleine Hütten, ›tapiris‹, in denen sie Messer, Macheten, Hacken, Scheren, Glasperlen und andere Geschenke hinterlassen.«[19]

Doch mit solchen Anreizen lassen sich die »Naturkinder« nicht einfach ködern. Die FUNAI berichtet, daß ihre neuen Posten ständig insgeheim beobachtet wurden und Angriffe auf allzu sorglose Mitglieder der Gruppe geschahen: »Der Periode intensiver Überwachung folgt eine Phase der Feindseligkeiten durch die Indianer, die mit fortgesetzten Angriffen versuchen, die Eindringlinge loszuwerden. Dies ist eine wichtige Phase, weil sie der Expedition Gelegenheit gibt, freundliche Absichten zu zeigen und ihren standhaften Entschluß, sich nicht auf Feindseligkeiten einzulassen.« Zugleich demonstriert man Überlegenheit und »läßt die Indianer wissen, daß das Team Waffen besitzt und damit umzugehen versteht (auf der Jagd zum Beispiel), wohl verteidigungsfähig ist, aber nicht angreift, weil es nicht will«[20].

So wenig attraktiv aber erscheint den Indianern die Aussicht auf einen Umgang mit Fremden, daß sie »in der Regel nach fruchtlosen Versuchen, die Eindringlinge zu verjagen, ihr Dorf tiefer in den Busch verlegen und von Zeit zu Zeit zurückkehren, um den Posten in der Dämmerung anzugreifen. Es kostet Monate der Bemühungen, bis die Indianer merken, daß diese weißen Männer keine Feinde sind und ganz anders als jene, ihre Gegner, die Krieg gegen sie führten. Erst danach wagen sich einige kühnere Indianer heimlich in die Rodung, die geschlagen wurde, um sie anzulocken. Sie rücken näher und näher und zerstören nicht länger die Hütten, akzeptieren vielmehr Geschenke darin und beginnen selbst, Austauschgeschenke dortzulassen. Die Expeditionsteilnehmer werden kühner und kühner, und wenn sie die Gegenwart der Indianer wahrnehmen, kommen sie aus der Deckung und sprechen mit ihnen mit Hilfe der Dolmetscher. Sie drängen auf Freundschaft.«[21] Nun ist die Stufe der Annäherung erreicht, in der die Indianer Geschenke akzeptieren und sogar nach weiteren fragen, indem sie stumpfe Macheten oder Scheren hinterlassen, um zu zeigen, was sie wollen.

Das ist der Zeitpunkt, zu dem die Sertanistas langsam Oberwasser bekommen. Nicht nötig zu erklären, daß jeder »Mißbrauch des Vertrauens in diesem Stadium außerordentlich gefährlich ist. Eine mißverstandene Geste kann ein auslösendes Moment sein, den Ausbruch neuer Feindseligkeiten zur Folge haben, alle bisherigen Anstrengungen zunichte machen, ja sogar für eine Zeitlang den Abbruch des Unternehmens bedeuten«[22].

Glückt das Experiment aber, wird die Zivilisation den Indianern nun weitere Geschenke bringen, Geräte und Aluminiumgeschirr, Plastikbeutel voll von Zuckerwerk, und wird ihnen Saatgut zur Verfügung stellen. Die Ernte gehört allemal am Ende dem weißen Mann, der für seine milden Gaben und Unterweisungen bald das Wegerecht in Anspruch nimmt, das Schürfrecht, das Siedlungsrecht, das Nutzungsrecht – und auf die Dauer die Integration der Indianer anstrebt, was immer das heißen mag.

Rondôn, der es mit den Indianern gut meinte, mußte noch das Scheitern seines Werkes miterleben. Die von ihm geleitete Behörde erwies sich als korrupt und wurde 1967 von der FUNAI abgelöst.

Auch in Rondônia ging man nach der »klassisch« gewordenen Methode des Marschalls vor. Es entstanden zuerst die FUNAI-Postos und dann Schutzgebiete wie Nambikwara, Aripuanã, Tubarãoi, Igarapí, Lourdes und andere entlang der BR 364, die von Südosten durch das zentrale Rondônia zur Transamazônica heraufführt. Das größte Gebiet gehört – noch – dem prominentesten Stamm der Region, den Ureu-Wau-Wau. Auf der Karte und offiziell sind das über 10 000 Quadratkilometer für 1 200 Indianer. Doch kann man getrost davon ausgehen, daß – Loren A. McIntyre zufolge – nur 350 Indianer bis 1986 die Auseinandersetzungen mit jenen Weißen überlebt haben, die nach dem Bau der Straße kamen. 53 gegenseitiger Attacken verzeichnet eine »historische« Karte des neuen Staates.

Die Ureu-Wau-Wau machten schon 1872 ihre ersten Erfahrungen mit den Weißen, als das Unglücksprojekt der Rio-Marmoré-Eisenbahn den nördlichen Zipfel ihres Landes anschnitt. Doch die eigentliche Gefahr für sie kam mit dem Jahre 1960, als eine Straße durch Rondônia gebaut wurde, die das Land öffnete. Der Ausbau dieser Piste zur asphaltierten BR 364 brachte dann die Zivilisationslawine mit sich. Die Indianer wehrten sich dagegen, und ihre Rohrpfeile flogen gegen illegale Diamantensucher und Siedler, die in ihre Jagdgründe eindrangen. Es folgten private Rachefeldzüge der Grenzer, denen viele Stammesangehörige zum Opfer fielen. Die Zuspitzung rief die FUNAI auf den Plan, deren Agent Bahiano Maia im Indianergebiet den Posten Alta Lídia errichtete und mit Messern, Macheten und Geschenken den »Flirt« nach bewährtem Muster begann. Maia wurde angegriffen, aber Apoena Meirelles gewann schließlich das Vertrauen des Häuptlings Cauindé. Einer der letzten Stämme am langen, zerstörerischen Weg der Zivilisation nach Amazonien wurde »befriedet«. Apoena, der Sohn von Francisco Meirelles, wurde bald darauf Präsident der FUNAI.

Heute kämpft die Behörde einen aussichtslosen Kampf gegen weiße Eindringlinge, die in die Schutzgebiete strömen. In Rondônia kommen inzwischen 250 weiße Siedler auf einen Indianer, und längst brennt der Wald auch dort, wo er als Reservat ausgewiesen ist.

Auch die Indianer des Xingúgebietes – die Caiapó, Xavante und Häuptling Raonis Txucarramãe – sind schon wieder in Bedrängnis geraten. Sie haben aber gelernt, gemeinsam zu handeln. Raoni ist unter ihnen so etwas wie ein politischer Führer geworden, und – wie die Brasilianer schon gemerkt haben – er ist mündig genug, ihnen die Hölle heiß zu machen. Der Protest Raonis und der Xingústämme richtete sich in jüngster Zeit vor allem gegen das Stromkraftwerk »Cararao« am unteren Flußlauf, ein Projekt, das bis zur Jahrhundertwende 6 000 Megawatt erzeugen soll. Durch den dafür vorgesehenen Staudamm würde sich bald ein See von über 1 100 Quadratkilometern bilden, der damit tief in das den Indianern gesetzlich garantierte Land eingriffe. 900 Menschen wären unmittelbar betroffen und müßten ihre Heimstätten räumen.

Nun hat Raoni international so viele Freunde gewonnen, daß eine im Frühjahr 1989 organisierte Protestversammlung der Häuptlinge und Krieger in der Stadt Altamira prominente Umweltschützer und Politiker aus aller Welt anzog. Die Klagen der Indianer fanden ein weltweites Echo, das sich inzwischen noch verstärkt hat, nachdem Raoni eine von einem bekannten britischen Pop-Sänger organisierte Europareise unternahm und am Ende das Anliegen der Indianer vor dem Papst vertreten konnte.

Allerdings ist zu fürchten, daß diese Aktionen nichts bringen werden. Auch Politiker, die zu Gott beten und katholisch sind, lassen sich selten von päpstlichen Appellen zur Mäßigung beeindrucken und berufen sich gern auf die Interessen des ganzen Volkes. Wie schon zu Zeiten von Francisco Meirelles erhoben sich denn auch sofort mächtige Stimmen im Lande, die die Motive der Indianer in Zweifel zogen. So sagte der brasilianische Heeresminister Pires Goncalves, die Kultur der »In-

Auch viele Missionen tragen zur Einübung der Indianer in die Pflichten bei, die sie vermeintlich gegenüber dem Staat haben. Aber was tut der Staat für sie? Bei den Jivaro sind es die Salesianerpadres, die die Integration vorantreiben. Wozu wohl sollen die Jivaro exerzieren? *(Foto: Peter Baumann)*

Ungebrochene Tradition: Die Keramikherstellung im Regenwald ist mindestens 4 000 Jahre alt. Besonders schöne Gefäße werden heute von den Jivaro geformt *(Foto: Peter Baumann)*

Was sollen integrierte Indianer in einer Welt des schnellen technischen Fortschritts dem Markt liefern? Keramik? Federgestecke? Bunte Ketten aus gefärbtem Samen? Traditionelle Fertigkeiten werden in Zukunft kaum gebraucht – und mit ihrem Verlust geht der Verlust der Selbstachtung einher *(Foto: Joe Brenner)*

dios« sei »eine der niedrigsten« und verdiene wenig Respekt. Von den 250 000 »Indios« seien nur 30 000 noch »Wilde«. Die übrigen würden Jeans und Seiko-Uhren tragen, Transistorradios hören und Fernsehen anschauen. Sie sollten »aus ihren Reservaten herauskommen und sich in die brasilianische Gesellschaft integrieren«. Und Raoni sei nichts weiter als ein »Schauspieler«.

Pires Goncalves zeigte auch keine Achtung vor dem Wort seines eigenen Staatspräsidenten. Jose Sarney hatte im Rahmen einer Feierstunde aus Anlaß der Verleihung des UNO-Umweltpreises »Global 500« für den Yanoamahäuptling Davi Copenawa versprochen, die 50 000 illegalen Goldsucher aus Roraima vertreiben zu lassen, wo sie die 9 000 Yanoami in ihrer Existenz bedrohen. Pines erklärte daraufhin, es sei unmöglich, diese Menschen zu vertreiben. Inzwischen hat man allerdings einen Anfang gemacht, indem man die Flugpiste Boa Vista geschlossen hat, über die die Garimpeiros versorgt werden.

Das Ende der Indianer, ihrer Kultur und Identität in Amazonien wird durch solche halbherzigen, zu spät getroffenen Maßnahmen nicht mehr aufgehalten. Niemand kann brasilianische Politiker belehren. Und sie sind auch nicht fähig, sich selbst zu disziplinieren. Das zeigt der bisherige Verlauf ihrer Politik in Amazonien.

Das Schicksal der Campa, der Yagua, der Jivaro, der Huaraní und anderer Stämme, die in den bergnahen Randzonen des Regenwaldes leben, die Peru, Ecuador und Kolumbien zu ihren Staatsgebieten rechnen, ist kaum besser. In diesen Staaten, die über keine Indianerbehörde verfügen, waren und sind die Indianer unkontrollierbaren Mächten und Wirkungen der Zivilisation ausgesetzt, vor allem dem Militär, dann den Ölfirmen, den Kolonisten und den Missionaren. Unter den Missionaren, die viel Schaden gestiftet haben, legen die Salesianerpadres bei den Jivaro noch die vielleicht verständigste Form der Bevormundung an den Tag, helfen den Indianern vor allem, ihr Land gegen die Kolonisatoren zu verteidigen. Aber auch ihre Bemühungen sind letztlich Einübungen in einen Staatsbegriff, der für die Urwaldbewohner fern und abstrakt ist.

Die Diskussion darüber, was für Naturvölker am Amazonas und anderswo gut sei, ist müßig. Die Haltung der meisten Regierungen gegenüber den Stämmen ordnet ohnedies humanitäre Erwägungen den politischen Interessen unter. Alle Regierungen drängen auf Assimilierung. Mit Meirelles' Worten heißt das für den brasilianischen Teil Amazoniens: »Die Indianer werden als Indianer verschwinden, sie werden weiterleben als eine biologische Komponente des brasilianischen Volkes«[23].

Biologische Komponente – das klingt nach Untergang. Auch Paulo de Almeido Machado, der in Manaus als Leiter des Staatlichen Instituts für Forschung im Amazonasgebiet wirkte, war überzeugt davon, daß die brasilianischen Indianerstämme die Herausforderung, die die bevorstehende industrielle Entwicklung für sie bedeutet, nicht überleben werden. Bevor es zu spät war, wollte der Wissenschaftler ihre ökologische Verflechtung mit dem Urwald erforschen. Denn eines Tages sollen wenigstens die Kolonisten am Amazonas von den Erfahrungen der Ureinwohner profitieren: »Wir betrachten die Indianer als eine minderwertige Rasse mit einer minderwertigen Kultur. Die Tragödie besteht darin, daß der Indianer eine Schlüsselposition in der Eroberung des Amazonas hat. Wenn er ausstirbt, gehen auch seine wertvollen Erfahrungen verloren«[24].

Solange die Indianer nicht integriert sind, sieht das brasilianische Recht sie tatsächlich als unfähig an, ohne gesetzlichen Beistand gewisse Funktionen des bürgerlichen Lebens wahrzunehmen. Sie sind deshalb Mündel des Staates. Vertreten durch die Stiftung, ist der Staat also Vormund der Stämme. In dieser Verantwortung sollen die FUNAI-Beamten »ihre« Indianer in die Zivilisation führen. Auch wenn die Brasilianer und die übrigen Amazonasanrainer sich mehr Zeit ließen, ist das Mißlingen eines Integrationsversuchs voraussehbar. Wir kennen in der Welt nur ganz wenige Beispiele von ehemaligen Naturvölkern, die eine wirtschaftliche Grundlage haben und sich in der Zivilisation behaupten. Unnötig zu sagen, daß ihre kulturelle Identität verlorengegangen ist.

Zweifel und Skepsis an den Antriebskräften und Motiven der Wachstums- und Leistungsgesellschaft breiten sich zwar inzwischen auch in unserem Teil der Welt aus. Doch haben sie bisher kaum eine Regierung bereitwilliger gemacht, andere als nur unsere Lebensformen zu respektieren. Allenfalls Theoretikern, fern der Regierungspraxis, kommt gelegentlich solche Einsicht. Wenn sich die letzten Naturvölker links und rechts vom Amazonas also nicht in das Konzept moderner Großraumplanung einbauen lassen, wird der Erschließungsprozeß sie nur in einigen Fällen aussparen – wieviele Initiativen zu ihrer Erhaltung und Rettung es auch geben mag.

So gesehen kann auch das »Amazonas-Schutzabkommen«, dem die Staaten Bolivien, Brasilien, Ecuador, Guayana, Kolumbien, Peru, Surinam und Venezuela 1979 feierlich beitraten, den Lauf der Entwicklung kaum aufhalten. Zwar haben sich die Länder verpflichtet, bei der wirtschaftlichen Erschließung Amazoniens die Tier- und Pflanzenwelt sowie den archäologischen und *ethnischen* Reichtum zu bewahren. Doch die Erfahrung lehrt, daß allenfalls Inseln mit der Funktion eines Freilichtmuseums zurückbleiben. Dorthin kann man schaulustige Touristen fliegen und ihnen zeigen – so meinte ein Reiseunternehmer in den Vereinigten Staaten –, »wie erbärmlich primitiv der Mensch einst gelebt hat«.

Ein Spezialist für Industrieanlagen, der in der sogenannten dritten Welt wirkt, wurde noch deutlicher: »Häuser, die nicht mehr in unsere Zeit passen und unsere Planungsräume tangieren, reißen wir ab. Warum sollten wir nicht unzeitgemäße Lebensformen eliminieren? Als Arbeiter in unseren modernen Großbetrieben findet schließlich jeder einen Platz, um das Nötigste zum Überleben zu verdienen. Sentimentalität ist hier unangebracht. Die Signale stehen nun einmal auf Fortschritt.«

Für die rund 30 000 Indianer, die vielleicht noch unentdeckt, unbehelligt im brasilianischen Teil des Regenwaldes verborgen leben, ist es daher am besten, wenn sie auch verborgen blieben. Der Politik ist nicht zu trauen.

DAS LETZTE KAPITEL

ORDEM E PROGRESSO

Dieses Amazonien will ein Ableger von Europas Kultur sein und wirkt doch mehr oder weniger als Karikatur.

H. Bluntschli

Die Wildnis wehrt sich

An einem Morgen, dem Sommer 1973, an der Urwaldfront bei Prainha. 432 Jahre sind vergangen, seitdem der erste Baum für das »Kanu-wie-tausend-Kanus« der Spanier fiel. Wieder stürzen Bäume, weil der weiße Mann einen Weg durch Amazonien will. Sie stürzen für die Schneise der Transamazônica. Aber einer der Bäume erschlägt einen Arbeiter. Mehrere Männer auf den Bulldozern sind sich sicher, daß der jaguarfüßige Waldgeist Curupira schuld am Tod ihres Kameraden ist. Ein Opfer mehr nur ist er auf dieser Via mala. Manch einer, so glauben die Leute, mußte sterben, weil er von Jurupary, dem schwarzen Dämon, in die Baumwildnis gelockt wurde. Oder vor dem Lacher Maty Taperé floh und in der Urwaldnacht verlorenging. Oder im Fluß von der großen Stromschlange herabgezogen wurde – von der »der Mutter des Waldes«.

Die Wildnis wehrt sich gegen die Zerstörung. Der nüchtern denkende Pilot Walter Alves Reis, der den Arbeitern an der Straße Lohngelder gebracht hat und am Nachmittag nach Manaus zurückfliegt, ist sich dessen nicht so sicher wie der Zeuge, der den Toten im kleinen Flugzeug in die Stadt begleiten muß, weil er vor der Behörde den Hergang des Unfalls schildern soll. Der Tod – er muß auch hier draußen in Ordnung gehen: »Ordem e progresso!«

Walter Alves Reis schmunzelt, als der abergläubische Mensch neben ihm im Cockpit von den Trittsiegeln – hier Jaguarballen, dort Menschenfuß – Curupiras erzählt, die seine Kameraden beim Camp gesehen haben wollen: »Sieh zu, daß du das bis Manaus vergessen hast«, rät er dem Fluggast. In diesem Augenblick, da die Maschine Höhe gewonnen hat und der rote Landestreifen weit hinter ihnen liegt, hören die Männer hinter sich, vom Rücksitz her, ein leises Zischen. Dort ist im Plastiksack die Leiche des Verunglückten verstaut. Der entsetzte Straßenbauer schreit auf und klammert sich an den Piloten, der den Steuerknüppel verreißt. Nur mit Mühe kann Reis das Flugzeug abfangen und den abergläubischen Mann neben sich bändigen. »Das war eine Situation«, gesteht er mir später, »in der ich selber an die Rache Carupiras geglaubt habe, wie der Cafuzo neben mir, auch wenn die Vernunft mir sagte, daß hier physikalische Kräfte am Werk gewesen waren.«

Nur eine Story für ein Gelächter mit Gänsehaut? Grund zur Arroganz gegenüber beschränkten Gemütern? Die Episode, die mir Reis auf dem Weg nach Manaus – ein paar Wochen nach dem Unfall – erzählt, hat ihre Parallelen in Berichten früher europäischer Entdecker, die wie Sir Walter Raleigh von menschenähnlichen Wesen mit dem Mund auf der Brust erzählten oder wie Cristoval de Acuña von Indianern, deren Füße verkehrt herum angewachsen wären, und wie Sebastian Caboto von Menschen mit Straußenbeinen. Jene Entdecker waren entweder selbst nicht aufgeklärt oder hielten ihr Publikum für beschränkt.

Es gibt neben dem Aberglauben noch eine zweite, wichtigere Parallele von da-

Ein Straßenabschnitt der Transamazônica *(Foto: Ursula Bredigkeit)*

mals zu heute. Das ist die Erweckung maßloser Erwartungen in die Schätze Amazoniens. Raleigh, der den Orinoco ein Stück weit hinaufgefahren war, schrieb von Bergen aus Gold und Edelsteinen, Orellana fabulierte von 70 Städten, in denen die Amazonen von goldenem Geschirr speisen und zu goldenen Statuen beten würden. Das Motiv dieser Entdecker war die Schatzsuche, und die Schatzsuche brachte nach ihnen noch viele Expeditionen auf den Weg nach Amazonien. Fündig wurde keine.

Dem Abenteurertum, das aufs Beutemachen aus ist, aber haben alle Mißerfolge bis heute keinen Abbruch getan. Eine letzte Chance zur Vernunft wurde 1948 vielleicht durch das Scheitern des von der UNESCO geförderten Internationalen Institutes für das Amazonasgebiet verpaßt. So regierte das politische und wirtschaftliche Abenteurertum weiter. Nur der Einsatz wurde in den zurückliegenden zwei Jahrzehnten noch gesteigert. Ende 1969 rief der nach dem Tod des Präsidenten Castelo Branco zum Regierungschef avancierte ehemalige Geheimdienstgeneral Médici seine Minister und Berater zu sich und forderte Kolonisierungsvorschläge für den Norden. Sorgfältige Studien, lange wissenschaftlich fundierte Vorbereitungen und eine hieb- und stichfeste Strategie waren nicht nach dem Herzen des Generals. Er wollte die Attacke, und zwar so schnell wie möglich. So überzeugt war seine Regierung von der neuen nationalen Aufgabe, daß sie taub gegen Vorhaltungen und Voraussagen aus dem Ausland war. Gegenüber den Kritikern im eigenen Land stach die Trumpfkarte »Integration«.

Schon der Bau Brasilias auf der zentralen Hochebene war für Amazonien ein Menetekel gewesen. Hier und nicht im fröhlichen, leichtlebigen Rio de Janeiro war es auch, wo der Angriffskrieg gegen die Wildnis beschlossen wurde. Als er begann, schaute die Welt erst verwundert, dann erschrocken auf ein Land, das viele bis dahin nur nach dem Geschmack seines Kaffees beurteilt hatten: »Für den Durchschnittseuropäer war Buenos Aires die Hauptstadt Brasiliens und die Landessprache Spanisch!« ärgerte sich einer meiner Gesprächspartner im Landwirtschaftsministerium. Das hat sich seit 1969 geändert.

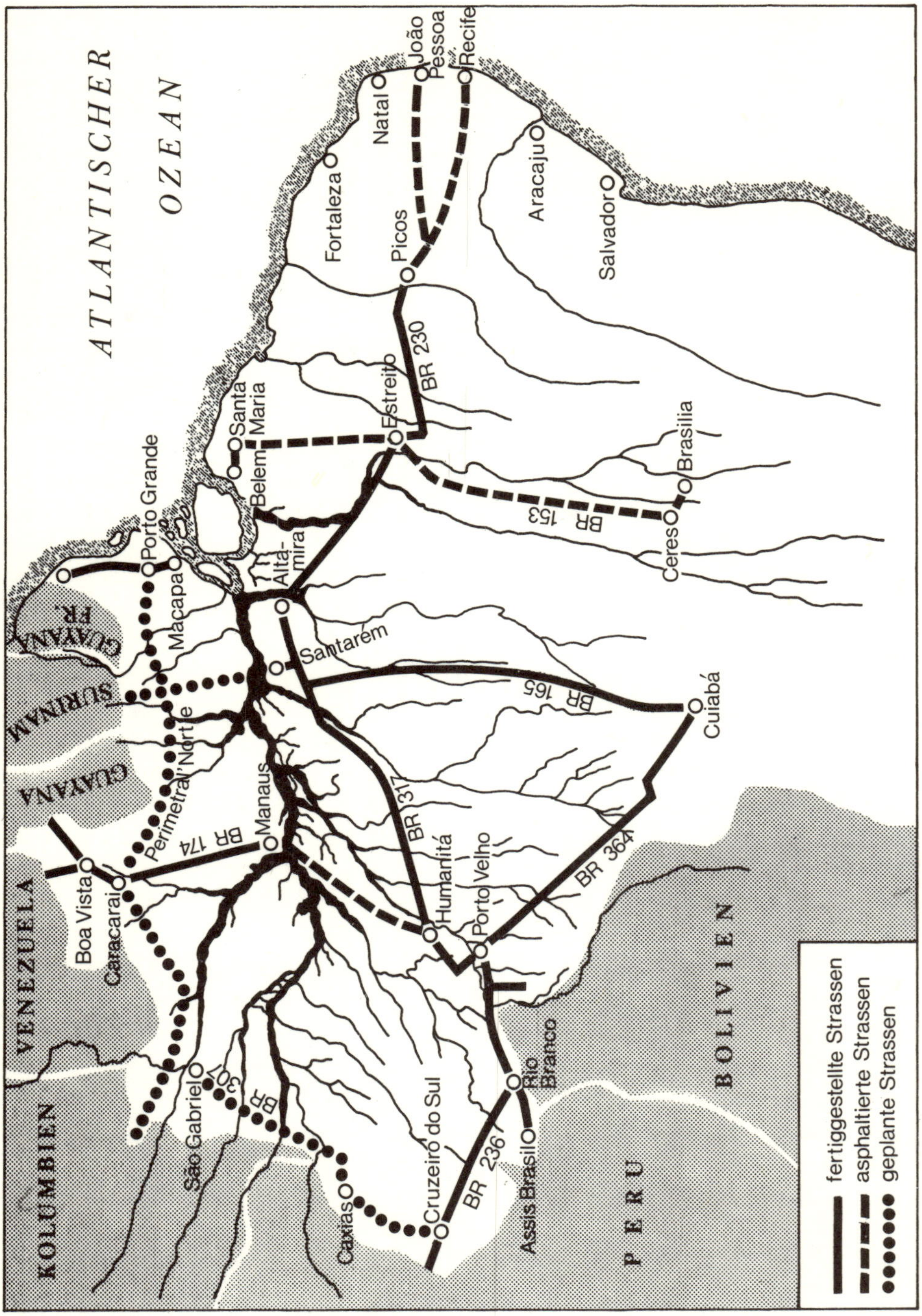

Ein Netz von fertigen, halbfertigen und projektierten Straßen liegt über dem »Gefieder« der Flüsse

Der Riese Brasilien hatte lange geschlafen. Junge Teilnehmer an der »Operation Rondôn«, die aus dem reichen Süden des Landes als Helfer in die stillen Siedlungen an der nördlichen Grenze kamen, fanden überrascht heraus, daß dort Menschen lebten, die Portugiesisch sprachen wie sie selbst. Diese Brasilianer hatten gegenüber dem Nachbarn Venezuela ihre Eigenart behauptet, obwohl sie von dort gelegentlich medizinisch versorgt worden waren. Hilfe für die Nordbrasilianer an den Urwaldflüssen hatten brasilianische Regierungen lange genug den allgegenwärtigen Dienern Gottes überlassen – so fern hatte ihnen Amazonien seit dem Ende des Kautschukbooms gelegen. Bereitete der Umzug der Ministerien von Rio an der Küste ins ungeliebte Landesinnere nach Brasilia schon den Boden für künftige Veränderungen vor, so unternahm es die Regierung Médici nun, den Rest des Landes zu erobern – einige Millionen Quadratkilometer. Viele Beobachter sahen die Armee von 11 000 Soldaten und Arbeitern sowie Hunderte von Bulldozern an den Bollwerken des Urwaldes scheitern und im Schlamm versinken, als im Jahre 1971 die »Straße des Jahrhunderts« begonnen wurde. Drei Jahre später aber war die schnurgerade »Operationsnarbe« auf dem grünen Riesenleib der Selva virgen bereits einige tausend Kilometer lang. Humaitá am Rio Madeira schon Frontstadt.

Zusammen mit der Nord-Süd-Achse zwischen Santarém und Cuiabá bildete die Transamazônica bereits ein großes Urwald-Straßenkreuz. Aus dem Kreuz mußte nach den Zielvorstellungen, die sich die nationale Euphorie gesteckt hat, ein Netz werden: Dazu sollte noch die Perimetral Norte, dicht an der Grenze der Nachbarländer entlang, geschaffen werden. Ihre Erbauer arbeiteten in noch schwierigerem Gelände. Doch auch dort herrschte kein Zweifel an der Vollendung. Auf den Reißbrettern sah man bereits die Überlandbusse über die große Ost-West-Achse vom Atlantik zum Pazifik fahren – von Recife über Marabá, Altamira, Itaituba und Humaitá nach Lábrea! Dort bog man in die Abzweigung nach Kolumbien ein, nach Benjamin Constant am Solimões oder aber nach Rio Branco do Acre nahe der bolivianischen Grenze.

Auf dem Papier reiste man auch schon in Wirklichkeit bereits bald von Tiriós nach Cuiabá, von Bôa Vista über Manaus nach Pôrto Velho, von Triós nach Cuiabá und schon längst von Belém nach Brasilia.

Die amazonische Wirklichkeit aber sah bald anders aus. Sie machte den Straßenbauern, den Kolonisatoren und den ersten mutigen Reisenden auf der Transamazônica schwer zu schaffen. Ebenso gefährdet wie viele Kilometer unbefestigter roter Trasse, auf die die amazonischen Sintfluten ungehindert herniederstürzten, waren die bescheidenen Anpflanzungen. Und hier wie einst im Wilden Westen beim Bau der Union-Pacific-Eisenbahn zertrampelte der Fortschritt die Ureinwohner.

Reisen und siedeln auf brasilianisch

Wer sich von den vielfältigen Gefährdungen des Menschen überzeugen wollte, konnte die Transamazônica-Reise in Cabedelo an der Atlantikküste beginnen. Man fuhr 1973 schon überrascht 480 Kilometer auf asphaltierter Straße – bis zu jenem Busstopp, der Café »Zukunft« heißt. Auf diesen ersten 480 Kilometern bis nach Cajázeiras sprach aber auch keiner der Mitreisenden von der Transamazônica. Das hier war erst die Bundesstraße 230. Sie blieb es dann auch für die folgenden 1 000 Kilometer bis nach Carolina am Rio Tocantíns. Wenn man aber über das Café »Zukunft« hinausfuhr, wußte man, daß man sich eigentlich auf die Transamazônica wagte. Ob er überhaupt weiter als bis zur »Wildweststadt« Picos kam, etwa noch bis Floriana am Ufer des Parnaíbu, hing vom Zustand der Trasse und des einzigen Busses ab, der in Picos von »Johann dem Großen« betrieben wurde. Solchen Ehrgeiz hatten ohnedies nur Menschen, die an der Straße der Bitternis, der »Tansamargura«, arbeiten, wirtschaften und siedeln wollten oder mußten. Die Behörde in Recife hatte für die weiteren Streckenabschnitte hinter Picos Betriebslizenzen an die Buslinien »Kreuz des Südens« und »Transbrasiliana« vergeben. Die eine machte, wenn sie es schaffte, den Weg Floriana–Carolina, die andere die Tour von Carolina über Estreito und Marabá nach Altamira.

Altamira am Rio Xingú ist im Jahre 1973 ein Ort der Verheißung, vor allem für die Habenichtse, die vom Nordosten gekommen sind. Die meisten haben den schlimmsten Abschnitt von Marabá aus auf der Ladefläche eines geländegängigen Lasters zurückgelegt, ihn oft und oft buchstäblich aus dem achsentiefen Schlamm der Transamazônica gehoben, haben Flüsse auf hand- und motorbetriebenen, jedenfalls gebrechlichen Fähren überquert. Haben nässetriefende Arbeiterlager, liegengebliebene Autos hinter sich gelassen und einsame, trostlose Hütten, in denen der Hunger herrscht und Prostitution kaum Kunden findet. Mit geheimgehaltener Furcht haben sie vielleicht von Banditen vernommen, die bestimmte Streckenabschnitte terrorisieren wie das Paar »Washington I.« und »Washington II.«, das den Vertrieb einer gewissen Biersorte durchsetzen half, indem es den Vertreter der Konkurrenz umbrachte ...

Wer also in Altamira ankommt, hat schon Glück gehabt. Scheitern kann er noch immer. Ihm wird das Zentrum des Kolonisierungsprogramms nach der Reise zwar wie ein Paradies vorkommen, die freiliegenden Revolvergriffe der patrouillierenden Ordnungshüter wird er gar erleichtert als Garanten seiner Sicherheit sehen. Doch die eigentlichen Prüfungen stehen ihm noch bevor. Besteht er sie nicht, könnten ihn die Revolver eines Tages von der dürftigen Scholle zwingen.

Hat man dem Siedlungswilligen zu Beginn der Reise gesagt, daß er sich gegenüber den INCRA-Beamten hier mit einem ganzen Heft von Formularen und Dokumenten als förderungswürdig ausweisen muß, ehe man ihm die Kosten für die Standardhütte sowie das Pflanz- und Saatgut vorschießt? Ehe man ihm die Scholle zuteilt, auf der er sich Eigentumsrechte erst erkämpfen muß? Hat man die Ankömmlinge zu Beginn des Abenteuers darüber belehrt, daß sie den schier übermenschlichen Kampf mit der Natur erst aufnehmen dürfen, nachdem sie die für Analphabeten schwerste Hürde einer landwirtschaftlichen Eignungsprüfung genommen haben? Die Regierungsbeamten sagen, sie wollten Menschen, die durch ihre Unfähigkeit zum Scheitern verurteilt seien, ebenso von der Transamazônica fernhalten wie kriminelle Schmarotzer, die vom Fleiß der Bauern leben wollen. Gut. Doch werden sie den schlichten Mann an der Urwaldfront eines Tages auch gegen die allzu fähigen Vertreter großer Kapitalinteressen in Schutz nehmen? Als ich zusammen mit einem deutschen FAO-Experten 1973 in das Kerngebiet der INCRA-Siedlungsvorhaben reise, erleben wir vielerorts noch den ungebrochenen Schwung des Neubeginns. Wir fahren hinaus in jenes hügelige Land zwischen Altamira am Rio Xingú und Itaituba am Rio Tapajós, dem die Regenfluten nicht so viel anhaben können wie den tiefer liegenden Landschaften Amazoniens. Nachdem uns viel Polemisches zu Ohren gekommen ist, bietet sich jetzt die Chance zur eigenen Erkundung. Und was auch immer die Siedlungspolitik hier vielleicht eines Tages zum Scheitern bringen mag – die Kolonisierungsmuster erscheinen uns zunächst besser durchdacht, als es die Kritiker wahrhaben wollen, und gewiß auch weniger von wütendem Raubbau gekennzeichnet als andere Territorien.

Wer in Altamira also die bürokratischen Hürden genommen hat, dem wird entlang dieses 450 Kilometer langen Straßenabschnitts bis zum nächsten Zentrum, Itai-

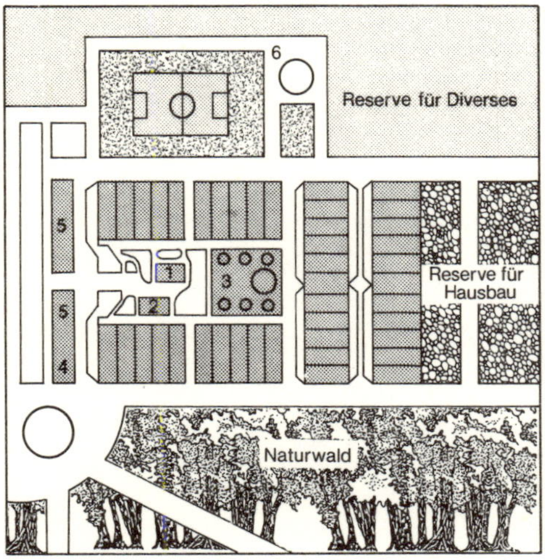

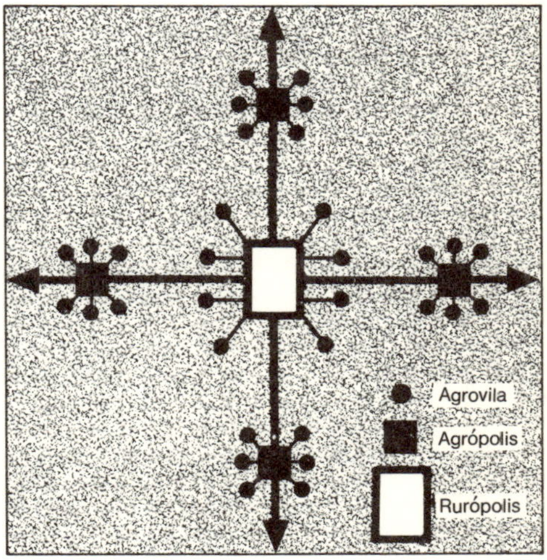

Auf diese Weise soll eine Agrovila im Idealfall gegliedert sein. Im Kern der Siedlung finden wir die Grundschule (1), die Verwaltung und soziale Einrichtungen (2), die Plaza (3), Gaststätten (4), Läden (5) und Sportplätze (6).

Die neuen Urwaldsiedlungen: Das Dorf-Stadt-System um eine Rurópolis. Bis zu zwanzig dörfliche Agrovilas haben in der Agrópolis ihr Zentrum tuba, nach dem Plan zunächst ein rund 100 Hektar großes Stück Land zugewiesen. Die Behörde hält hier links und rechts der Schnittnarbe der Straße einen jeweils zehn Kilometer tiefen Waldstreifen bereit, der landwirtschaftlich genutzt werden soll. Nur die Hälfte seiner Parzelle darf der Bauer zunächst roden und Trockenreis, Mais und Bohnen pflanzen. Eine andere Pflanzenfolge, die den Boden angeblich nicht so rasch erschöpft und auch besser schützt, soll dann nach drei Jahren das alte Trio ablösen: Zuckerrohr, Bananen, Kakao und Pfeffer.

Gelingt der Siedlerfamilie der Start, so wird sie aus der mit Palmblattlagen gedeckten Nothütte umziehen in eines der standardisierten, festeren Häuschen mit überdachter Veranda. Das schnell montierte Siedlerhaus steht entweder auf dem Parzellenboden oder in einem Häusergeviert mit 50 anderen, die eine Plaza umschließen, auf der sich Verwaltung, Vorschule und Ambulanz befinden. Lebt das Ganze auf, wird man neben Sport- und Spielplätzen auch kleine Läden finden.

Die Familie, die in solch einer Agrovila wohnt, hat mit etwa weiteren 20 Kleinsiedlungen die nächste Agrópolis als Zentrum für medizinische Versorgung und verschiedene Dienste, für religiöse Erbauung, Handel, Wandel und bescheidene Zerstreuung.

Brasil Novo ist eine solche Agrópolis. Die Kirche steht schon, als wir Brasil Novo besuchen, und zahlreiche der bekannten Häuschen im Zigarrenkistenstil säumen die verschlammte Durchgangsstraße. Der Ort liegt etwa eine Stunde von Altamira entfernt – eine Stunde, wenn die Transamazônica es zuläßt. Im Sommer 1973 ist die neue Sägemühle hier überbeschäftigt mit dem Zuschneiden werkgerechter Bretter für Häuser, Zäune und Möbel. Große Mannschaftszelte, wie sie das Militär bei Übungen aufschlägt, sind angefüllt mit Erntegut, das auf den fälligen Transport wartet.

Von der Agrópolis aus wird der Kleinbauer verwaltet. Hier werden seine Ernten eingelagert und weiterverkauft, wird ihm landwirtschaftliche Beratung und technische Hilfe zuteil, findet er Sportplätze, Grundschule, ein Lagerhaus, Läden, ein Hotel und Werkstätten.

Die größte im Trio der neuen Siedlungen aber soll innerhalb eines Kolonisierungsraumes die Rurópolis sein – mit mehr als 20 000 Einwohnern vielleicht einmal eine Mittelstadt, wenn Gott will. Und da Gott nach landläufiger Auffassung Brasilianer sein muß, baut man vertrauensvoll und heftig an der Rurópolis Kilometer 350. Sie liegt auf jener surrealistisch erscheinenden Kreuzung, deren Straßen wie aus dem Nichts kommen und ins Nichts führen. Itaituba und Altamira kann man von hier aus über die Transamazônica erreichen, doch auf der Nord-Süd-Route von Santarém über die Rurópolis Kilometer 350 nach Cuiabá zu fahren, ist schon ein Abenteuer mit vielen Unbekannten.

Kilometer 350 mit seinem INCRA-Motel, dem geplanten Hotel und hochfliegenden Vorhaben – Schulen bis zum Gymnasium, Genossenschaftseinrichtungen mit Silos und gekühlten Lagerräumen, Bauten der Verwaltung, der Polizeikräfte und des Militärs, industriellen und handwerklichen Unternehmen, Märkten, Läden,

Sportanlagen, Unterhaltungszentrum – wirkt gar nicht so utopisch. Denn diese Neugründung liegt gewachsenen Kleinstädten wie Altamira oder Itaituba benachbart, und zwischen Marabá und Itaituba siedeln in drei Abschnitten vielleicht schon 6 000 Kolonisatoren.

Am weiteren Streckenvortrieb aber, wo alle 150 Kilometer neue Städtchen eines Tages für die Landbevölkerung Metropolen sein sollen, kämpft man ums Überleben. Auf der Höhe von Manaus haben schwere Regenfälle die zum Teil kaum über Meereshöhe liegende Straße, Manaus-Porto Velho, die Felder, die Häuser, die Ernten und damit die Menschen buchstäblich fortgeschwemmt. Die rund 26 000 Cruzeiros, die die Regierung jede Siedlerfamilie zunächst kostete, scheinen dort in den Schlamm geworfen. Für utopisch halten wir hier den Plan, links und rechts der Straße in Zukunft insgesamt 100 000 Menschen anzusiedeln. Zu dem Waschküchenklima, den Myriaden von Mücken, zahllosen bekannten und unbekannten Krankheiten, fernab von einem eingespielten medizinischen Versorgungssystem, steht man hier in Zentralamazonien plötzlich vor Überschwemmungskatastrophen und schlechten Böden. Auch das Transportproblem ist jenseits von Itaituba fast unlösbar. Auf unserer Rückreise nach Altamira äußert sich der FAO-Experte sehr skeptisch über die Erfolgsaussichten.

Aber die strategische Erschließung Amazoniens und die Ansiedlung von Bauern, die man vorwiegend zunächst in den Dürregebieten des brasilianischen Nordostens gewann, war nur ein Teil des Abenteuers Amazonien. Dafür wäre der Geldfluß aus den Entwicklungsfonds der Industriestaaten und aus manchen Weltkonzernen kaum reicher geflossen. Von Anfang an wurden Großunternehmen durch Steueranreize eingeladen, zu investieren, zu explorieren und dann mit Gewinn zu wirtschaften.

Der Staat Brasilien rief zugleich mit seinem »Regierungsplan zur nationalen Integration« (PIN) das Projekt »Radar na Amazônica« (Radam) ins Leben, das mit Hilfe der Radarphotographie aus der Luft in kurzer Zeit ein Kartenwerk zur Geographie, zur Topographie, zur Geologie und zur Vegetation des neuen Landes erstellte. Die Nachrichten über Ölvorkommen, Erze und Edelsteine, die Brasiliens diplomatische Vertretungen bald in aller Welt verbreiteten, erweckten den Eindruck, als warte hier ein mächtiger neuer Wirtschaftsraum nur auf tüchtige Unternehmer. Das begünstigte die Kapitalaufnahmen. Die ersten großen Konzerne, die an den Flüssen und neuen Straßen Fuß faßten, nahmen aber nur die Möglichkeiten wahr, die sich traditionell schon immer angeboten hatten, wenn das Land unbewohnt, kaum erschlossen und billig war. Sie kauften möglichst viel davon und wirtschafteten großflächig.

So erwarb die brasilianische Volkswagentochter für ganze zweieinhalb Millionen Mark 140 000 Hektar am Rio Araguaia und legte ihr Glaubensbekenntnis zum Fortschritt im Dschungel dadurch ab, daß sie auf großer Fläche den Wald abbrannte. Wo Urwald stand, sollten in absehbarer Zeit 130 000 Rinder weiden. Schon in den ersten Jahren schickte man Zehntausende von Rindern in die Rodungen. Ein Schlachthof und ein Verarbeitungsbetrieb bei Campo Alegre folgten. Die Rinder von »Vale do Rio Cristalino«, so hieß die gigantische Ranch, sollten eines Tages in marktgerechten Hälften die Verwertungsanlagen verlassen.

Das war schon ein gigantisches Vorhaben. In New York aber träumte der Milliardär Daniel Keith Ludwig im 20. Jahrhundert noch einmal die Träume eines Pioniers des amerikanischen Westens im 19. Jahrhundert. Damals hatte ein einzelner Mann auch Land von der Größe eines Tagesritts für ein Spottgeld erwerben können – wie Daniel Boone am Missouri oder Buffalo Bill in Nebraska. In Amazonien konnte ein Mann solche Dimensionen sogar noch sprengen. Er konnte für drei Millionen Dollar ein Gebiet von der Größe eines deutschen Bundeslandes wie Schleswig-Holstein kaufen, also über 16 000 Quadratkilometer, eine Stadt für 10 000 Arbeiter und ihre Familien aus dem Boden stampfen, auf zunächst 80 000 Hektar mit staatlichem Wohlwollen ein komplexes Ökosystem vernichten und einen monotonen Stangenwald anpflanzen, der eines Tages zu Zellulose zerfasert werden sollte. Ludwig konnte es sich sogar leisten, innerhalb von zehn Jahren zwei Milliarden Mark in seinen Traum zu investieren und zu riskieren, daß nichts dabei herauskam.

Der über 70jährige Herrscher über ein Wirtschaftsimperium, der im Büroturm der National Bulk Carriers in New York residierte, hatte als Großreeder bereits Supertanker jener Größenordnung bauen lassen, die den Meeresbiologen Sorgen machen. Er hatte in Baja-California die größte Salzverdunstungsanlage der Welt errichtet. Er betrieb Kohlenbergwerke in Australien, Großplantagen für Zitrusfrüchte in Panama und eine Hotelkette in Mexiko. Er hatte die Hände im Öl und im Erdgas, in Kreditinstituten und Immobilien. Sein letzter beherzter Zugriff galt nun dem Land am Rio Jarí in Amazonien.

Zu Lebzeiten konnte der Amerikaner dort ohnehin keinen Gewinn mehr erwarten, als er, 250 Kilometer von der Amazonasmündung entfernt, sein Projekt Jarí Forestry Products begann. Die grandiose Idee war – und Ludwig hatte in seinem Leben fast nur grandiose Ideen verfolgt –, schneller Zellulose zu produzieren und im Zeitalter der gesteigerten Kommunikation auf den Markt zu werfen als die Kanadier oder die Finnen. Seine Forstfachleute bestärkten ihn in der zunächst richtigen Annahme, daß ein ohnehin schnellwüchsiger Baum unter tropischen Bedingungen in nur fünf bis zehn überschaubaren Jahren verarbeitet werden konnte. Sie hatten dazu den *Gmelina-arborea*-Baum ausfindig gemacht, der in sechs Jahren 20 Meter hoch werden und dann reif für den Einschlag sein sollte. Andere Bäume auf dem Gebiet von Jarí Forestry Products sollten die genügsame Karibische Kiefer *(Pinus caribea)* sein und ein Eukalyptusbaum *(Eucalyptus deglupta)*, der schon in den Anden Ecuadors mit Erfolg das ursprüngliche Landschaftsbild verzerrte.

Als sich 1976 zeigte, daß die ersten 13 000 Tonnen Holz bei der Verarbeitung in Finnland erstklassige Zellulose für die Papierherstellung ergaben, beschloß Daniel Keith Ludwig, selbst einen Herstellungsbetrieb zu bauen. Er bestellte eine Fabrik und das dazugehörige Kraftwerk nach eigenen Plänen bei den Japanern. Elf Monate später ging die monströse Fracht einer nahezu komplett montierten Zellulosefabrik auf die 23 000 Kilometer lange Seereise, umschiffte das Kap der Guten Hoffnung und kam wohlbehalten am Rio Jarí an, wo man sie auf ein Pfahlwerk von 3 700 Massaranduba-Stämmen setzte. Drei Jahre danach wurde hier, im neuen Industriegebiet Munguba, das Kraftwerk angefahren. Es verschlang täglich 1 000 Tonnen Holz für die Energieerzeugung, die notwendig war, um weitere 5 000 Tonnen Gmelinaholz zu 750 Tonnen Zellulose täglich zu verarbeiten. Und woher kam das Feuerholz? Aus dem Urwald!

Um das Jahr 1980 sah alles noch so aus, als ließe sich das ungewisse Geschäft auf die Habenseite bringen. In der Várzea, dem Überschwemmungsvorland am Amazonas, weideten schon 6 000 Wasserbüffel, und auf den ersten 4 000 Hektar verhieß der per Flugzeug ausgesäte Reis eine Spitzenernte. Dann war da noch eine Verarbeitungsstätte, die 190 000 Tonnen erstklassigen Kaolins im Jahr produzierte und bereits Gewinn machte. All das gehörte zu Ludwigs Eldorado in Amazonien, und schon meinte ein brasilianischer Politiker mit der dieser Spezies wohl offenbar eigenen Gigantomanie, von solchen Unternehmen wie Ludwig sie betrieb, sollte es noch weitere 50 in Amazonien geben.

Aber wie sagte der Amazonasforscher Harald Sioli angesichts seiner vergeblichen Warnungen vor solchen und anderen Erschließungsschlachten im Regenwald? »Nicht unbedingt wird die neue Wirklichkeit den Wünschen des eingreifenden Menschen entsprechen.« Er empfand es auch als Trost, »daß die Menschen nicht alle Umweltfaktoren in der Hand haben« und hielt es in einem Fachaufsatz zu diesem Thema mit Christian Morgenstern:

Das Perfekt und das Imperfekt
  tranken Sekt.
Sie stießen aufs Futurum an,
(was man wohl gelten lassen kann).
Plusquamper und Exaktfutur
  blintzen nur.[1]

Sie blintzen im Fall der Volkswagen-Weide. Und sie blintzen im Fall Ludwigs. Da waren Blattschneiderameisen, die sich auf das Laub der Gmelinabäume stürzten, Blatt für Blatt zersägten und in ihre unterirdischen Bauten schleppten. Auf dem Nährboden der zerkauten Blätter kultivierten die Ameisen bestimmte Pilze, die den Ameisennachwuchs ernährten. So viele Ameisen Ludwigs Arbeiter auch töteten, sie konnten das sich ständig erneuernde Millionenheer nicht besiegen. Die Ameisen taten einem Teil seines Waldes an, was Ludwig dem Urwald angetan hatte. Sie vernichteten ihn.

Im übrigen blieb das Wachstum der Bäume weit hinter den forstwirtschaftlichen Erwartungen zurück. 1987 kam das Ende für Jarí Forestry Products. Die Firma wurde an Brasilianer verkauft, die mit bescheidenerem Raubbau am Urwald und geringeren Erwartungen weiter Zellulose produzierten. Der alte Herr in New York hatte kurz vor seinem Tode seine größte Niederlage erlitten. Wie Henry Ford 32 Jahre vor ihm. Ludwigs Firma beschränkte sich auf die Viehweiden in der

Várzea und das Kaolin. Und auch Volkswagen do Brasil verkaufte seine Viehfarm am Rio Araguaía Ende 1987 an ein japanisches Konsortium.

Auch andere Weltfirmen wie Goodyear, Pirelli und Nestlé engagierten sich im Regenwald. Alte und neue Erdölgesellschaften begannen mit Probebohrungen. Von der Montaña Perus und dem Oriente Ecuadors im Westen bis zum 160 000 Quadratkilometer großen Piauí-Maranhão-Becken im Südosten Brasiliens wuchsen die Camps der Ölfirmen auf frisch geschlagenen Urwaldlichtungen aus dem Boden, viele davon im Indianergebiet. Radam-Karten hatten dort große Ölvorkommen vermuten lassen.

Das Kartenwerk von Radam ermutigte aber nicht nur zur Erdölsuche. Band 2 berichtete von gewaltigen Vorkommen an Kalkstein, Gips, Aluminit, Marmor, Opal und Gold im Piauí-Maranhão-Gebiet. Band 3 enthielt Schätzungen über die wirtschaftlichen Möglichkeiten im Norden der Bundesstaaten Maranhão, Pará, Piauí und Ceará, über die Vorkommen dort an Gold, Bauxit, Kaliumsalzen und amethysthaltigem Gestein. Band 4 zeigte die Bedeutung der Region Carajás-Xingú mit ihrem mächtigen Eisenerz-Vorkommen an, ferner Mangan, Nickel, Zinn und Kupfer in den Gebieten Lajeiro, Buritirama und Azul sowie Diamantvorkommen in den Gebieten Araguaia und Tocantíns.

Wer wie ich die Stadt Belém besuchte und zur Radam-Verwaltung in der Benjamin-Constant-Straße 1027 ging, erfuhr noch von anderen Schätzen, die die Karten noch gar nicht erfaßt hatten: von vier Millionen Tonnen Eisenerz, die im Bundesstaat Pará auf den Abbau warteten, von Gold, Diamanten und Kristall bei Marabá, von Gold und Zinn um die Stadt Itaituba, von Kupfer und Bauxit am Xingú- und am Frescofluß.

Wer geriete da nicht in Aufbruchstimmung? Waren das nicht doch nur ein paar überängstliche Wissenschaftler, die warnend ihre Stimme erhoben und Amazoniens Weg in die Zivilisationswüste verkündeten? Und waren solche Warnungen nicht durch wissenschaftlichen Egoismus motiviert? Wogen die Hoffnungen von vielen Hunderttausenden Menschen nicht schwerer?

Gewiß, einige Unternehmen waren gescheitert. Die Ministerien in Brasília, die ich besuchte, konnten aber auch auf Forscher verweisen, die dem grandiosen Kraftakt der Nation ihren Segen gegeben hätten: »In den zwanziger Jahren hat man Überlegungen angestellt, in welchem Umfang die Bevölkerung der Erde noch vergrößerungsfähig sei. Man versuchte zu ergründen, welche Tragfähigkeit die Erde unter Zugrundelegung der derzeitigen Mittel der Technik und der vorhandenen Möglichkeiten der Erzeugung von Agrarprodukten im äußersten Falle besitzt.« So meinte A. Penck in seiner bekannten Berliner Akademierede von 1924, daß die maximale Tragfähigkeit der Erde bei 8 bis 9 Milliarden Menschen läge. Er sagte sich, daß innerhalb jeder der elf Klimazonen eine durch Klima und Boden bedingte maximale Tragfähigkeit erreichbar sein müsse. Anhaltspunkte dafür glaubte er durch den Vergleich mit solchen Gebieten innerhalb der betreffenden Klimazone finden zu können, die gegenwärtig schon eine hohe Bevölkerungsdichte aufwiesen.

Amazonien gehört zum größten Teil, und zwar mit einer Fläche von etwa 4,5 Millionen Quadratkilometern, zu den feuchten Tropen. Innerhalb des gleichen Klimagebietes liegt auch Java, das heute eine Bevölkerungsdichte von 475 Menschen pro Quadratkilometer aufweist und in der Provinz Jogjakarta sogar eine solche von mehr als 700 Menschen pro Quadratkilometer erreicht, also Bevölkerungsdichten, die jene mitteleuropäischer Industrieländer übertreffen. Penck war sich freilich im klaren darüber, daß die javanischen Verhältnisse nicht ohne weiteres auf andere Gebiete des gleichen Klimabereichs übertragbar sind, weil die außerordentliche Menschenballung auf Java das Ergebnis besonderer Umstände ist. Auf Java erfolgt eine sich ständig wiederholende natürliche Düngung der Böden durch Verwitterung der vulkanischen Gesteine und vulkanische Aschenregen. Sie sind neben dem Fleiß der Bevölkerung wesentlich daran beteiligt, daß die Fruchtbarkeit dieser in intensivem Terrassenbau genutzten Tropeninsel erhalten bleibt. Penck kalkulierte einen entsprechenden Abschlag ein und meinte, daß er den tatsächlichen Verhältnissen wohl ungefähr Rechnung trüge, wenn er die mögliche Dichtezahl für die innere Tropenzone auf 200 Menschen pro Quadratkilometer ansetzte. Dieser Wert mit der Fläche eines innertropischen Bereichs von Amazonien (4,5 Millionen Quadratkilometer) multipliziert, ergibt ... eine potentielle Bevölkerung von 900 Millionen Menschen ...[2]

Diese »Akademierede« bot nicht die einzige wissenschaftliche Berechnung mit grandiosen Perspektiven. Weitere Arbeiten fanden zu ähnlichen, kaum bescheideneren Ergebnissen: »Bei der Aktualität des Problems konnte es nicht ausbleiben, daß die Überlegungen Pencks und der anderen Autoren ein weltweites Echo fanden und eine Fülle von mehr oder weniger großzügigen, aber auch mehr oder weniger phantastischen Projekten eine Erschließung Amazoniens auslösten. Es sei nur an das gigantische Vorhaben des deutschen Generals Kundt erinnert, der in den dreißiger Jahren militärischer Berater der bolivianischen Regierung war und der sich mit der Idee trug, eine große Zahl von Deutschen an den Hängen der bolivianischen Ostkordillere anzusiedeln, um von dort aus eine planmäßige Ausbeutung der Amazonasurwälder in Angriff zu nehmen.«[3]

Generale blasen nur zu gern zum Angriff – und sei es eben auch zum Angriff auf ein unerschlossenes Gebiet. Auch bei solchen Eroberungen kann man ja Geschichte machen – und Niederlagen erleiden. Aber noch ging es weiter in Amazonien.

Erinnern wir uns an den Ingenieur Tuma im Camp Prainha! Der Ingenieur hat die ihm übertragene Aufgabe gelöst. Die Brücken wurden wiederhergestellt. Die Straße wurde weitergebaut, und zwar über den Aripuanã und den Rio Madeira hinaus als BR 230 bis zur Vereinigung mit der BR 364 im Bundesstaat Rondônia.

Als ich 1973 erstmals in Amazonien war, bot sich Rondônias Urwald vom Flugzeug aus noch als geschlossene Fläche dar. Eine schmale Narbe nur scheitelte ihn in der Mitte. Das war die noch nicht asphaltierte BR 364. Zehn Jahre später – die Straße zwischen Cuiabá und Pôrto Velho war auf 1 400 Kilometer Länge schon asphaltiert – konnte man in Rondônia das Finale des Eroberungswerkes erleben.

Typisches Siedlerhaus, umgeben von Zuckerrohr, das dem Boden besonders schnell Nährstoffe entzieht (Foto: Ursula Bredigkeit)

Entlang der BR 364 waren nach altem Muster die Siedlungen Ariquemes, Jarú, Presidente Médici, Cacoal, Pimienta Buena und Rolim de Moura entstanden. In der Region Grande Carajás wurde mit dem Abbau des größten Eisenerzlagers der Erde begonnen, und für die Schmelzöfen verwandelten sich bis 1988 Zehntausende Quadratkilometer Wald allmählich zu Holzkohle. Das Territorium Rondônia wurde 1981 brasilianischer Bundesstaat. Aber war das nun ein Sieg der Zivilisation?

Auch in dieser Landschaft erschien es mir eher als ein Krieg der Brasilianer gegen das eigene Land und die eigenen Interessen. Er wurde ganz offiziell erklärt mit dem Entwicklungsprojekt »Polonoroeste«, das die Weltbank 1981 mit einem Kreditvolumen von 432 Millionen Dollar ausrüstete. Mit der neuen Straße als Rückgrat sollten im brasilianischen Nordwesten rund 160 000 Quadratmeilen erschlossen werden, der größere Raum in Rondônia, der kleinere in Mato Grosso. Hauptquartier der Erschließungsbehörde INCRA im Staat Rondônia war das schon 1970 gegründete Ouro Prêto de Oeste.

Der landwirtschaftliche Start war zunächst nicht ohne Erfolg. Denn im Zentrum Rondônias und auch im Süden war das Land durchaus fruchtbar. Leider traf dies nur auf weniger als ein Fünftel der Landfläche zu, die das neue Projekt eröffnete. Während der siebziger Jahre, als die BR 364 noch eine Schlammpiste war, wurde dies noch nicht offenbar. Damals hielt sich die Einwanderung der Brasilianer aus dem Süden auch noch in überschaubaren Grenzen. 1984, nach der vollendeten Asphaltierung aber, als die 900 Meilen von Vilhena im Süden nach Pôrto Velho im Norden kein 30-Tage-Abenteuer mehr waren, sondern in 48 Stunden möglich, kamen jährlich mehr als 100 000 Menschen. Die Bevölkerung Pôrto Velhos wuchs auf eine halbe Million Menschen an, die des neuen Bundesstaates überschritt bis 1988 die Millionengrenze. Und wieder geriet die Situation außer Kontrolle.

Auch dort, wo sich der Feldbau auf die Dauer als aussichtslos erwiesen hatte, bohrten sich links und rechts der Überlandstraße die Sandpisten in den Wald, kreischten die Kettensägen, hörte man das Ächzen, das Niederkrachen der Bäume, das Knistern und Fauchen des Feuers auf den gerodeten Flächen. Satellitenfotos registrierten die ungeheuren Brände, zeitweilig mehrere tausend. Das Feuer erfaßte in drei oder vier Jahren mehr als ein Fünftel des gesamten Urwaldes in Rondônia, ohne daß der so gewonnene Siedlungsraum die Hoffnungen der Bauern erfüllt hätte. Die meisten konnten die auch für Zentralamazonien typischen drei Ernten einbringen und mußten dann aufgeben. Agenten aus Rio und São Paulo kauften noch den Glücklicheren das Land ab. Andere Bauern zogen ohne Erlös einfach fort.

Aber immer noch drängten neue Menschen nach, griffen auch nach dem Gebiet der Indianer, gerieten in Konflikte, wurden von den Behörden vertrieben. Sie und die Kleinbauern, die aufgegeben hatten, suchten Gold auf dem Grund der Flüsse oder zogen als Nomaden umher und zündeten den Wald an, um in primitiven Meilern Holzkohle für die unersättlichen Eisenhütten zu gewinnen.

Rondônia wurde ein Land der Verzweiflung. Die Inflationsrate, die 1988 in Brasilien 600 Prozent betrug, wirkte sich hier noch schlimmer aus, weil die Transportwege für viele Güter lang und abenteuerlich waren. Hunger, Alkohol und Kriminalität regierten in den Straßen von Ariquemes, Rolim de Moura, Jaru und anderen Orten. Die größte aller Gefahren aber ging vom Malariafieber aus, 1988 hatte es schon mehr als ein Fünftel der Bevölkerung heimgesucht. Bald mußte sich die Regierung öffentlich eingestehen, daß fast alle Projekte, für die sie, vertreten durch die INCRA, die Menschen ins Land gerufen hatte, gescheitert waren.

Da stellt sich die Frage, ob die Weltbank, die nahezu eine halbe Milliarde Dollar Kredit für »Polonoroeste« bereitgestellt hatte, das Desaster nach aller Erfahrung nicht hätte voraussehen können. Hatten ihre Experten nicht gründlich recherchiert? Waren Informationen über die Qualität der Böden nicht verfügbar gewesen? Sie wären verfügbar gewesen, und an Warnungen hatte es nicht gefehlt. Aber sie wurden in den Wind geschlagen. Nachdem dann 25 Prozent der Urwaldfläche schon vernichtet worden waren, machten sich die Banker auf einmal Sorgen um den Bestand des verbliebenen Regenwaldes. Sie verlangten, daß 40 Prozent des Waldes als Schutzzone erhalten bleiben müßten. Die brasilianische Regierung wollte der Forderung sogar entsprechen. Nach den Erfahrungen an der Transamazônica aber war das ein Lippenbekenntnis.

Der Teufelskreis schließt sich

Es war die Legende vom »Goldenen Mann«, die den Eroberern des Inkareiches keine Ruhe ließ und auch Francisco de Orellana in jenes Abenteuer trieb, das zur Entdeckung des Amazonasstromes führte. Damit begann die fast 450jährige Geschichte der westlichen Zivilisation am großen Strom und seinen mächtigen Zuflüssen. Sie ist gekennzeichnet durch Rücksichtslosigkeit und Ausbeutung, die bis heute kein Ende gefunden haben. Auch die Suche nach dem »Goldenen Mann« ist noch in vollem Gange, und damit schließt sich der Teufelskreis, der mit Francisco de Orellana begann.

Nach einer Schätzung des Amazonienkenners William S. Ellis in »National Geographic« hat der Goldrausch rund eine halbe Million Prospektoren in den Norden und Nordwesten Brasiliens gelockt, die jährlich etwa 70 Tonnen des gelben Metalls gewinnen. In Rondônia, wo Ellis die Flüsse und die Urwaldpisten bereiste, ist das Goldfieber besonders heftig: »Fernab vom Rio Madeira, nahe der Straßenstadt Jaru, sind es etwa 5 000 Prospektoren, die nach Gold suchen. Einige Tausend mehr schürfen im dschungelbedeckten Innern nach Kassiterit oder grobem Zinngold. Rondônia nimmt für sich in Anspruch, die größten Kassiteritreserven der Welt zu besitzen. Aber sie sind nicht leicht zu erreichen.

Der Weg zu einem der reichsten Lager liegt außerhalb von Ariquemes und geht ungefähr 50 Meilen nach Westen. Die Reise mit dem Auto nach dort dauert ein bis zwei Tage . . . Dort ist ein Dorf . . ., das mir Mélio Cavalcanti als eine ›Schweinerei mit einer Menge an Whisky und Weibern‹ beschreibt. Cavalcanti hat in der Region sechs Monate nach Zinngold geschürft. In einer guten Woche holte er bis zu 3 250 Kilogramm Gestein zur Verarbeitung heraus: ›Dort sind mehr als 15 000 Prospektoren‹, sagt Cavalcanti, ›und immer gibt es noch viel Gold für alle. Das Problem ist, dorthin zu kommen. Der Schlamm reicht bis zu den Knien, und das nicht nur in der Regenzeit.‹«[4]

Die Masse der Goldsucher bleibt nicht nur aus diesem Grund an den Ufern der Ströme. Am Rio Napo, wo Orellanas Reise begann, und tief in Amazonien, am Rio Madeira, kann man sie mit ihren flachen Pfannen an den Ufern hocken sehen. Ich habe beobachtet, wie sie die Ausbeute an feinem Goldstaub in Federkiele schütten, darin aufbewahren und verkaufen. Daß die Schatzsucher unserer Tage die Schwemmsandzungen durchwühlen, mit Saugrohren die Flußbetten durchpflügen oder mit Baggern und Steinbrechern kilometerweit ganze Uferzonen zerstören, gehört zu den noch harmlosen Begleiterscheinungen ihrer mühseligen und selten wirklich erfolgreichen Arbeit. Lebensgefährlich für sie selbst und viele tausend Menschen in den Ufersiedlungen aber ist das Quecksilber, das bei der Goldgewinnung verwendet wird.

Wie fahrlässig die Menschen damit umgehen, erlebte ich in Zaruma und Pôrto

Goldgräbersiedlung in Ecuador. Oft weisen die Minen der Inkazeit Prospektoren den Weg zu neuen Funden *(Fotos: Alexander Hirtz und Sebastian Reindl)*

Maultierkarawanen transportieren auf halsbrecherischen Pfaden die Säcke mit dem goldhaltigen Gestein zu den Stampfmühlen *(Foto: Alexander Hirtz)*

Velho in Ecuador. Es ist eine Ironie der Geschichte, daß in jenem Land, in dem Pizarro und Orellana die lange und vergebliche Jagd nach dem Gold begannen, reiche Lagerstätten zu finden sind. Die Eroberer hätten bei sorgfältiger Recherche eigentlich den Rang dieser Nordprovinz des Inkareiches als Goldlieferant erkennen müssen. Dort wurde von indianischen Bergleuten wohl mehr Gold für die sakralen

Schmuckformen der Tempel, der Gottheiten und Priester gefördert als in Peru oder dem heutigen Bolivien. Mein Freund, der Geologe Alexander Hirtz, der selbst verschiedene inkaische Goldminen entdeckt hat und ausbeutet, fuhr mit mir Anfang des Jahres 1987 in das uralte Minengebiet in der Provinz El Oro. Dort kann man sehen, warum sich die Spanier ihre weite Reise hätten ersparen können. Überall in der Umgebung von Zaruma und Pôrto Velho hämmern Tag und Nacht die primitiven Pochwerke der Mineros, die nichts weiter tun, als die alten Stollen der Indianer weiter auszubeuten. Zaruma liegt am Rio Amarillo, Pôrto Velho am Berghang, hoch über den Dächern der Schwesterstadt. Von einer überschaubaren Stelle aus überblickt man die steilen Uferbänke zu beiden Seiten des Flusses und die Vielzahl von Stollenausgängen. Auch der steile Berg über Zaruma ist durchlöchert wie ein Schweizer Käse. Und die Vortriebe dort befinden sich samt und sonders links und rechts von einem tiefen Einschnitt, der aus der Höhe bis tief ins Tal reicht und den Verlauf einer historischen Mine zeigt. Das Ausmaß, in dem die präkolumbischen Indianer hier den Berg abgeräumt haben, läßt Schlüsse auf die große Intensität des damaligen Bergbaus zu. Alexander Hirtz hat in diesem Bereich auch einen goldenen Nasenring gefunden, der mehrere hundert Jahre alt ist.

Von den 1 000 Quebradas im Berg sind heute noch immer 150 »aktiv«. Die Technik der kleinen Minenbesitzer hat sich seit den Tagen der Inka nur bescheiden fortentwickelt. Nur, wenn der Berg und auch der Reichtum der Ader es zulassen, kann man die Strecke mit Hilfe von Dynamit vortreiben. Auch der Ausbau mit Holz geschieht – wenn überhaupt – sparsam. Loren und Schienen kennt man nur in dem über 100 Jahre alten Bergwerk in Zaruma, das die einstigen amerikanischen Betreiber längst aufgegeben haben und das von einer Bergleute-Cooperative bescheiden weitergeführt wird. Die anderen Mineros hacken und schaufeln sich in den Berg, füllen ihre Säcke mit Gestein und schleppen sie zum Stolleneingang. Dort bleibt die Ausbeute Stunden oder auch Tage liegen, bis Lastkraftwagen oder Maultierkarawanen vorbeikommen und sie zu den Pochwerken transportieren. Ganz selten wird einmal ein Sack gestohlen. Einheimische vergreifen sich so gut wie nie an der Ausbeute. Soviel Gewinn kann ein Diebstahl gar nicht bringen, daß er es wert wäre, sich den Nachforschungen und der Rache der Nachbarn in den beiden Gemeinden mit ihren 9 000 Seelen auszusetzen.

Einige der 3 000 Bergleute haben es zu bescheidenem Wohlstand gebracht. Und das heißt: ein festes Haus mit soliden Möbeln, Kühlschrank, Fernsehapparat und Radio. Manchmal reicht das Geld auch für ein Motorrad, selten für einen eigenen Wagen. Der Preis aber, den sie für diese Dinge bezahlen müssen, ist hoch. Die Gefahren gehen weniger von der Arbeit in der Grube aus, als von den Stampfmühlen, von denen es im Umkreis von 70 bis 80 Kilometern mehrere Dutzend gibt. Man hört diese Stampfmühlen noch aus großer Entfernung rumpeln und pochen. Da bringt ein umgeleiteter, kleiner Wasserlauf ein gewaltiges Holzrad in gemächlichen Lauf. Das Rad wiederum setzt schwere Hartholzstampfer in Bewegung, die das goldhaltige Gestein zerkleinern. Das geschieht rund um die Uhr. Das zerkleinerte

Material wird vom Wasser in eine Holzrinne gespült, die mit grobem Sackleinen ausgelegt ist. Während die Schwebeteilchen weiter in den Fluß wandern, setzt sich das schwerere Gold im Tuch ab. Von Zeit zu Zeit nehmen die Männer die Tücher, leeren ihren Inhalt in große Schalen und zerreiben das Material mit einem Stein, bis es ganz fein ist. Sie schöpfen immer wieder Wasser in die flache Schale, schütten weitere Schwebeteilchen aus und dies so lange, bis sich am Rand des grauen Schlamms eine feine goldgelbe Spur zeigt. Jetzt kommt, zusammen mit Zucker und Zitronensaft, eine kleine Menge Quecksilbers in die Schale, die in der rollenden Bewegung mit dem Gold amalgamiert. Der Goldwäscher nimmt das mit dem Quecksilber verbundene Gold und formt es in einem Tuch zur Kugel. Diese wird in Silberfolie eingewickelt und ins Feuer gelegt. Das Quecksilber verdampft, übrig bleibt das Metall – das Gold.

Der Vorgang scheint die Menschen immer wieder aufs neue zu faszinieren. Männer, Frauen und Kinder schauen in das Feuer und atmen dabei unbekümmert die hochgiftigen Dämpfe ein. Und wie ihnen ergeht es auch den Arbeitern in der Stampfmühle, den Menschen in den beiden Städtchen und der weiteren Umgebung. Das Quecksilber ist überall, in der Atemluft, im Boden und – am schlimmsten – auch im Fluß, wohin ein Teil beim Goldwaschen wandert. Im Rio Amarillo aber werden Kleider gewaschen, baden die Kinder, werden die quecksilberhaltigen Fische gefangen. Die Auswirkungen auf die Gesundheit der Menschen sind hier nie untersucht worden. Aber man weiß auch so um die Schäden. Man sieht Menschen krumm und ausgezehrt von dem Gift, weiß, daß viele vorzeitig sterben und Frauen Totgeburten zur Welt bringen. Was würde eine weitergehende Aufklärung auch ändern? Die Freiheit, die Selbständigkeit und der bescheidene Wohlstand in einer sonst sehr armen Bevölkerung sind den Goldwäschern alle Risiken wert.

Betroffen von diesem Vabanquespiel sind aber nicht nur Menschen, die vom Gold bescheidenen Nutzen haben. Wie am Rio Amarillo vergiften die Goldwäscher auch zahlreiche andere Flüsse. Im anderen Pôrto Velho, das in Rondônia liegt, wurde der Zustand des Rio Madeira von den Zeitungen als kritisch bezeichnet und auf die Vergiftungsgefahren hingewiesen, die von der Goldwäscherei im Fluß ausgehen. Die brasilianischen Gruppen der etwa 9 000 Yanoama-Indianer, deren Gebiet im Norden Amazoniens von der Perimetral Norte (BR 210) erreicht wird, werden in ihrer Dschungelheimat von 50 000 illegalen Goldsuchern überschwemmt. Sie bedrohen die Dorfgemeinschaften, zerstören den Urwald und damit die Jagdgründe und vergiften die Flüsse mit Unmengen von Quecksilber. Im Oktober 1989 ordnete die Regierung in Brasilia an, daß die Prospektoren das Indianergebiet zu verlassen hätten. Aber wer wird die Anordnung durchsetzen?

Eine solche Entwicklung wie in den letzten zwei Jahrzehnten, die Amazoniens Weg in die Zivilisationswüste bedeutet, haben viele Forscher immer befürchtet. Schon die »goldene Gummizeit« hatte den Schweizer Forscher Bluntschli im Jahre 1921 zu der Warnung veranlaßt: »Dieses Amazonien will ein Ableger von Europas Kultur sein und wirkt doch mehr oder weniger als Karikatur. Es ist das Amazonien der Schnaps- und Wellblechkultur, und sein Einfluß kann auf den betretenen Pfaden nicht zum Segen führen.«[5] Und 35 Jahre nach Bluntschli – die geschilderten Projekte unserer Tage waren nicht einmal geplant – stellte der Amazonasforscher Harald Sioli die Frage, ob die Menschen dabei wären, »die unberührte, in sich harmonische Naturlandschaft in eine durch Geist und Tatkraft gestaltete neue Harmonie zu verwandeln, eine Kulturlandschaft oder eine Zivilisationswüste«!

Sioli hatte die alten Wunden Amazoniens vor Augen und erkannt, daß sich nirgendwo seit der Zerstörung der Indianerkulturen »der Wille ... zur Schaffung einer neuen, eigenartigen, landschafts- und volksgebundenen Kulturform« zeigte. Während die bestimmende Oberschicht sich in Brasilien darauf beschränkte, »das Äußere kultureller und zivilisatorischer Einrichtungen anderer Völker nachzuahmen«, wurden die ehemaligen Zugvögel aus dem Nordosten, die als »Gummisoldaten« ins Land kamen, zwar zu »echten Waldmenschen«, brachten es aber »nie und nirgends zu einer eigenen, umweltbestimmten sozialen Lebensform als Grundlage einer darauf zu entwickelnden Kultur«[6].

Die Verwüstungen im Tiefland haben die Aufmerksamkeit von einer Katastrophe abgelenkt, die manche Experten sogar für folgenreicher halten. Das ist die Zerstörung der Bergwälder, insbesondere der Nebelwälder, in den Andenstaaten Kolumbien, Ecuador, Peru und Bolivien. Die Erschließungsstraßen, die in den letzten 20 Jahren von den Zivilisationszentren hinab ins Tiefland aufgefahren wurden, zogen auch dort überall Kleinbauern an – denn das Land links und rechts der Straße kostete nichts.

Am Anfang brannten nur die Hänge unmittelbar neben den Straßen. Doch im Laufe der Jahre dehnten sich die Rodungen auch gegen die steilsten und schwierigsten Hänge aus. Und bald fand man zusammenhängenden Primärwald immer seltener. In Ecuador ging die Selbstzerstörung so weit, daß auch die Kammwälder gerodet wurden. Selbstzerstörung?

Der Wald an den Hängen und auf den Kämmen war die Voraussetzung für einen ausgeglichenen Wasserhaushalt des Teils der Anden, dessen Flüsse ins Amazonasgebiet fließen. Dort – im Bereich der inneren Tropen – »kämmten« die Baumwipfel nämlich die von Amazonien das ganze Jahr aufsteigenden Nebelspiralen und auch die schweren Regenwolken ab und nahmen so das Lebensspendende in die Erde auf. Während der schweren, saisonbedingten Regenfälle dann wirkte die üppige Vegetation wie ein Schwamm, der sich vollsog. Sie kanalisierte das Wasser sanfter in die Flüsse. Dies alles ist schon seit Jahren vorbei. Die Wolken ziehen über die nackten, erodierten Berge und Täler hinweg und regnen – je nach Windrichtung – über dem Meer ab oder über dem Tiefland. Ein Land wie Ecuador, das in früheren Jahren selten Regenmangel kannte, beklagt heute ausgedehnte Trockenzeiten. Und kommt es zu Regenfällen, dann stürzen mancherorts wahre Schlammfluten zu Tal, die auch die restliche Vegetation noch in die Flüsse reißen, deren schlagartig angeschwollene Fluten im Tiefland noch weiter über die Ufer treten, Galeriewälder mitreißen, Felder und Siedlungen überschwemmen. Wie in Amazonien sind auch in den Anden beide die Verlierer: die Natur und ihre Feinde, die Menschen, deren Hoffnungen sich nicht erfüllen werden.

All das ginge die Welt vielleicht nichts an, wäre die Welt nicht längst eine Schicksalsgemeinschaft. Die Südamerikaner sind mitbetroffen, wenn jährlich 5 Milliarden Tonnen Kohlendioxid weltweit in die Luft geblasen werden. Es ist auch ihre Sache, wenn durch das sich mehr und mehr ausdehnende Ozonloch in der Atmosphäre die gefährliche UV-Strahlung zunimmt. Sie werden die Folgen eines Temperaturanstiegs der durch das Kohlendioxid aufgeheizten Erdatmosphäre sogar noch stärker zu spüren bekommen als wir: die Peitsche häufigerer und stärker auftretender Wirbelstürme, die Überschwemmungskatastrophen in den Niederungen durch den unaufhaltsam ansteigenden Meeresspiegel infolge des stärkeren Abschmelzens von Polareis. Sie werden genau wie die Industrieländer Abschied nehmen müssen von vertrauten Landschaftsbildern, wenn sich die Dürre ausbreitet. Und mit der Dürre kommen die Hungersnöte.

Eine negative Utopie? Ich mußte nicht an die Polargebiete reisen, um das Abschmelzen von Gletschern in einem erschreckenden Ausmaß beobachten zu können. Ehemals berühmte Eisgipfel der Anden – darunter der Tungurahua, der Chiles und der Cotacachi in Ecuador – haben schon keine Gletscher mehr. Auf dem Cotopaxi und dem Chimborasso, den Humboldt einst bestieg, um für sein Vegetationsprofil Erkenntnisse zu sammeln, sind die Gletscher weit zurückgewichen. Die Berge Ecuadors sind das Menetekel über Amazonien.

Amazonien darf nicht sterben!

Auf über 20 Millionen Quadratkilometern breitete sich der tropische Regenwald noch zur Jahrhundertwende aus. Im Laufe von nur 80 Jahren wurde nahezu die Hälfte dieser Waldflächen vernichtet und schließlich, in weniger als zehn Jahren, in Südamerika noch einmal 2,5 Millionen Quadratkilometer. Die Entwicklung zeigt die mörderische Beschleunigung des Zerstörungswerkes gerade in unseren Tagen. Sie hat ihre Ursachen vor allem im Wachstum der Weltbevölkerung und in der Zunahme der Technisierung und des damit verbundenen materiellen Wohlstands in den »hochentwickelten« Ländern.

Zur Jahrhundertwende lebten auf der Erde 1,6 Milliarden Menschen. 70 Jahre später zählt die Statistik bereits dreieinhalb Milliarden Menschen (heute sind es gut 5,3 Milliarden). Das war der Zeitpunkt, zu dem in Brasilien der große Marsch auf Amazonien begann. Für die Zukunft errechnete man damals ein jährliches Wachstum der Weltbevölkerung um 70 Millionen, und es sollten nicht die fruchtbaren Asiaten sein, die daran – relativ betrachtet – den größten Anteil haben würden, sondern die Südamerikaner mit 2,9 gegenüber 2,5 Prozent. Brasilien hatte um 1970 89 Millionen Einwohner, also mehr als das Fünffache seiner Bevölkerung von 1900. Auch die anderen südamerikanischen Nationen wuchsen kräftig. Von 41 Millionen kletterte die Bevölkerungszahl in den übrigen Staaten nach Wilhelmy im selben Zeitraum auf 185 Millionen.[7]

Dabei zeigten die Brasilianer, die Kolumbianer oder die Peruaner in all den Jahren wenig Neigung, sich die Wildnis Amazoniens zu erschließen. Sie klebten vielmehr in den Gebieten, die die Völker Altamerikas sowie die spanischen Eroberer und die Portugiesen schon erschlossen und besiedelt hatten. Wer in den Urwald ging, suchte das Abenteuer und das schnelle Geld in der alten Eldoradomanier. In Brasilien zum Beispiel blieb der größte Teil der Bevölkerung an der Küste und im Hochland von São Paulo, wo man bald 66 Einwohner pro Quadratkilometer erreichte. In all diesen »altkolonisierten Gebieten« hielt die Nahrungsmittelproduktion aber bei weitem nicht Schritt mit dem Bevölkerungswachstum. Die landwirtschaftlichen Strukturen, die Besitzverhältnisse, die überforderten Böden ließen nur ganz bescheidene Steigerungen zwischen ein und zwei Prozent zu.[8]

In Amazonien verloren sich damals rund fünf Millionen Menschen in einem viereinhalb Millionen Quadratkilometer großen Dickicht. Zum Vergleich: In den mitteleuropäischen Industrieländern lebten durchschnittlich 500 Menschen auf einem Quadratkilometer. Die Statistik, die für das Amazonasgebiet einen Menschen je Quadratkilometer vorrechnete, täuschte freilich. Die Amazonier verteilten sich nämlich nicht über den weiten Raum, sondern in dünnen Linien entlang der schiffbaren Flüsse, wo Städte wie Manaus oder Belém schon in der Kolonialzeit zur Verwaltung und Verteidigung der Hoheitsansprüche entstanden waren oder – wie

Iquitos und Leticia – im Kautschukboom um die Jahrhundertwende. Nur die Wasserstraßen verbanden sie, alle Landwege endeten am Stadtrand, an einer sandigen Flugpiste oder den einsamen Rodungen der wenigen Urwaldbauern.

Das änderte sich schnell, als Brasilien mit dem Bau der »Straße des Jahrhunderts« begann. Viele glaubten, Augenmaß, Vernunft und eine widrige Wildnis würden zu einer allmählichen Erschließung Amazoniens führen, und große Schutzzonen würden erhalten bleiben. Sie hätten sich das Beispiel des Bundesstaates Paraná vor Augen führen können, wo man nur 35 Jahre gebraucht hatte, um eine geschlossene Decke des Arankarienwaldes völlig zu beseitigen: »Als ich 1935 meine erste Fahrt nach Nord-Paraná machte«, schrieb der Lehrer Karl Otto Müller 1973, »um dort in dem wenige Jahre vorher erschlossenen neuen Siedlungsgebiet . . . Kulturfilme vorzuführen, erstreckte sich noch geschlossener Urwald über eine Fläche von mehr als 300 Kilometer Breite bis zum Rio Paraná. Von einem Höhenrücken, auf dem vier junge Kölner dabei waren, das von ihnen erworbene Urwaldstück in eine Pflanzung zu verwandeln, schweifte der Blick ringsum über die Wipfel der Urwaldriesen, ein unerhört eindrucksvolles Bild. Ich war fasziniert und malte mir aus, was hier deutsche Kolonisten an Neuland für die Zukunft schaffen würden. Damals konnte ich nicht ahnen, daß der vor mir liegende Wald in wenigen Jahren restlos vom Erdboden verschwunden sein könnte . . .«[9]

Im Jahre 1971 war der junge Studienrat von damals als Ruheständler Besucher des Landes, in dem er einst acht »Lehr- und Wanderjahre« verbracht hatte: »Welcher Wandel der Landschaft! Anstelle der Urwälder Kaffee, Kaffee, Kaffee . . . Londrina, vor 35 Jahren ein Quadrat von einem Kilometer Seitenlänge im Urwald, mit den ersten rechtwinkligen Straßentrassen und wenigen Holzhäusern, ist heute eine Stadt mit fast 200 000 Einwohnern. Auf einem der gepflegten Plätze hat man sinnigerweise ein Fleckchen Urwald stehen lassen.«

Im Bundesstaat Minas Gerais war die Waldvernichtung durch den Holzkohlebedarf der Hochöfen nach Beobachtungen Karl Otto Müllers so intensiv, daß eine Stadt wie Governador Valadares, die 1950 noch als Zentrum der Holzverarbeitung gegründet worden war, 25 Jahre später zur Viehwirtschaft übergehen mußte: »Die Wälder hatte das japanische Stahlwerk am Rio Doce verschlungen.«[10]

Was die »parasitenhafte Nutzung« des Bodens schon in Brasilien bewirkt hat, ermittelten auch die landwirtschaftlichen und biologischen Institute der Universitäten Campinas und Curitiba. Auf einem Hektar untersuchten Plantagenlandes stellten sie zwischen 250 und 800 Kubikmeter Verlust an Boden durch Wind und Regen fest.

Die Unfruchtbarkeit solcher einseitig genutzter Flächen wurde nicht nur zu einem Problem der Besitzer. Kaltluftmassen antarktischer Herkunft stießen in den letzten Jahren immer wieder über die entwaldeten Landstriche bis tief in die subtropischen Gebiete vor und verursachten große Schäden. Ein breiter Waldgürtel hatte solche Klimaschwankungen in früheren Jahren verhindert.

In Amazonien ist den brasilianischen Politikern längst das Steuer aus den Händen geglitten, weil sie die Ratschläge der Wissenschaftler ignoriert haben, die sie selbst zum Forschen einluden.

Während der achtziger Jahre geht trotz aller Warnungen das Brennen weiter. Längst ist auch vielerorts die Regelung vergessen, nach der jeder Kleinbauer nur die Hälfte des ihm zugewiesenen Bodens bearbeiten darf, während die andere Hälfte der ursprünglichen Vegetation reserviert ist. Die in den meisten Gebieten schon nach ein paar Jahren ausgelaugte Nährstoffschicht aus der Asche des verbrannten Waldes veranlaßt die Siedler, für ihre Anpflanzungen auch nach dem Reservat der ursprünglichen Vegetation zu greifen.

Der größte Teil des gefällten Waldes, nämlich 95 Prozent, wird nicht holzwirtschaftlich genutzt. Nur die wertvollsten Stämme kommen, wenn die Rodung verkehrsgünstig liegt, zum Abtransport an den Straßenrand oder zum Bootsanleger. Aus ihrem Verkauf für die heimische Holzindustrie, für den Export nach Japan, in die Länder der Europäischen Gemeinschaft oder Nordamerika gewinnt der Kolonisator gerade genug Geld, um die Motorsäge, ein paar Werkzeuge und Geräte für den Hackbau und neues Saatgut bezahlen zu können, für die er sich verschuldet hat.

Nur wenige Ausländer konnten sich in Amazonien umfassender über den Stand der Dinge informieren. Brasiliens verschiedene Regierungen, seit 1970 genervt von der ständigen Kritik aller Welt, erschwerten Berichterstattern und Wissenschaftlern das Reisen an die Urwaldfront. Aber bald waren es viele Brasilianer selbst, die die Gesellschaft mit ihren Nachrichten aus Amazonien erschreckten. Der Agrarreformer Chico Mendes, der inzwischen ermordet wurde, sprach von einer »Apokalypse« im Urwaldgebiet. Der Naturschutzbeauftragte Fernando Teixeira beobachtete, daß man vor Rauch und Feuer »nächtelang keine Sterne und keinen Mond mehr sah«, der »Rauch zeitweilig über 10 000 Meter hoch aufstieg«. Zu den erschreckenden Eindrücken kamen erschreckende Zahlen aus Rondônia, nach denen dort 1988 je Minute über 1 300 Bäume in Flammen aufgingen.

Seit Jahren schon wird nun in den Industrieländern immer wieder auf die bedrohliche Kettenreaktion infolge der Waldvernichtung für das Klima hingewiesen. Von fünf Milliarden Tonnen jährlich in die Luft aufsteigenden Kohlendioxids ist die Rede, von denen drei Milliarden Tonnen allein auf das Konto Brandrodung gingen.

Wie Wetterleuchten am fernen Horizont das drohende Gewitter, kündigen die sich häufenden Naturkatastrophen in aller Welt den nicht mehr fernen Klimaumbruch an. Und niemand soll sagen können, daß die Bayerische Rückversicherung in München nicht davor gewarnt hätte. Jahr für Jahr veröffentlicht sie ihre »Weltkarte der Naturgefahren« und dazu die Schadensbilanz. Danach brachte das Jahr 1988 eine »dramatische Zunahme der Naturkatastrophen« mit einem Gesamtschaden von 16 Milliarden Dollar gegenüber durchschnittlich zehn Milliarden Dollar in den Jahren zuvor.

Begründet wurden die Katastrophen reichlich abstrakt mit »der Ausbreitung der

Weltbevölkerung in früher gemiedene Zonen«. In wissenschaftlichen Studien spricht man deutlicher und wagt die Prognose, daß der hohe Kohlendioxidgehalt der Luft eine Erwärmung des Erdklimas zwischen zwei und fünf Grad Celsius bringen werde und damit das Abschmelzen von Eis an den Polkappen und ein Ansteigen des Meeresspiegels. Für zahlreiche Küstenniederungen in aller Welt bedeutete das weiträumige und andauernde Überschwemmungen.

Was die Brasilianer nun erbittert, ist die Tatsache, daß sie in der internationalen Umweltdiskussion die Prügelknaben sind, während die Staaten, die sich die Reinhaltung der Luft vor allen anderen wirtschaftlich leisten könnten, auch nur Resolutionen verfassen und halbherzige Schritte unternehmen. Die Bundesrepublik Deutschland gehört dazu. Sie hat aber 1989 einen neuen Forschungsschwerpunkt Klima gesetzt und dafür 92 Millionen DM – gegenüber 14 Millionen DM im Jahre 1982 – bereitgestellt; das ist zwar lobenswert, aber viele Ursachen sind längst bekannt, konstruktive Schritte zur Reinhaltung der Atmosphäre und zur Erhaltung der restlichen Regenwälder wären wichtiger.

Auch das Wissen um die Bedeutung der Regenwälder für das Klima ist längst Allgemeingut. Danach ergibt sich das folgende Bild. Vor über drei Milliarden Jahren entstanden im Meer die ersten Blaualgen. Sie enthielten jenen Farbstoff, der ein Welterfolg wurde – das Blattgrün. Ehe sich das Blattgrün entwickeln konnte, waren schon 1,6 Milliarden Jahre seit Bildung der Erdkruste und 200 Millionen Jahre seit dem Entstehen frühester Lebensformen in einer Uratmosphäre aus Methan, Ammoniak, Wasserstoff und Kohlendioxid vergangen. Der Sauerstoff fehlte noch. Erst die Blaualgen als die ältesten bekannten chlorophyll- oder blattgrünhaltigen Organismen lassen das Vorhandensein von Sauerstoff vermuten. Durch die Aufspaltung des Kohlendioxides unter Einfluß des Lichts könnte er entstanden sein. Jedenfalls wurden mit Hilfe des Blattgrüns, das alle Pflanzen mit den primitiven Blaualgen gemeinsam haben, Kohlendioxid und Wasser zu Nährstoffen umgewandelt. Die Sonnenenergie spielte dabei eine wichtige Rolle: Der Farbstoff Blattgrün oder Chlorophyll nahm bei der sogenannten Photosynthese vom Sonnenlicht die roten, orangefarbenen und blauen Strahlen in Anspruch, um aus Wasser und Kohlendioxid Glukose zu produzieren.

Das ist die – zugegeben – einfachste Erklärung eines Vorgangs, bei dem die Lichtenergie Voraussetzung für die Verbindung von sechs Molekülen Kohlendioxid mit sechs Molekülen Wasser zu einem Molekül Traubenzucker ist. Traubenzucker oder Glukose wiederum ist das Grundprodukt für den Stoffwechsel. Die Pflanze verfügt über den Traubenzucker und wandelt die größte Menge um in ATP, das die Energie für Wachstum und Gedeihen liefert.

Bei der Photosynthese werden übrigens sechs Moleküle Sauerstoff abgegeben, und so setzt auch der Urwald große Mengen von Sauerstoff frei, wenn er mit Hilfe der Photosynthese Kohlehydrate bildet, die die Bäume wie die anderen Pflanzen zum Wachstum benötigen; er verbraucht aber auch ebensoviel wieder beim Verrotten (Oxidation) des abgestorbenen organischen Materials.

In den großflächigen Rodungen dagegen erleben wir den gegenteiligen Effekt. Dort wird kein Sauerstoff mehr produziert. Er wird sogar zusätzlich verbraucht, wenn die Bäume verbrennen oder wenn sie auch nur verrotten; denn auch Fäulnis ist ein Verbrennungsprozeß, an dem Sauerstoff beteiligt ist.

Und auf welche Weise wird die Ozonhülle, die die Erde schützend ummantelt, immer weiter zerstört? Das dreiatomige Sauerstoffmolekül Ozon bildet sich aus dem zweiatomigen Luftsauerstoffmolekül unter der UV-Lichtstrahlung mit einer kleineren Wellenlänge als 240 Nanometer (240 Millionstel Millimeter). Dabei wird das UV-Licht absorbiert. Wenn nun die Fluorkohlenwasserstoffe (chemisch FCKW) in die Stratosphäre gelangen – also in etwa 25 Kilometer Höhe –, werden sie vom UV-Licht fotomechanisch zersetzt, so daß sie mit dem Ozon reagieren und das Sauerstoffmolekül zerstören. Auf diese Weise wird das Ozonloch über der Antarktis größer und größer, und die UV-Strahlung kann ungehindert ihre schädliche Wirkung auf die Organismen der Erde ausüben.

Angesichts solcher Aussichten, von denen die ganze Welt betroffen wäre, müßte sich eben diese Welt für das Überleben des Amazonasregenwaldes einsetzen. Ihn nach einem früheren UNO-Plan internationalisieren zu wollen, wäre gegen die Interessen Brasiliens und der befreundeten Nachbarstaaten gerichtet und daher eine Utopie. Vielmehr sollten die reichen Industrienationen über eine internationale Stiftung jeden Quadratkilometer noch intakten Urwaldes kaufen und keinem größeren Nutzen zuführen als dem seiner Erhaltung. Diese Stiftung, an der die Südamerikaner selbstverständlich beteiligt sein müßten, sollte das Gebiet auch verwalten und entsprechende Mittel bereitstellen. Zugleich sollten die Gläubigerbanken Brasiliens und anderer Amazonasstaaten nur noch solche Wirtschaftsweisen fördern, die den besonderen Bedingungen Amazoniens entsprechen und die ökologischen Grundlagen nicht zerstören.

Vor allem im Amazonasgebiet Brasiliens dürfte inzwischen die Einsicht in die Tatsache gewachsen sein, daß von zehn Siedlern acht nach wenigen Jahren ihre dem Urwald abgetrotzten Feldbauflächen wieder verlassen müssen, weil der Boden unergiebig geworden ist. Einsicht in die Tatsache, daß alle die Großprojekte, die wesentlich zum brasilianischen Schuldenberg beigetragen haben, nicht einmal die Zinsen einbringen, die das Land jährlich zu zahlen hat. Einsicht in die Tatsache, daß der gewaltige Kraftakt in Amazonien dem Land insgesamt mehr Schaden als Nutzen gebracht, seinem Ansehen in der Welt geschadet und es von der Schwelle heruntergeworfen hat, über die es aus dem Kreis der Entwicklungsländer in den der Industrienationen schreiten wollte.

Die Industrieländer sollten die Kaufsumme für den Regenwald aus ihren Etats für Umweltschutz finanzieren; denn der Schutz des Regenwaldes ist nichts anderes als globaler Umweltschutz und damit Selbstschutz. Wenn wir zugrunde legen, daß Volkswagen do Brasil im Jahre 1973 140 000 Hektar Land für ganze 2,5 Millionen Mark erwerben konnte, so müßten für die vielleicht noch vorhandenen 1,4 Millionen Quadratkilometer intakten Regenwaldes in Brasilien etwa 2,5 Milliarden Mark aufgewendet werden – nur ein Bruchteil der Entwicklungskosten für den überflüssigen »Jäger 90«. Wenn es allerdings richtig ist, daß jährlich immer noch über 100 000 Quadratkilometer Wald in Brand gesteckt werden, braucht man nur noch 15 Jahre lang zu lamentieren und zu appellieren und kann es sich dann ersparen, eine Kaufentscheidung zu fällen. Der Regenwald wäre dahin.

ANHANG

Amazonisches Lexikon

Abacate — Die Frucht der Persea *(Persea gratissima)* aus der Familie der Laurazeen. Das birnenförmige Obst wächst auf Bäumen mit wechselständigen, lederartigen Blättern.

Achiote — In Brasilien Urucú genannt. Der Strauch der *Bixa orellana* bildet Fruchtkapseln, aus denen die Indianer einen roten Fettfarbstoff gewinnen, mit dem sie ihre Haartrachten einfärben, Gesicht und Körper bemalen.

Achra — Ein tropischer Beerenbaum *(Achras sapota)* der milchsaftführenden Sapotoiceen.

Achuara — Die Achuara-Indianer gehören zu den Jivarostämmen im oberen Amazonien in Ecuador und Peru.

Achuna — So wird im spanischsprachigen Amazonien der Nasenbär *(Nasua fusca)* genannt, ein Kleinbär mit rüsselartig verlängerter Nase.

Acrocomia — Die Gattung aus der Familie der Palmen trägt kugelige Steinbeeren mit sehr dickem Steinkern.

Agami — Der Vogel aus der Familie der Trompetervögel *(Psophiidae)* wird der Ordnung der Watvögel zugerechnet. Das Männchen wird oft bei den Urwaldbewohnern im Haus gehalten, weil es bei der Annäherung von Fremden »anschlägt« wie ein Hund.

Aguti — (In Brasilien Cotia) So oder auch Guatusa wird allgemein ein viel bejagtes, nachtaktives Nagetier genannt, das den Meerschweinchen verwandt und besonders in den Flußniederungen anzutreffen ist. Wir kennen es auch unter dem Namen Goldhase *(Dasyprocta punctata)*.

Aji — Das verbreitete, aus dem Spanischen stammende Wort für Paprika.

Alagadisso — Spanisches Wort für sumpfiges Gebiet.

Alama — Die Alama sind ein die Ketschuasprache sprechendes Volk, das von den Spaniern aus den Kordilleren an den Rand des Amazonasbeckens abgedrängt wurde.

Aldea — Spanisch: Siedlung.

Alluvialland — Schwemmland.

Alluvium — Erdzeitalter (auch Holozän), Schwemmland.

Amazonenstein — So wird gelegentlich der grüne Feldspat aus dem Amazonasgebiet genannt.

Anakonda — Die größte Schlange Amerikas. Die Riesenschlange *(Eunectes)* wird in der weitverbreiteten Lingoa geral, der aus dem Tupí-Guaraní hervorgegangenen Verkehrssprache in Teilen Brasiliens und Paraguays, auch Sucuriú oder Sucuriuba genannt.

Andira — Spanisch: Fledermaus.

Anguria — Die Anguria ist eine kahle Kletterstaude, die zu den Kürbisgewächsen (Cucurbitazeen) gehört.

Anhuma — Auch Aniuma, wird in Amazonien der Wehrvogel *(Palamedea)* aus der Familie der Watvögel genannt.

Animismus — Nach den Vorstellungen vieler Naturvölker sind die Natur und ihre Kräfte beseelt. Der völkerkundliche Begriff ist von dem lateinischen Wort anima (die Seele) abgeleitet.

Anona — Dieser Flaschenbaum *(Anona squamosa)* bringt die wohlschmeckenden »Zimtäpfel« hervor.

Anta — Das gebräuchliche Wort für den vielbejagten Tapir mit seiner rüsselartigen Greifnase, der im Tropenwald die Dickhäuter vertritt. Der altertümliche Säuger ist mit den Nashörnern verwandt.

Apozynazeen	Die Pflanzen aus der Familie der Hundstodgewächse (Apozynazeen) führen einen giftigen Milchsaft. Ihre kräftigen Bastfasern sind ein natürlicher Werkstoff.
Aquila destructor	Der Affenadler *(Harpyia destructor)* ist ein Charaktervogel Amazoniens. Er beherrscht die Mythologie vieler Indianer.
Äquinoktium	Der dem Äquator zugehörige Raum der Tagundnachtgleiche.
Ara, Arara	Charaktervogel Amazoniens, ein Sittichpapagei.
Araçá	So wird verbreitet die Beerenfrucht des Myrthengewächses Araçarana genannt.
Aracuan	Dieser Hühnervogel gehört zur Unterfamilie der Hokkohühner. Wir kennen ihn als Schakuhuhn, Penelope oder auch als Jaku- und Guanhuhn.
Arapaima	Größter Süßwasserfisch und wichtiger Speisefisch.
Arazee	Verbreiteter Kolbenblütler, ein Aronstabgewächs.
Aroeira	So wird in Brasilien ein Baum aus der Gattung Schinus genannt, dessen Rinde ein geruchsintensives Harz (Mastix) und Gerbstoffe enthält.
Arutam	Bei den Jivarostämmen im oberen Amazonasgebiet empfängt der junge Krieger seine magische Seelenkraft (Kakarma) durch den Ahnengeist Arutam oder Arutma.
Assaipalme	Kohlpalme *(Euterpe oleracea).*
Astrocaryum	Sie gehört zur Gattung der Stachelpalmen und ist unter dem Namen Tucumapalme bekannt. Von ihr stammt das Tucumaöl.
Até á volta	Portugiesisch für »Auf Wiedersehen«.
Ateles ater	Klammeraffe.
Auka	Dieser Indianerstamm im Oriente von Ecuador wurde erst ab den fünfziger Jahren dieses Jahrhunderts näher bekannt.

Aullador — So wird im oberen Amazonien auf spanisch der Brüllaffe bezeichnet.

Azolla — Schwimmfarn.

Bactris-Gewächse — Sie gehören zu den Stechpalmen, sind niedrig im Wuchs und bilden Dickichte.

Bakayuva-Palme — Siehe *Acrocomia*.

Balsa — Das geläufige Wort für den Ochromabaum, der im oberen Amazonasgebiet ein häufiger Flußbegleiter ist. Sein leichtes Holz wird zu Flößen verarbeitet, die man Balsas nennt.

Bambus — Bambus gehört zur Familie der Gräser. Im oberen Amazonasgebiet findet man Pflanzen, die bis zu 30 Meter hoch werden. Die Indianer benutzen das Bambusrohr mit seinen Wachstumsknoten zu Köchern und Behältern.

Barbasco — In Brasilien Timbó genannt. Humboldt schrieb, die Wurzeln einiger Pflanzen würden, »in einen Teich geworfen, die Tiere darin berauschen oder betäuben«. Heute wissen wir, daß das Fischgift Barbasco, von vielen Bewohnern Amazoniens intensiv genutzt, unter anderem von der Pflanze *Lonchocarpus utiles* stammt. Im Politecnica-Institut der ecuadorianischen Hauptstadt Quito ergab eine Analyse, daß das Gift dieser Pflanze über zehn Prozent Rotenon enthält. Rotenon wurde 1932 von Butenandt untersucht, der es in Schmetterlingsblütlern aus Asien (Derriswurzel) fand. Das Gift wird in der Insektenbekämpfung eingesetzt. Bei Fischen lähmt es die Atemorgane.

Baxiuva — Zu dieser Palmengattung *(Iriartea)* gehört die bekannte Zamorapalme *(Iriartea exorhiza)*.

Beijú — Siehe unter *Maniok*.

Bertholletia excelsa — Von diesem bis zu 30 Meter hoch wachsenden Baum werden die Paranüsse geschätzt, die er in kopfgroßen Samenkapseln trägt.

Bifurkation — Eine besondere Flußverzweigung oder -gabelung in zwei Läufe, die verschiedenen Stromnetzen zufließen. Siehe auch unter *Casiquiare.*

Bignoniazeen — Dieser Pflanzenfamilie gehören rund 500 Arten an – Lianen, Bäume, Sträucher.

Bixa orellana — Siehe unter *Achiote.*

Boa — Die Boas *(Boidae)* sind eine Familie der Riesenschlangen, deren bekannteste Vertreter die *Boa constrictor* (Königsschlange) und die Anakonda sind (siehe dort).

Boca — Spanisches Wort für Flußmündung.

Bombacaceen — Siehe unter *Ceiba.*

Bromeliazeen — Sie gehören zu den Ananasgewächsen.

Brujo — Das spanische Wort für Zauberer, deren Einfluß in verschiedenen Regionen der Kordilleren und im Urwald noch groß ist. Man unterscheidet mancherorts den guten vom »bösen« Brujo. Beide stehen für Heilungen und Verhexungen, magische Kräfte und Hilfsgeister zur Verfügung. Der Brujo und sein Patient treten mit ihnen unter der Wirkung halluzinogener Drogen in Verbindung.

Caá — In Brasilien gebräuchlicher Begriff für Waldung.

Caápoam — Ein »runder Wald«, gemeint ist eine Waldinsel.

Cachiyaco — Siehe unter *Malpaso.*

Cachoeira — Portugiesisches Wort für die Stromschnelle und den Wasserfall. Mit Cachoeirinha ist ein kleiner Wasserfall gemeint.

Cacoal — Eine Pflanzung aus Kakaobäumen.

Camboa — So nennt man verbreitet die Fischreuse.

Campo — Allgemein versteht man unter diesem portugiesischen Begriff ein weites Feld, ein baumloses Grasland mit vereinzelten Büschen, wie es im Inneren Brasiliens typisch ist. In Amazonien sind auch überschwemmbare Grasfluren in den Flußtälern gemeint.

Campo agreste — Rohes, noch unerschlossenes Land.

Cañales — Das Rohrdickicht ist als Flußbegleiter im Gebiet der Mäanderflüsse häufiger. Siehe unter Mäander. Caña brava bedeutet Schilf oder Rohr.

Caño — Wenn der Fluß in der Trockenzeit zurücktritt, findet man die Caños, die ausgetrockneten Flußbetten oder Kanäle.

Canoa — Das spanische und portugiesische Wort für Kanu. Das Canoa wird vom Canoeiro geführt.

Capitania — In der Zeit der portugiesischen Herrschaft waren die Capitanias Statthalterschaften des Königs.

Capitão — Das portugiesische Wort meint zunächst den Kapitän, den Hauptmann, wird aber auch für Anführer oder Indianerhäuptlinge gebraucht.

Capixaba — Wort für Pflanzung.

Capoeira — Sekundärwald, der sich auf einer verlassenen Rodung ausgebreitet hat.

Capoẽs — Siehe unter *Caápoam.*

Capybara — Das Wasserschwein, die größte Nagetierart der Welt, wird auch Capyvari und Capyguara genannt.

Castanheiro — Siehe unter *Bertholletia excelsa.*

Catinga — Eine typische Vegetation aus Busch und Wald, die im Andenvorland Kolumbiens als Flußbegleiter (zum Beispiel des Rio Negro) auftritt (auch Caatinga).

Ceiba — Der Wollbaum (Bombacacee, Bombax), eine Gattung aus der

Familie der Bombacaceen, trägt Kapseln, in denen die Samen in Wolle eingebettet sind; sie wird von den Indianern für Pfeilenden, Wicklungen und Schmuck verwendet.

Chacra — Die kleinen, meist von Indianern bepflanzten Rodungen im spanischsprachigen Teil des Amazonaswaldes werden so genannt.

Chambira — Fasern, die einen wichtigen Werkstoff der Indianer abgeben.

Characinen — Abgeleitet vom lateinischen Begriff Characinidae für die Familie der Salmler.

Chonta — In dieser Stachelpalmengattung ist die *Guilelma speciosa* besonders für die Indianer von Bedeutung, weil sie hartes Holz liefert und ihre Früchte zu Mehl und Chicha verarbeitet werden können. Blasrohre und Speere sind vielfach aus Chontaholz gearbeitet (Bras. Papanka).

Coatá — Gebräuchlich für den Klammeraffen *Ateles paniscus.*

Conuco — Gebräuchlich für einen indianischen Gemeinschaftsgarten.

Coroa — In Brasilien gebräuchlich für eine Sandbank.

Cuia — Gefäß aus der Frucht des Cuia-Baums *(Crescentia cujete).*

Cujubi — Siehe unter *Schakuhuhn.*

Curaca — Verbreitete Bezeichnung für einen Indianerhäuptling.

Curandero — Der Curandero (spanisches Wort für Quacksalber) kuriert die Leute mit geheimen Mitteln (siehe unter *Brujo*).

Curare — Hochwirksames Gift, das aus verschiedenen Strychnosarten gewonnen wird.

DNER — Departamento Nacional do Estradas do Rodagem: in Brasilien zuständiges Amt für die Konstruktion der Urwaldstraßen.

Entradas — So nannte man Streifzüge in das Hinterland, auf denen Indianer eingefangen, bekehrt und zur Arbeit gepreßt wurden. Ein anderes Wort war descimento (spanisches Wort für Einfall oder »Preßgang«).

Esgravatana — Spanisch für Blasrohr.

Estalagem — Portugiesisch für Herberge oder Fremdenunterkunft.

Estõpa — Portugiesische Bezeichnung für Bast.

Euterpe — Siehe unter Assaipalme (Kohlpalme).

Facão — In Brasilien gebräuchlich für das Waldmesser, die Machete im spanischsprachigen Amazonien (Brasil. Terçado).

Fazenda — Das portugiesische Wort bezeichnet ein Landgut, vor allem eine Rinderfarm. Der Besitzer einer Fazenda ist der Fazendeiro.

Feitoria — Ein Ort, wo Waren gelagert werden.

Feliz viagem — Ein guter Wunsch, den man in Amazonien manchmal nötig braucht: glückliche Reise!

Figueira brava — Würgefeige. Brasil. Apuí.

Fortaleza — Befestigter Platz, Urwaldfestung oder Fort.

FUNAI — Fundacão Nacional do Indio: die staatliche Indianerstiftung Brasiliens.

Furo — Durchfahrt oder Passage.

Hocco — Die stattlichen Baumhühner (auch Hokkos) bilden eine Familie, die in Südamerika mit über 50 Arten vertreten ist.

Hyläa — So hat Alexander von Humboldt die tropische Regenwaldzone Amazoniens genannt.

Igapówald — Der im Überschwemmungsgebiet der Flüsse Amazoniens wurzelnde Wald.

Igarapé — Im brasilianischen Amazonasgebiet gebräuchlich für einen Kanal, Bach oder kleinen Fluß.

Ilha — Portugiesisch für Insel.

Indios do mato — Man unterscheidet die Indios do mato (Indios, die im dichten Wald leben) und die Indios andantes (nomadisierende Stämme der Savanne) von den Indios aldeados (angesiedelte Indianer). Sie alle werden oft als ladinos und nativos (Eingeborene) bezeichnet. In früheren Jahren sprach man auch schamlos von Indios de resgate, also Lösegeldindianern, die man bei den Menschenjagden geraubt hatte und zur Arbeit preßte.

Jabuticabeiro — So wird in Brasilien eine stammblütige Myrtenart *(Myrtus cauliflorus)* bezeichnet, deren bekannte Beeren Jabuticaba heißen.

Jaçanãvogel — Der Jaçanã hat ein metallisch glänzendes Gefieder. Über 20 verschiedene Arten dieses Wasservogels werden der Familie der Kuckucksvögel zugeordnet (Brasil. Piaçoca).

Jacarandábäume — Verschiedene Baumarten dieser Gattung aus der Familie der Bignoniazeen liefern wertvolle Hölzer wie Ebenholz, Palisander und Jacarandáholz.

Jacaré-açú — So wird in Amazonien der Kaiman bzw. der Mohrenkaiman bezeichnet.

Jacutinga — So oder auch Jacú nennt man im brasilianischen Amazonien eine Schakuhuhnart. Siehe auch unter *Aracuan*.

Jauareté — Tupí-Wort für Jaguar, der im brasilianischen Amazonasgebiet Onça und im spanischsprachigen Raum Onze genannt wird.

Jauarí — Die Palme ist als Astrocaryum genauer beschrieben.

Jequitiranamboia — Um die harmlosen Laternenträger Jequitiranamboia *(Fulgora laternaria)* ranken sich in Amazonien viele phantastische Geschichten. Manche Ecuadorianer und Peruaner glauben, daß der Biß einer Leuchtzirpe, die sie Machaca nennen *(Laternaria phosphorea)*, ihnen den Tod bringen könne, wenn sie nicht innerhalb von 24 Stunden mit einer Frau geschlafen hätten. Sie nennen die Machaca »Insekt der Liebe und des Todes«. In Wirklichkeit kann die Machaca weder beißen noch stechen.

Jivaro — Schuara oder Schuarä nennen sich die Jivaro selbst. Das bedeutet Menschen oder Volk. Nach Harner wenden vier der fünf Jivarostämme, die im Oriente von Ecuador und im peruanischen Montañagebiet wohnen, dieses Wort auf sich an. Wollen sie einen Stamm näher bestimmen, so setzen sie ein beschreibendes Wort hinzu. Die Achuara (Atschuara) nennen zum Beispiel ihre Verwandten im Westen Untsuri Schuarä, was viele Menschen bedeutet, oder auch Muraiya Schuarä, also Bergmenschen. Man schätzt die Zahl der Jivaro auf über 30 000 Menschen.

João de barro — So heißt im brasilianischen Waldgebiet ein Töpfervogel *(Furnarius rufus)*, den wir unter dem Namen Lehmhans kennen. Der rostbraune Sperlingsvogel baut große Lehmnester.

Jussára — Unter diesem Namen kennt man in Teilen von Amazonien die Assai- oder Kohlpalme *(Euterpe oleracea)*.

Kaiman — Siehe unter *Jacaré-açú*.

Karajá — Am Rio Araguaia, einem südlichen Zufluß des Amazonas, sind die Karajá (sprich: Karaschá) beheimatet.

Kassawa — Siehe unter *Maniok*.

Kazike — Spanisch für Häuptling.

Kolibri — Von den über 500 Kolibriarten lebt nur ein kleiner Teil in Amazonien – zum Beispiel der Hummelkolibri. (Bras. Beija-flôr = Blumenküsser).

Lago — See im Spanischen und Portugiesischen.

Lagoa — Das portugiesische Wort für Lagune, Sumpf und Salzsee.

Laguna	Der spanische Begriff für Lagune, flacher See, Sumpf.
Lamantin	Die Rundschwanzseekuh *(Trichechus manatus)* wird gut drei Meter lang und bis zu 300 Kilogramm schwer. Sie ist auch unter dem Namen Manati bekannt, in Brasilien Peixe-boi = Ochsenfisch.
Lecythis	Der Topfbaum bringt kopfgroße Früchte hervor, dessen holzige Schalen als Gefäße verwendet werden. Die kastaniengroßen Samen sind genießbar. Man kennt sie unter dem Namen Zabucayo oder Sapucajanüsse. Das harte Holz des *Lecythis amara* kommt unter dem Namen Amnaholz in den Handel. Die Brasilianer nennen es Pao de estopa.
Légua	Die brasilianische Meile = 5 590 Meter.
Legua	Die spanische Meile hat in verschiedenen Ländern unterschiedliche Längen, und zwar zwischen 4 000 und 6 687 Metern.
Leguminosen	Pflanzen mit Hülsenfrüchten.
Lehmhans	Siehe unter *João de barro.*
Lingoa geral	In Teilen Brasilisch-Amazonien ist die aus dem Tupí-Guaraní hervorgegangene Lingoa geral Verkehrssprache für die Eingeborenen, in Paraguay auch Staatssprache.
Lugar	Das portugiesische Wort (auch logar) bezeichnet eine Ortschaft oder einen Platz.
Macaubapalme	Siehe unter *Acrocomia.*
Malpaso	Stromenge oder allgemein »schlechte Durchfahrt« im Fluß.
Malpighia	Lianenartige Holzpflanzen aus der Familie der Malpighiaceen.
Mamão	Das brasilianische Wort für den Melonenbaum und die Melone (auch Mammone), sonst Papaja genannt.
Mameluco	Das Wort bezeichnet den Mischling aus Weißen und Indianern.

Mandioka Siehe unter *Maniok.*

Manga Das portugiesische Wort bezeichnet die Mangofrucht. Die Frucht des Mangobaumes *(Mangifera indica)* wird bis zu einem Kilogramm schwer.

Manglares Die immergrünen Mangrovensümpfe oder -wälder, die Manglares, breiten sich im Gezeitenbereich der Tropenküsten aus. Mangrovenpflanzen gedeihen auf salzhaltigem, schlammigem Boden auch im Mündungsgebiet des Amazonas. Sie bilden dort charakteristische Stelzwurzeln, die der Atmung dienen.

Mangroven Siehe unter *Manglares.*

Maniok Diese weit über Amazonien hinaus wichtige Kulturpflanze der feuchtheißen Tropen hat viele Namen: Mandioka, Manihot, Juca, Yuka, Kassawa und andere mehr. Die Knollen des Kassawestrauches *(Manihot utilisima)*, der zu den Wolfsmilchgewächsen gehört, sind für die Tropenbewohner ein so wichtiges Nahrungsmittel wie für uns Getreide oder Kartoffeln. Sie werden zu der alkoholisierten Chicha verarbeitet, zu Mehl, Manioksago und Tapioka.

Maquisapa Unter diesem Namen ist im nichtbrasilianischen Urwald der Klammeraffe *(Ateles ater)* bekannt.

Maranhãonüsse Im brasilianischen Nordosten, im Staate Maranhão, ist die Babacúpalme verbreitet, von der man die Maranhãonuß erntet.

Maránta Die Nahrungspflanze Pfeilwurz (Arrowroot) ist unter diesem Namen bekannt.

Maré Portugiesisch für Gezeiten.

Mate Der Tee aus den Blättern der Stechpalme *Ilex paraguayensis* wird Mate oder Yerba genannt.

Mauritia Diese Palme ist von besonderem Nutzen. Unter den verschiedenen Arten ist die *Mauritia flexuosa* bekannt als Miritípalme. Das Mark der Pflanze, die bis zu 45 Meter hoch wird, wird zu Sago, zu Ipuruma verarbeitet, aus dem Faserstoff der Blätter werden Fäden und Seile gedreht, die man zu Netzen und Hängematten knüpft. Das Fruchtfleisch der Samen der Buribí-Palme *(Mauritia vinifera)* liefert ein wohlschmeckendes Getränk.

Mavacure — Siehe unter *Curare.*

Maximiliana — Mit diesem Gattungsnamen bezeichnet man zwei Palmenarten, die Jagua- und die Inajápalme, die eine sehr guten Palmkohl und genießbare Früchte liefern.

Melastomazeen — Holzpflanzen aus der Ordnung der Myrtifloren. Sie sind im Tropenwald mit gut 1 800 Arten vertreten.

Meliazeen — Rund 300 Arten umfaßt die tropische Pflanzenfamilie der Meliazeen. Bekannte Vertreter der Hartholzarten sind Zedern.

Mimosa — Die zweifach gefiederten Blätter dieser »Sinnpflanze«, die Hülsenfrüchte trägt, legen sich bei Berührung zusammen.

Miriki — Klammeraffe. Siehe unter *Ateles ater.*

Miriti — Siehe unter *Mauritia.*

Montaña — Das spanische Wort für Gebirge meint hier eine Landschaft in Peru und Ecuador, die den Kordilleren auf der Amazonasseite vorgelagert ist.

Montaria — In Brasilien gebräuchliches Wort für Kanu.

Munguba — Siehe unter *Bombacaceen.*

Mutum — Gebräuchlich für Hoccohuhn.

Mycetes — Der Brüllaffe (im Spanischen Aullador; in Brasilien Guariba).

Myroxylon — Aus der Rinde des Balsambaumes *(Myroxylon peruiferum)* gewinnt man den sogenannten Perubalsam gegen verschiedene Hautkrankheiten.

Onze — Siehe unter *Jauareté.*

Opossum — Die Opossumratten *(Caenolestidae).*

Pajé	In Brasilien gebräuchlich für Medizinmann bei Indianerstämmen. Siehe auch unter *Brujo*.
Pajuarú	Anderes Wort für das alkoholisierte Maniokgebräu, das wir als Chicha kennen.
Palmito	Palmkohl.
Panace	Das aus dem Portugiesischen stammende Wort für Allheilmittel; ein anderes ist para todos (für alles).
Pão d'arco	Das »Holz des Bogens« wird aus dem Stamm der Bignonia gewonnen.
Pau d'estopa	Siehe unter *Lecythis*.
Parauá	Der Schweifaffe (lat. *Phitecia hirsuta*).
Paullinia	Eine kletternde, windende Strauchart *(Paullina sorbilis)*, die das Guaraná liefert.
Pauxia	Das echte Hoccohuhn.
Pava	Das spanische Wort für die Truthenne.
Pechurimbaum	Die Pechurimbohnen dieses Baumes, der zur Gattung Ocotea in der Familie der Laurazeen gehört, liefern aromatische Samen.
Pekari	Diese vielbejagte Wildschweinart *(Dicotyles)* gehört zu den Nabelschweinen. Pekaris leben in kleinen Trupps zusammen.
Pekea tuberculosa	Diese Baumart (Butterahorn) wird wegen ihrer wohlschmekkenden Pekeanüsse und des harten Holzes geschätzt.
Penelope	Siehe unter *Schakuhuhn*.
Pesqueira	Portugiesisches Wort für Vorrichtungen zum Fischfang in Flüssen.
Pesqueiro	So nennt man in Brasilien einen Fischereibetrieb.

Pica	Richtpfad durch den Urwald.
Pikíbaum	Siehe unter *Pekea tuberculosa*.
Pintado	Ein zu den Welsen gehöriger Fisch, der wegen seiner Flecken Pintado, bemalt, genannt wird.
Pira	Wort der Tupí-Sprache für Fisch.
Piranha	Der Karaibenfisch, auch Piraya, wird nur 30 Zentimeter lang. Einige Arten aber, wie der rotbäuchige *Serrasalmus nattereri*, sind wegen ihres messerscharfen Gebisses und der Angriffslust ihrer Schwärme auch vom Menschen gefürchtet. »Ausgebaute« Piranhagebisse werden von den Indianern zum Anspitzen von Curarepfeilen verwendet.
Pirarucú	Siehe unter *Arapaima*.
Pisang	Gebräuchlich für Banane, auch Musa.
Pongo	Flußenge.
Pororocá	Gezeitenbrandungswelle, die vor allem bei Neu- und Vollmond vom Meer in die Seitenarme und einige Nebenflüsse des Amazonas, die nördlich von ihm in den Atlantik münden.
Pote	Keramiktopf.
Potes de Manteiga	Töpfe, in denen das Fett von Schildkröteneiern gelagert wird.
Pouso do Jakaré	So nennen die einheimischen Kaimanjäger in Brasilien einen Liegeplatz der Kaimane.
Povoação	Das portugiesische Wort für Bevölkerung oder auch Ortschaft.
Praia de Manteiga	Sandbank, auf der man das Fett der Schildkröteneier gewinnt.
Principal	Das portugiesische Wort für Oberhaupt wird auch für den Häuptling eines Stammes verwendet.
Püserego	Ein weiteres Wort für einen Trunk aus Maniokknollen.

Obwohl sich die meisten landwirtschaftlichen Hoffnungen in Amazonien nicht erfüllt haben, wüten die Brände weiter gegen den Urwald
(Foto: Alexander Hirtz)

Besondere Gefahren für Amazonien gehen von den Rodungen für Straßen und Feldanbauflächen in den Nord-Anden aus, weil sie nicht einmal die steilen Hang- und Kammwälder verschonen *(Fotos: Robert Staub,* oben, und *Alexander Hirtz)*

Bei der Goldwäsche an den Flüssen Amazoniens werden nach Schätzungen von Beobachtern jährlich bis zu 40 Tonnen Quecksilber verbrannt.
Kärgliche Ausbeute: Am Rand des grauen Schlamms zeigt sich in der Pfanne das Gold *(Fotos: Alexander Hirtz)*

An den neuen Andenstraßen in Ecuador, die in den 80er Jahren entstanden, reißen die Regenfluten ganze Waldstücke in die Schlucht *(Foto: Peter Baumann)*

Puya	Die Gattung *Pourretia tuberculata* aus der Familie der Ananasgewächse (Bromeliazeen).
Queimada	Das portugiesische Wort für die Brandstelle auf einer Rodung oder beim Abbrennen von Sekundärwuchs.
Quina	Siehe unter *Myroxylon* (Balsam).
Rancheria	Im Spanischen gebräuchlich für eine primitive Hüttensiedlung. Die Brasilianer nennen einen Schuppen auch Rancho.
Rapadura	In Platten geformter Rohrzucker; brasilianisches Handelsprodukt.
Raudal	Spanisch Katarakt oder Wasserfall. Raudalito ist ein kleiner Wasserfall.
Regeira	Bezeichnung für ein starkes Seil oder Lianen.
Riacho	So oder auch Ribeirão nennt man im Portugiesischen einen kleinen Fluß oder Bach.
Roça	In Brasilien gebräuchlich für eine Anbaufläche, die durch Brandrodung entstanden ist.
Runsoka	Landläufiger Name für das Wasserschwein. Siehe unter *Capybara.*
Salsaparilha	Pflanze, aus deren Wurzeln ein Mittel gegen Husten gewonnen wird. Sie ist auch unter den Namen Sarsaparilla, Sassaparille sowie Smilax bekannt und gehört zu den Stechwinden aus der Familie der Liliaceen.
Salto	Portugiesische und spanische Bezeichnung für Wasserfall.
Samaúma	Der Wollbaum, auch *Eriodendron samaúma*, gehört zur Familie der Malvazeen.
Sapaju	Landläufig für den Rollschwanzaffen.

Sapucaia	Siehe unter *Lecythis.*
Schakuhuhn	Das auch unter den Namen Jacú-, Guanhuhn und Penelope bekannte Schakuhuhn gehört einer Unterfamilie der Hokkohühner an.
Schuara	Siehe unter Jivaro.
Sertanejo	Bezeichnung für die Bewohner des Urwaldes in Brasilien.
Sertanista	Waldläufer, die den Urwald erkunden und erste Kontakte mit Indianergruppen aufnehmen, bevor Straßenbau- oder Siedlungsprojekte in Angriff genommen werden.
Sertão	In Brasilien gebräuchlich für unerforschtes Waldgebiet, Wildnis, Hinterwald.
Sipó	Liane, Ranke (auch Çipó).
Sítio	Aus dem Portugiesischen für Ort und Platz, kleine Landwirtschaft.
Sorveira	Siehe unter *Apozynazeen.*
Sucurijú	Einheimischer Name (auch Sucurijúba) für die Anakonda.
Tanagra	Eine mit zahlreichen Arten vertretene Singvogelfamilie.
Tapir	Siehe unter *Anta.*
Taquara	Das bambusähnliche Rohr wird von den Indianern zu Pfeilen und Gefäßen verarbeitet (auch Taquarussú).
Tartaruga	Portugiesisch für Schildkröte, im Spanischen Tortuga.
Tatú	Einheimische Bezeichnung für das vielbejagte Gürteltier.
Tauirí	Der Naturstoff Bast.
Tempraneros	Das Wort bezeichnet im Spanischen Plagegeister, die »früh auf« sind, eine Schnakenart.

Terra firme	In Amazonien das niemals überschwemmte, feste Land (im Spanischen Tierra firme).
Thevetia	Das giftige Holz dieses Schellenbaumes aus der Familie der Apozynazeen (siehe dort) wird gequetscht und zerstoßen als Fischgift (siehe unter *Barbasco*) verwendet, die Früchte dienen den Indianern beim Tanz als Rasseln.
Tijé-Piranga	Landesüblich für Tangarenvögel.
Timbó	Ein weiteres, im brasilianischen Gebiet verwendetes Fischgift.
Tococa	Eine Melastomazeenart.
Tolda	Portugiesisches Wort für ein rasch errichtetes Schutzdach.
Toldo	Das spanische Wort bezeichnet das Schutzdach auf einem Boot, aber auch das Sonnenzelt und das Schutznetz gegen Insekten.
Toncabaum	Diese Gattung aus der Familie der Leguminosen spendet mit einzelnen Arten (zum Beispiel *Dypteryse* und *Cumaruna odorata*) die Toncabohnen.
Tracajá	Gebräuchlich für Schildkröten (Tracaxá).
Tsantsa	Schrumpfkopf.
Turé	Flöte aus Bambusrohr.
Ubá	In Brasilien früher gebräuchlich aus der Tupí-Sprache kommende Bezeichnung für den Einbaum sowie die Rohrpalme.
Unze	Siehe unter *Onze*.
Urarí	In der Lingoa geral Bezeichnung für Curare (siehe dort).
Urtiga	Bezeichnung für Brennessel.
Urubú	Landläufig für die bei den Flußsiedlungen zahlreichen schwarzen Rabengeier *(Vultur gryphus)*.

Urucú	Siehe unter *Achiote.* Andere landläufige Bezeichnungen für den roten Farbstoff sind Anotto und Attalo.
Vachaco	Einheimischer Begriff für die Zug- und Besuchsameise *(Atta cephalotes).*
Varzea	Fruchtbares Überschwemmungsland, das in der Niedrigwassersaison der Amazonasflüsse landwirtschaftlich genutzt wird. Auf vielen Anbauflächen herrscht in den Sommerkulturen Jute *(Corchoris capularis l.)* vor, die im Jahre 1931 erstmals von japanischen Siedlern eingeführt wurde.
Victoria regia	Zwei Arten dieser Seerosengattung kennt man im Stromgebiet, die *Victoria regia,* neuerdings · *Victoria amazonien* und die *Victoria cruziana.* Die Schwimmblätter erreichen einen Durchmesser bis zu zwei Metern und eine Tragfähigkeit bis zu 75 Kilogramm. Die eßbaren Samen der Pflanzen werden als Wassermais geerntet.
Viração	Portugiesisch für Brise oder Luftzug.
Yuca	Siehe unter *Maniok.*
Yucca	Diese Gattung aus der Familie der Liliazeen ist auch unter den Namen Palmenlilie, Mondblume und Adamsnadel bekannt.
Yaguarété	Siehe unter *Jauareté* (Jaguar).
Ygapó	Siehe unter *Igapówald.*
Yurumi	Die Ameisenbären *(Myrmecophacidae)* gehören zu der altertümlichen Säugerfamilie der Zahnarmen. Sie ernähren sich hauptsächlich von Ameisen und Termiten.
Zancudos	Schnaken aus der Gattung Culex.

Zeittafel

Vor 4,7 Milliarden Jahren	Die Erdkruste bildet sich.
Vor 3 Milliarden Jahren	Die ersten Blaualgen erscheinen im Meer. Früheste Lebensformen entwickeln sich vor 3,3 Milliarden Jahren.
Vor 2 Milliarden Jahren	Entstehung des Grabenbruchs, der die Basis des Amazonasbeckens bildet. Die ersten echten Zellen mit Zellkernen bilden sich.
Vor 1 Milliarde Jahren	Einzellige Grünalgen und Pilze treten auf. Die Algen entwickeln sich über die folgenden 400 Millionen Jahre weiter. Die sexuelle Fortpflanzung beginnt gegen Ende des Präkambriums.
Vor 570 Millionen Jahren	Während der ersten 140 Millionen Jahre des Paläozoikums herrschen Meeresalgen vor. Allmählich entwickeln sich neue Organismen: pflanzenfressende Tiere, vielzellige Wirbellose, Trilobiten (vor 500 Millionen Jahren), Korallen, fischähnliche erste Wirbeltiere und Ammoniten (vor 450 Millionen Jahren).
Vor 430 Millionen Jahren	Im Silur erscheinen die ersten Gefäßpflanzen auf dem Land.
Vor 395 Millionen Jahren	Die Entstehung der ältesten Wälder fällt in die Zeit des Devon. Das Devon bringt Farne, Schachtelhalme und erste Samenpflanzen hervor.
Vor 345 Millionen Jahren	Tektonische Gewalten unterteilen Amazonien in das obere, mittlere und untere Becken. Die Pflanzenwelt wird um die Bärlappe bereichert. In der Tierwelt entwickeln sich die Amphibien.
Vor 300 bis 280 Millionen Jahren	Im Karbon erscheinen die ersten Reptilien, Insekten und Spinnen.
Vor 225 Millionen Jahren	Während im Perm Bärlappe und Schachtelhalme zusammen mit anderen Organismen zurückgehen, treten im Übergang zum Trias Palmfarne und Nacktsamer (die ersten Nadelhölzer) auf. Säugetiere erscheinen gegen Ende des Trias.
Vor 190 Millionen Jahren	Das Mesozoikum gilt als Zeitalter der Dinosau-

	rier. Zu Beginn des Jura erscheinen die ersten Vögel und in der Pflanzenwelt die Ginkobäume.
Vor 140 Millionen Jahren	Gegen Ende des Jura finden wir die ersten Bedecktsamer, deren vielfältige Entwicklung sich in den 70 Millionen Jahren der Kreidezeit vollzieht.
Vor 100 Millionen Jahren	Die Schilde von Guayana und Brasilien lösen sich vom südlichen Urkontinent Gondwana.
Vor 65 Millionen Jahren	Die Kreidezeit geht mit großen Klimaveränderungen zu Ende, die den großen Artentod verursachen. In der Pflanzenwelt beginnt der Siegeszug der Bedecktsamer im ersten Abschnitt des Tertiärs.
Vor 60 Millionen Jahren	Mit der Auffaltung der Anden im Tertiär wird die Gestalt des heutigen Südamerika weitgehend geformt, die Fließrichtung der Flüsse neu bestimmt.
Vor 40 Millionen Jahren	Gegen Ende des Eozäns entwickeln sich unter den Säugetieren die Wale, die Pferdeähnlichen und die Primaten.
Vor 25 Millionen Jahren	Die Andenkette schließt sich, das Amazonasflußgefieder breitet sich aus.
Vor 10 Millionen Jahren	Die Geburt des eigentlichen Amazonasstromes.
Vor 2,5 Millionen Jahren	Gegen Ende des Pliozäns, im Pleistozän, beginnt die Entwicklung des Menschen.
Vor 2 Millionen Jahren	Der Wasserspiegel des Atlantik steigt allmählich um 180 Meter an und überflutet weiträumig das Amazonasbecken.
Vor 130 000 Jahren	Beginn eines wärmeren Zwischenstadiums während der Rißeiszeit, das die erneute Überflutung Amazoniens durch das Meer mit sich bringt.
Vor 80 000 Jahren	Abermalige Überflutung des Amazonasbeckens durch eine zwischenzeitliche Erwärmung während der Würmeiszeit.
Vor 70 000 Jahren	Der Meeresspiegel sinkt und öffnet die sogenannte Beringbrücke zwischen Asien und Amerika für 30 000 Jahre. Kaukasoide Vorläufer der Indianer könnten nach Theorien, die sich auf Forschungen unter den Waika-Indianern in Venezuela stützen, vor dem Versinken der

	Landverbindung von Asien nach Amerika gelangt sein.
Vor 35 000 Jahren	Die Beringbrücke taucht in einer neuerlichen Kälteperiode wieder auf und gibt dem Menschen für 10 000 Jahre den Weg von Asien nach Amerika frei. Vor 20 000 Jahren sind vermutlich die ersten Vorfahren der heutigen Indianer (allgemein) in den Regenwäldern Südamerikas angekommen.
Vor 10 000 Jahren	Gegen Ende der letzten Eiszeit verliert der Amazonas sein heutiges Delta. Das Becken gewinnt seine heutige Gestalt.
4000 v. Chr.	Indianergruppen, die von prägendem Einfluß für die ersten Zivilisationen Amerikas waren, könnten nach neueren Forschungen aus dem Tropenwald in die Kordilleren gezogen sein.
3000 v. Chr.	Gruppen der großen Arawaksprachfamilie sind in Zentralamazonien um das Gebiet der heutigen Stadt Manaus versammelt. – An der Küste Ecuadors wird die bisher früheste Keramik Amerikas geschaffen. Dort hat die Valdiviakultur auch das bisher älteste Zeremonialzentrum Amerikas hervorgebracht, das neben anderen Zeugnissen auf eine Zivilisation hinweist, deren Ursprung führende Archäologen im Tropenwald vermuten.
1500 v. Chr.	Die Chavínkultur bringt in den peruanischen Anden eine grandiose Sakralarchitektur hervor (Tempelanlagen von Chavín de Huantar). Chavín kennt farbige Textilien, Keramik und Goldbearbeitung. In der Ikonographie sind Jaguar, Harpyie, also Tiere des Regenwaldes, wichtige Motive.
1000 v. Chr.	An der Küste Ecuadors entwickelt sich die Chorrerakultur. Ihre Leistung ist eine Keramik von höchster Vollendung, dünnwandig, formenreich, mit rosa, rotbraunen, schwarzen und irisierenden Farben sowie Pfeifvorrichtungen. Neueste archäologische Hypothesen vermuten eine Händler- und Mittlerrolle der Chorrerakultur zwischen Chavín in Peru und der Olmekenzivilisation in Mittelamerika.

800 v. Chr. Die Chavínkultur tritt jetzt an der peruanischen Küste auf.

600 v. Chr. Der Fundort San Agustin in Kolumbien ist Zentrum einer Kultur, die unterirdische Tempelbauten aus Stein mit Monolithen aus Basalt und Andesit hervorbringt. Aus Stein sind auch die Figuren, Tempelschreine, Sarkophage und Rundbildwerke, die durch Reliefs mit Greifvögeln, Affen, Schlangen und Lurchen gekennzeichnet sind.

1400 n. Chr. Die Inka-Expansion beginnt. Das Reich integriert binnen 125 Jahren die Völker vom Norden Ecuadors bis zum Süden Chiles (Curicó). Die Westgrenze des von einer Gottkaiserdynastie straff organisierten Staates ist das Meer, die Ostgrenze bilden der Saum der Kordilleren und die Amazonasregenwälder.

1492 Kolumbus glaubt, den Seeweg nach Indien entdeckt zu haben, als er am 12. Oktober auf der Insel San Salvador (Guanahani) an Land geht. Von hier aus erreicht seine Expedition Cuba und Española.

1493 Tiere, Pflanzen und Güter, die in der Neuen Welt unbekannt sind, werden von Kolumbus auf die zweite Reise mitgenommen und auf der Insel Española entladen: Pferde, Esel, Maultiere, Ochsen, Schweine, Zuckerrohr, Spiegel und Tand für die Tainoa-Indianer. Auf der Reise entdeckt er Dominica, Guadeloupe, Puerto Rico und Jamaica.

1497 In Spanien lernt man durch Kolumbus den Mais kennen. Auf seinen Schiffen gehen mit der dritten Expedition Kühe und Stuten, ferner Weizen- und Gerstensaat sowie Gerät für den Mühlenbetrieb und Werkzeuge mit auf die Reise. Der Admiral entdeckt Trinidad und 1498 Venezuela, den »Ort des irdischen Paradieses«.

1500 Der Portugiese Pedro Alvarez Cabral erreicht die Küste des heutigen Brasilien. Beschrieben wird sie erstmals von Pedro Vaz de Caminha. Amerigo Vespucci, italienischer Navigator im

Dienste des spanischen Kapitäns Alonso de Ojeda, erkundet (1499) und beschreibt (1500) die Nordküsten von Venezuela und Brasilien bis zum Amazonasdelta. – Vicente Yañez Pinzón nennt die von ihm entdeckte Amazonasmündung das Mar dulce – Süßes Meer.

1505 Die portugiesische Krone ernennt Francisco de Almeida zum Vizekönig in Indien (Brasilien).

1507 America nennt der deutsche Geograph Martin Waldseemüller den neuen Kontinent im Süden des Karibischen Meeres nach Amerigo Vespucci.

1516 Weil der Priester und Chronist Bartolomeo de las Casas die Versklavung der Indianer bitter bei Hofe beklagt, wird er zum Protektor der Indianer ernannt. Seine Empfehlung, Negersklaven aus Afrika einzuführen, bereut er bald. – Über Española gelangen Bananenpflanzen nach Südamerika. Auf der Insel werden auch Orangen bereits erfolgreich angepflanzt. Erstmals ist in spanischen Berichten vom Kautschuk die Rede.

1520 Mandeln, Quitten, Feigen, Granatäpfel und Pflaumen werden zur Anpflanzung in die neuen spanischen Besitzungen geschickt.

1529 Die Suche nach dem Goldland (Dorado) beginnt in Südamerika mit dem deutschen Gouverneur von Venezuela, Ambrosius Alfinger.

1530 Nikolaus Federmann kommt in das »Land der Zwerge«: »Sechs Handbreit von Statur«, schreibt er, seien die »Ayamanen« in Venezuela.

1531 In Brasilien errichten Portugiesen die erste Zuckermühle. Pizarro bringt Schweine nach Peru.

1533 Mit der Erlaubnis der Audiencia in Santo Domingo wird eine spanische Expedition für die Suche nach dem Goldland (Dorado) ausgerüstet. Ihr folgen 1536 die Expedition des Jiménez de Quesada, 1538 die Expedition des Sebastian de Belalcázar, der von Popayán aufbricht und das Gebiet der Chibcha (das heutige Kolumbien) entdeckt. 1539 verlassen Gonzalo Pizarro und Francisco de Orellana Quito. Gonzalo Pizarro kommt nur bis zum Saum Amazoniens und kehrt nach Quito zurück. Orellana verläßt Pizarro, und was zunächst als Erkundungsfahrt gedacht ist, gerät zur ersten Durchquerung des Subkontinents von Westen nach Osten auf dem »Rio de las Amazonas«. Die Amazonen, die die Konquistadoren auf dem Fluß im Kampf erlebt haben wollen, erwähnt Fernández de Oviedo 1543 in einem Schreiben an Pietro Benabo.

1548 In Brasilien setzt der Handel mit schwarzen Sklaven ein.

1554 Die Jesuiten gründen São Paulo, das für die weitere Landnahme von großer Bedeutung ist.

1559 Tabaksamen aus Amerika wird von Jean de Nicotin, der französischer Botschafter in Lissabon ist, an Franz II. und Katharina von Medici gesandt.

1560 Pedro du Ursua führt auf der Suche nach dem Dorado eine Expedition zum Rio Marañón. Er wird von Fernando de Guzmán ermordet, der das Reich der Marañónes ausruft. Lope de Aguirre ermordet Guzmán und führt die Expedition bis zum Orinoco. Vermutlich entdeckt er bei dem Unternehmen den Casiquiarekanal.

1584 Ein neuer Versuch, das Goldland zu finden: Im Orinocogebiet unternimmt Gouverneur Antonio de Berrio eine Expedition.

1609 Die Krone in Lissabon macht auf Druck der Kolonie eine Verordnung rückgängig, nach der Indianer nicht versklavt werden dürfen.

1617 Die Engländer unter Sir Walter Raleigh suchen das Goldland am Orinoco.

1621 Philipp III. autorisiert Pento Maciel Parente, den Amazonas zu erforschen.

1637 Eine Expedition unter Pedro de Teixeira (1637 bis 1639) erkundet im Dienste des Gouverneurs von Pará den Amazonas stromaufwärts. Sie gelangt bis in das heutige Peru und Ecuador.

1641 Pater Cristoval de Acuña veröffentlicht das

Werk »Nuevo descubrimiento del gran Rio de las Amazonas«.

1669 Die Portugiesen bauen am Ufer des Rio Negro das Fort São João da Barra, Kern der späteren Siedlung Manaus, deren Name (1856) vermutlich von Namen eines inzwischen ausgestorbenen Indianerstammes der Region abgeleitet ist.

1689 Der deutsche Jesuitenpater Samuel Fritz erkundet nach zwei Jahren Missionsarbeit und Forschung am oberen Amazonas auf einer Expedition den Strom bis nach Pará, heute Belém.

1699 Der portugiesische Generalgouverneur Coelha unternimmt eine Amazonasexpedition.

1702 Mit dem Franzosen Louis Feuillée kommt der erste Botaniker nach Südamerika. Er beginnt in Venezuela und Kolumbien wissenschaftliche Studien, die er 1711 in Argentinien, Chile und Peru fortsetzt.

1727 Im Dienst seines Gouverneurs Mario da Gama stiehlt der Offizier De Melo Palhêta für Brasilien Kaffeepflanzen in Französisch Guiana.

1735 In diesem Jahr, in dem Linné sein System zur Klassifizierung der Pflanzen veröffentlicht, kommt der Franzose La Condamine von der Akademie der Wissenschaften in Paris mit einer Anzahl Gelehrter nach Quito. Mit ihm sind die Spanier Antonio Ulloa und Jorge Juan. 1736 sendet La Condamine die erste Kautschukpflanze *(Hevea brasiliensis)* nach Frankreich.

1743 La Condamine unternimmt eine Forschungsfahrt ins Amazonasgebiet und bringt eine Fülle wissenschaftlicher Aufzeichnungen mit.

1749 Godin des Ordonais bereist Amazonien.

1754 Nach dem Linnéschen System beginnt der Schwede Peter Loefling die Pflanzenwelt Venezuelas zu studieren.

1755 Der Grenzfestlegung zwischen den spanischen und den portugiesischen Kolonien dient unter anderem die Forschungsarbeit einer Kommission unter Furtado und Yturriaga.

1755 Die Capitania São José do Rio Negro wird gegründet.

1758 In Brasilien wächst die Stimmung für die Befreiung der Indios aus missionarischer Abhängigkeit.

1759 Die Vertreibung der Jesuiten aus Brasilien verfügt ein Dekret des Gouverneurs Pombal.

1767 Die Jesuiten werden aus den spanischen Kolonien ausgewiesen.

1775 Der Franzose Fusé Aublet veröffentlicht seine Studien über die Flora in Guayana.

1781 Die zehnjährige Forschungsarbeit einer portugiesisch-spanischen Kommission beginnt. Sie legt die Grenzen fest und trägt wissenschaftliches Material über Amazonien zusammen.

1783 Eine »botanische Mission«, 1763 von Mutis in Bogotá angeregt, nimmt ihre Arbeit auf. 1784 studieren die spanischen Forscher Pavón und Ruiz zusammen mit dem Franzosen Dombey die Pflanzenwelt Perus und Chiles.

1799 Alexander von Humboldt und der Franzose Aimé Bonpland reisen nach Amerika. In Amazonien entdeckt Humboldt die Bifurkation des Orinoco, durch die das Amazonasstromsystem über den Casiquiare-Kanal Tribut erhält.

1819 Johann Baptist von Spix und Karl Friedrich Philipp von Martius beginnen mit Forschungen im unteren Amazonasgebiet. Sie veröffentlichen eine fünfzehnbändige »Flora brasiliensis«.

1825 Georg Heinrich von Langsdorff beginnt im südlichen Amazonasgebiet zu forschen.

1829 Eduard Poeppig beginnt mit Forschungen im Amazonasgebiet.

1831 Charles Darwin (Evolutionstheorie von der Entwicklung des Lebens durch natürliche Auslese) betritt nach der Ankunft der »Beagle« in San Salvador (Forschungsfahrt zur Vermessung und Kartierung der südamerikanischen Küste) brasilianischen Urwald. Die Eindrücke sind mitentscheidend für seine Wahl der wissenschaftlichen Laufbahn.

1843 Francis de Castelneau bereist das Landesinnere Brasiliens. Seine Studien gelten besonders der Zoologie und der Ethnologie.

1850 In der neugegründeten Provinz Manaus wird die Siedlung Manaus Hauptstadt.

1866 Kaiser Dom Pedro II. von Brasilien öffnet den Amazonas als internationalen Wasserweg, auf dem Schiffe aller Nationen ohne Behinderung bis zu den Quellflüssen fahren dürfen. – Nach elfjährigen Forschungsfahrten erscheint von Walter Henry Bates das Werk »The Naturalist on the River Amazon«.

1876 Wickham schmuggelt 70 000 Kautschuksamen nach London. Im Jahr 1894 werden Kautschukplantagen in der englischen Kolonie Ceylon vier Millionen Hektar einnehmen.

1891 Brasilien verbietet die Sklaverei.

1892 Die Hälfte der Kautschukproduktion der Welt, 19 Millionen Kilogramm, kommt aus Brasilien.

1897 Eine Urwaldbahnlinie entlang dem Rio Mamoré, über die Bolivien Verbindung mit dem Atlantik erhalten soll, wird nach unsäglichen Mühen fertiggestellt.

1898 Die Booth Steamship Company errichtet im Hafen von Manaus schwimmende Docks, an denen Ozeanschiffe anlegen können.

1903 Bolivien verliert das an Wildkautschuk reiche Acre an Brasilien.

1910 Rondôn gründet eine Stiftung zum Schutz der Indianer, aus der später die FUNAI hervorgeht.

1941 Siege der Japaner in Südostasien veranlassen die Alliierten, einen Kautschuk-Liefervertrag mit Brasilien abzuschließen, durch den Wildkautschuk erneut an Bedeutung gewinnt.

1942 Mit Beilegung der Grenzstreitigkeiten durch das Protokoll von Rio de Janeiro verliert Ecuador einen Teil seiner Amazonasgebiete (Oriente) an Peru. Die neue Grenzlinie gilt nicht als festgeschrieben.

1946 Henry Ford gibt seine Kautschukplantagen in Brasilien wegen ihrer Unergiebigkeit auf.

1948 Das von der UNESCO geförderte Internationale Institut zur Erforschung des Amazonasgebiets scheitert an politischen Widerständen.

1952 Der Kulturgeograph Carl O. Sauer vertritt die

Ansicht, daß die tropische Urwaldkultur dem zentralandinen Feldbau vorausgegangen sei.

1953 Der Pegel von Manaus, der seit 1858 die Wasserstände des Rio Negro mißt, zeigt eine Rekordhöhe von 29 Meter an.

1960 Die Panamericana (3 000 Kilometer lang) wird bis auf etwa 75 Kilometer fertiggestellt. Damit gibt es eine Straße, die Amerikas Norden mit dem Süden verbindet. Sie reicht von Alaska bis Feuerland.

1967 Zur Belebung der Wirtschaft wird Manaus Freihandelszone.

1969 Die Regierung Médici beschließt in Brasilia die Integration und Besiedlung des brasilianischen Teils von Amazonien.

1970 Mit dem Regierungsplan der nationalen Integration (PIN) wird auch das Projekt »Radam« beschlossen, also die Kartierung Amazoniens mit den modernsten Methoden der Radarphotographie.

1971 Der Bau der »Straße des Jahrhunderts«, der Transamazônica, wird begonnen. – Eine von der Nationalen Geographischen Gesellschaft in Washington finanzierte Expedition unter Loren McIntyre stellt fest, daß nicht der Rio Marañón, sondern der Rio Apurimac die von der Amazonasmündung am weitesten entfernte Quelle hat.

1973 Am Unterlauf des Rio Paraguay wird mit dem Bau des Wasserkraftwerks Itaipú begonnen, das als »größtes Wasserkraftwerk der Welt« 1982 in Betrieb genommen werden soll. – Am Rio Araguaia im brasilianischen Pará wird durch VW do Brasil auf 140 000 Hektar die Rinderfarm »Vale do Rio Cristalino« betrieben.

1978 Am Rio Jarí im brasilianischen Amapáterritorium beginnt das Unternehmen Jarí Forestry Products des Amerikaners Daniel K. Ludwig zu arbeiten. Bis zum Jahr 1988 sollten eine Million Morgen Nutzwald dort den Urwald abgelöst haben. Doch das Unternehmen mißlingt.

1979 Im August beschließen Kolumbien und Panama, das letzte noch fehlende Teilstück der Panamericana zu bauen. Nach seinem Ausbau im Grenzgebiet zwischen beiden Staaten wäre die Panamericana von Alaska bis Südchile durchgehend befahrbar. – Ein Amazonas-Schutzabkommen von acht südamerikanischen Staaten soll dem Ziel dienen, bei der Erschließung der Urwaldgebiete die Pflanzen- und Tierwelt sowie den archäologischen und ethnologischen Reichtum zu bewahren.

1981 Die Weltbank rüstet das Entwicklungsprojekt »Polonoroeste« in Rondônia mit 432 Millionen Dollar aus.

1984 Im neuen Amazonasbundesstaat Rondônia wird die Bundesstraße 364 fertiggestellt.

1989 Der Indianerhäuptling Raoni trägt dem Papst in Rom die Sorgen der Indianer des Xingúreservats vor. Die Signatarstaaten des Amazonasschutzabkommens von 1979 verwahren sich bei ihrer Konferenz in Quito gegen Einmischungsversuche anderer Staaten in ihre Amazonienpolitik.

Verwendete Literatur

Amazonien
Erste Farben, erste Linien auf einem weißen Fleck

1 Wilhelmy, H., Geographische Forschungen in Südamerika, Berlin 1980, S. 142
2 Ebenda

Der Fluß
Ein König der Ströme, arm an Nährstoffen

1 Fittkau, E. J., Zur ökologischen Gliederung Amazoniens, I, Die erdgeschichtliche Entwicklung Amazoniens, in: Amazonia, V, 1, Münschen 1975, S. 77 f.
2 Ebenda, S. 109
3 Putzer, H., Zur geologischen Geschichte Amazoniens, in unveröffentlichter Manuskriptform, Hannover 1977
4 Schulthess/Egli, Amazonas, Zürich 1962
5 Sioli, H., Plön 1968
6 Sioli, H., Über Natur und Mensch im brasilianischen Amazonas-Gebiet, in: Erdkunde, Archiv für wissenschaftliche Geographie, Bd. X, Lfg. 2, Bonn 1956, S. 102 f.
7 Sioli, H., Studies in Amazonian Water, in: Limnologia, 1967, S. 9 f.
8 Geisler/Knoppel/Sioli, Ökologie der Süßwasserfische Amazoniens, in: Naturwissenschaften, 58, Berlin, Heidelberg 1971, S. 303 f.
9 Sioli, H., Ökologie im brasilianischen Amazonas-Gebiet, Max-Planck-Institut für Limnologie, Heft 5, Plön 1967, S. 253

Der Wald
Ein großer Organismus

1 Lathrap, D. W., Upper Amazon, London 1970
2 Ebenda
3 Sioli, H., Über Natur und Mensch im brasilianischen Amazonas-Gebiet, in: Erdkunde, Archiv für wissenschaftliche Geographie, Bd. X, Lfg. 2, Bonn 1965, S. 102 f.
4 Schmidt, G., Vegetationsgeographie auf ökologisch-soziologischer Grundlage, Leipzig 1969, S. 398 ff.
5 Beck. L., Ökosystem amazonischer Regenwald, in: Bild der Wissenschaft, Heft 10, Stuttgart 1974, S. 50 ff.
6 Disselhoff/Zerries, Die Erben des Inkareiches und die Indianer der Wälder, Berlin 1974, S. 233
7 Ebenda
8 Smolik, H. W., Tierlexikon Bd. 2, Hamburg 1968, S. 202 ff.
9 Beck, L., Ökosystem amazonischer Regenwald, in: Bild der Wissenschaft, Heft 10, Stuttgart 1974, S. 50 ff.
10 Ebenda

Die Indianer
Eine sterbende Welt

1 Birdsell/Coon/Garn, Races, A Study of the problem of race information in man, Springfield 1950
2 Layrisse/Layrisse/Wilbert, Blood group Antigen tests of the Waica Indians of Venezuela, reprinted from: Southern Journal of Anthropology, Vol. 18, No 1, Albuquerque 1962
3 Ebenda
4 Baumann/Patzelt, Erinnerungen eines Kopfjägers, Frankfurt 1978, S. 106
5 Lathrap, D. W., Upper Amazon, London 1970, S. 74 f.
6 Ebenda, S. 74 f.
7 Lathrap/Marcos/Zeidler, Real Alto, An ancient Ceremonial Center, in: Archaeology, Vol. 30, No. 1, New York 1977
8 Baumann, P., Valdivia, Die Entdeckung der ältesten Kultur Amerikas, Hamburg 1978, S. 235 f.
9 Ebenda, S. 236
10 Disselhoff/Zerries, Die Erben des Inkareiches und die Indianer der Wälder, Berlin 1974, S. 353 f.
11 Ebenda

12 Steinvorth-Goetz, I., Uriji jami! Die Waika-Indianer in den Urwäldern des oberen Orinoco, Düsseldorf 1970, S. 44 f.
13 Baumann/Patzelt, Erinnerungen eines Kopfjägers, Frankfurt 1978, S. 117
14 Baumann/Uhlig, Rettet die Naturvölker. Kein Platz für wilde Menschen, Berlin 1979, S. 141
15 Ebenda
16 Supysáua, The Brazilian Indian, Brasilia 1969
17 Ebenda
18 Ebenda
19 Ebenda
20 Ebenda
21 Ebenda
22 Ebenda
23 Baumann/Uhlig, Rettet die Naturvölker. Kein Platz für wilde Menschen, Berlin 1979, S. 157

Das letzte Kapitel
Ordem e progresso

1 Sioli, H., Amazonas-Gebiet, Zerstörung des ökologischen Gleichgewichts?, in: Geologische Rundschau, Bd. 66, Stuttgart 1977, S. 782 f.
2 Wilhelmy, H., Geographische Forschungen in Südamerika, Berlin 1980, S. 136 f.
3 Ebenda S. 137
4 Ellis, W. S., Rondônia, Brazil's Imperiled Rain Forest, in: National Geographic, Vol. 174, No. 6, Washington 1988, S. 772 f.
5 Bluntschli, H., Die Amazonas-Niederung als harmonischer Organismus, in: Geographische Zeitschrift, 27. Jahrgang, 3/4, 1921, S. 49 ff.
6 Sioli, H., Über Natur und Mensch im brasilianischen Amazonas-Gebiet, in: Erdkunde, Archiv für wissenschaftliche Geographie, Bd. X, Lfg. 2, Bonn 1956, S. 106 f.
7 Wilhelmy, H., Geographische Forschungen in Südamerika, Berlin 1980, S. 136
8 Ebenda, S. 136 ff.
9 Müller, Karl Otto, Notizen gelegentlich eines Wiedersehens mit Brasilien nach 35 Jahren, Institut Hans Staden, 1973
10 Ebenda

Register

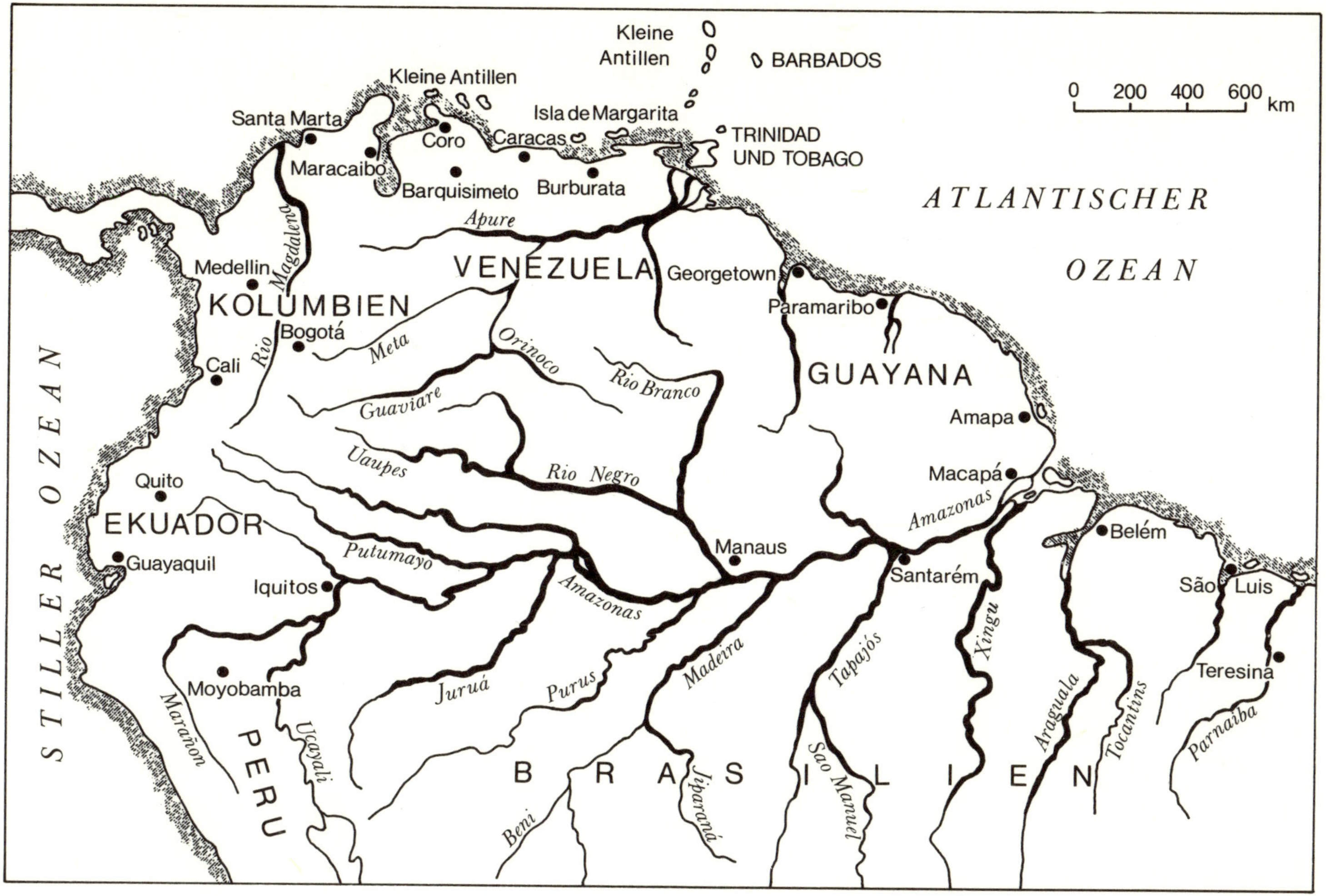
Kleine Antillen
BARBADOS
Kleine Antillen
0 200 400 600 km
Santa Marta
Isla de Margarita
Coro
Caracas
TRINIDAD UND TOBAGO
Maracaibo
Barquisimeto
Burburata
ATLANTISCHER
Apure
Magdalena
Medellin
VENEZUELA
Georgetown
OZEAN
KOLUMBIEN
Paramaribo
Bogotá
Rio
Meta
Orinoco
Cali
Rio Branco
GUAYANA
Guaviare
Amapa
Uaupes
Rio Negro
Macapá
Quito
Amazonas
EKUADOR
Belém
Manaus
Guayaquil
Putumayo
Santarém
Iquitos
São Luis
Amazonas
Xingu
Madeira
Tapajós
Teresina
Moyobamba
Juruá
Purus
Araguala
Tocantins
Parnaiba
STILLER OZEAN
Marañon
PERU
Ucayali
BRASILIEN
Sao Manuel
Jiparaná
Beni